金融监管权"三维配置"体系研究

Research on the "Three-Dimensional Allocation"
System of Financial Supervision Power

钟 震 著

经济管理出版社
ECONOMY & MANAGEMENT PUBLISHING HOUSE

图书在版编目（CIP）数据

金融监管权"三维配置"体系研究/钟震著. —北京：经济管理出版社，2021.2
ISBN 978-7-5096-7819-0

Ⅰ. 金… Ⅱ.①钟… Ⅲ.①金融监管—研究—中国 Ⅳ.①F832.1

中国版本图书馆 CIP 数据核字（2021）第 038441 号

组稿编辑：宋 娜
责任编辑：宋 娜 张鹤溶 尹珍珍
责任印制：黄章平
责任校对：王淑卿

出版发行：经济管理出版社
　　　　　（北京市海淀区北蜂窝 8 号中雅大厦 A 座 11 层　100038）
网　　址：www.E-mp.com.cn
电　　话：(010) 51915602
印　　刷：唐山昊达印刷有限公司
经　　销：新华书店
开　　本：720mm×1000mm/16
印　　张：15.75
字　　数：226 千字
版　　次：2021 年 3 月第 1 版　　2021 年 3 月第 1 次印刷
书　　号：ISBN 978-7-5096-7819-0
定　　价：98.00 元

国家社会科学基金青年项目"金融'双峰'监管体系的理论构建、国际实践与中国抉择研究"（项目号：19CJY064）；

国家自然科学基金应急管理项目"防范化解重大金融风险：宏观视角与政策应对"（项目号：71850001）；

国家自然科学基金重点项目"中国金融体系的演化规律和变革管理"（项目号：71733004）

序　言

　　博士后制度在我国落地生根已逾 30 年，已经成为国家人才体系建设中的重要一环。30 多年来，博士后制度对推动我国人事人才体制机制改革、促进科技创新和经济社会发展发挥了重要的作用，也培养了一批国家急需的高层次创新型人才。

　　自 1986 年 1 月开始招收第一名博士后研究人员起，截至目前，国家已累计招收 14 万余名博士后研究人员，已经出站的博士后大多成为各领域的科研骨干和学术带头人。其中，已有 50 余位博士后当选两院院士；众多博士后入选各类人才计划，其中，国家百千万人才工程年入选率达 34.36%，国家杰出青年科学基金入选率平均达 21.04%，教育部"长江学者"入选率平均达 10% 左右。

　　2015 年底，国务院办公厅出台《关于改革完善博士后制度的意见》，要求各地各部门各设站单位按照党中央、国务院决策部署，牢固树立并切实贯彻创新、协调、绿色、开放、共享的发展理念，深入实施创新驱动发展战略和人才优先发展战略，完善体制机制，健全服务体系，推动博士后事业科学发展。这为我国博士后事业的进一步发展指明了方向，也为哲学社会科学领域博士后工作提出了新的研究方向。

　　习近平总书记在 2016 年 5 月 17 日全国哲学社会科学工作座谈会上发表重要讲话指出：一个国家的发展水平，既取决于自然科学发展水平，也取决于哲学社会科学发展水平。一个没有发达的自然科学的国家不可能走在世界前列，一个没有繁荣的哲学社会科学的国家也不可能走在世界前列。坚持和发展中国特色社会主义，需要不断在实践中和理论上进行探索、用发展着的理论指导发展着的实践。在这个过程中，哲学社会科学具有不可替代的重要地位，哲学社会科学工作者具有不可替代的重要作用。这是党和国家领导人对包括哲学社会科学博士后在内的所有哲学社会科学领域的研究者、工作者提出的殷切希望！

中国社会科学院是中央直属的国家哲学社会科学研究机构，在哲学社会科学博士后工作领域处于领军地位。为充分调动哲学社会科学博士后研究人员科研创新的积极性，展示哲学社会科学领域博士后的优秀成果，提高我国哲学社会科学发展的整体水平，中国社会科学院和全国博士后管理委员会于 2012 年联合推出了《中国社会科学博士后文库》（以下简称《文库》），每年在全国范围内择优出版博士后成果。经过多年的发展，《文库》已经成为集中、系统、全面反映我国哲学社会科学博士后优秀成果的高端学术平台，学术影响力和社会影响力逐年提高。

下一步，做好哲学社会科学博士后工作，做好《文库》工作，要认真学习领会习近平总书记系列重要讲话精神，自觉肩负起新的时代使命，锐意创新、发奋进取。为此，需做到：

第一，始终坚持马克思主义的指导地位。哲学社会科学研究离不开正确的世界观、方法论的指导。习近平总书记深刻指出：坚持以马克思主义为指导，是当代中国哲学社会科学区别于其他哲学社会科学的根本标志，必须旗帜鲜明加以坚持。马克思主义揭示了事物的本质、内在联系及发展规律，是"伟大的认识工具"，是人们观察世界、分析问题的有力思想武器。马克思主义尽管诞生在一个半多世纪之前，但在当今时代，马克思主义与新的时代实践结合起来，越来越显示出更加强大的生命力。哲学社会科学博士后研究人员应该更加自觉地坚持马克思主义在科研工作中的指导地位，继续推进马克思主义中国化、时代化、大众化，继续发展 21 世纪马克思主义、当代中国马克思主义。要继续把《文库》建设成为马克思主义中国化最新理论成果宣传、展示、交流的平台，为中国特色社会主义建设提供强有力的理论支撑。

第二，逐步树立智库意识和品牌意识。哲学社会科学肩负着回答时代命题、规划未来道路的使命。当前中央对哲学社会科学愈加重视，尤其是提出要发挥哲学社会科学在治国理政、提高改革决策水平、推进国家治理体系和治理能力现代化中的作用。从 2015 年开始，中央已启动了国家高端智库的建设，这对哲学社会科学博士后工作提出了更高的针对性要求，也为哲学社会科学博士后研究提供了更为广阔的应用空间。《文库》依托中国社会科学院，面向全国哲学社会科学领域博士后科研流动站、工作站的博士后征集优秀成果，入选出版的著作也代表了哲学社会科学博士后最高的学术研究水平。因此，要善于把中国社会科学院服务党和国家决策的大智库功能与《文库》的小智库功能结合起来，进而以智库意识推动品牌意识建设，最终树立《文库》的智库意识和品牌意识。

第三，积极推动中国特色哲学社会科学学术体系和话语体系建设。改革开放 30 多年来，我国在经济建设、政治建设、文化建设、社会建设、生态文明建设和党的建设各个领域都取得了举世瞩目的成就，比历史上任何时期都更接近中华民族伟大复兴的目标。但正如习近平总书记所指出的那样：在解读中国实践、构建中国理论上，我们应该最有发言权，但实际上我国哲学社会科学在国际上的声音还比较小，还处于"有理说不出、说了传不开"的境地。这里问题的实质，就是中国特色、中国特质的哲学社会科学学术体系和话语体系的缺失和建设问题。具有中国特色、中国特质的学术体系和话语体系必然是由具有中国特色、中国特质的概念、范畴和学科等组成。这一切不是凭空想象得来的，而是在中国化的马克思主义指导下，在参考我们民族特质、历史智慧的基础上再创造出来的。在这一过程中，积极吸纳儒、释、道、墨、名、法、农、杂、兵等各家学说的精髓，无疑是保持中国特色、中国特质的重要保证。换言之，不能站在历史、文化虚无主义立场搞研究。要通过《文库》积极引导哲学社会科学博士后研究人员：一方面，要积极吸收古今中外各种学术资源，坚持古为今用、洋为中用。另一方面，要以中国自己的实践为研究定位，围绕中国自己的问题，坚持问题导向，努力探索具备中国特色、中国特质的概念、范畴与理论体系，在体现继承性和民族性、体现原创性和时代性、体现系统性和专业性方面，不断加强和深化中国特色学术体系和话语体系建设。

新形势下，我国哲学社会科学地位更加重要、任务更加繁重。衷心希望广大哲学社会科学博士后工作者和博士后们，以《文库》系列著作的出版为契机，以习近平总书记在全国哲学社会科学座谈会上的讲话为根本遵循，将自身的研究工作与时代的需求结合起来，将自身的研究工作与国家和人民的召唤结合起来，以深厚的学识修养赢得尊重，以高尚的人格魅力引领风气，在为祖国、为人民立德立功立言中，在实现中华民族伟大复兴中国梦的征程中，成就自我、实现价值。

是为序。

王京清

中国社会科学院副院长

中国社会科学院博士后管理委员会主任

2016 年 12 月 1 日

摘　要

　　国际金融监管体系的演进与变革历程显示，权力配置体系设计是金融监管体制改革的核心内容，历次金融监管体制改革都伴随着金融监管权的重新界定和配置过程。金融监管权力配置应当与具体国情、政治环境和经济发展阶段相适应，监管体制表象上的"分"与"合"，其根本目的是为了契合金融发展的实际需要和未来趋势。国际金融监管变迁史显示，各国金融监管权力配置体制有利有弊，没有最优的模式，只有最适合的模式，改革成功的关键在于从实际出发、从国情出发。

　　本书从传统金融监管学的理论和实践困境出发，以权力配置为核心，创造性地提出金融监管权"三维配置"体系，全面分析国际经验教训，并总结归纳发展演进规律。在此基础上，对国内外金融监管权配置体系的运行效率进行实证分析，结合我国现实约束，充分借鉴国际经验，设计适合我国国情的金融监管权"三维配置"体系本土化模式，并以该模式为核心应用到当前正在进行的金融监管体制改革中。

　　本书的研究对象集中在"一个体系、三个维度"上。"一个体系"，即金融监管权"三维配置"体系的理论框架构建、国际经验总结以及中国模式设计。"三个维度"包括横向维度的结构性配置、纵向维度的功能性配置和空间维度的地域性配置。

　　本书的研究成果具有较高的学术价值和应用价值。从学理上，本书提出的金融监管权"三维配置"体系理论框架具有一定的开拓性，为金融监管领域提供新的分析框架和研究方法。在吸收国内外理论成果的基础上，突破以往文献中分析局限，引入法学、经济学等多学科视角，以权力配置为主线，探索构建完整的理论体系及政策框架，用于指导实践。本书弥补了以往研究的空白，具有较高的学术价值。从应用价值上看，一是为国内外监管实践提供了具有可操作性的理论依据和实践准则；二是为我国金融监管权配置体系和金融监管体制改革提供了国际范式和未来方向；三是为我国金融监管乃至国家金融战略调整提出了整体思路。本书依据我国金融监管权"三维配置"体系新框架提出的我国国家金融战略调整的对策，可供政府制定战略时参考，对决策部门有强烈的现实意义和应用价值。

本书的预期理论目标在于：一是构建金融监管权"三维配置"体系的理论框架以及"三维矩阵"评价体系；二是明晰金融监管权配置体系在"三维"，即横向、纵向及空间维度上的边界；三是阐明金融监管权配置体系作为金融监管体制的核心，在实现金融强国战略的重要作用。本书的实践理论目标在于：一是借鉴国际改革经验及教训；二是分析我国金融监管权配置体系的发展进程和方向；三是评价国内外金融监管权"三维配置"体系的运行效率；四是深化改革，构建符合我国实际的金融监管权"三维配置"体系。

本书在研究内容、研究方法和制度设计上有所创新和突破。在学术思想上：一是创造性地提出"三维配置"理论，实现理论分析的突破。首次对金融监管权配置体系演变规律进行归纳从而提升到理论高度，独特的"三维"视角打破了以往研究理论分析平面化的局限。二是创造性地提出"三维矩阵"评价体系，实现评价体系的突破。首次尝试通过"三维矩阵"式体系对现有国内外金融监管权配置体系的运行效率进行评价，实现理论与实践相结合，将传统研究的定性描述转化为定量的、可比较的评价结果，为国内外监管实践提供理论评价依据。三是研究视角的创新。首次将金融监管权配置体系与系统性金融风险防范、金融监管体制的研究相结合。在学术观点上：一是提出权力配置体系是金融监管体制的核心，历次金融监管体制改革都伴随着金融监管权的重新界定和配置过程。二是指出金融监管权"三维配置"体系各自的影响因素和关键内容，发达经济体金融监管权"三维配置"体系运行效率明显优于发展中国家。三是指出金融监管权配置体系的"三维"循环效应，发达经济体呈现外向型循环，发展中国家呈现内向型循环，二者方向恰好相反。在研究方法上：采取内部实际与外部经验、实证分析与理论研究、学术框架与政策举措相融合的方式，侧重体制分析和政策研究，创造性地提出我国金融监管权"三维配置"体系新框架，是一项具有创新意义的政策研究课题。

本书的基本结论主要有八项：第一，金融监管权"三维配置"体系与金融监管体制的辩证关系。国际实践证明，权力配置体系设计是金融监管体制改革的核心内容，历次金融监管体制改革都伴随着金融监管权的重新界定和配置过程。第二，金融监管权"三维配置"体系的基本原则，即寻求"防范国内金融风险与保持国际竞争力"之间的平衡。发展中国家突破当前被动困境的关键在于，将这一原则的精髓通过"三维配置"体系设计融入到金融监管体制改革中，实现内向型循环的逆转。第三，金融监管权横向配置历次变迁的主要规律——三大逻辑主线和一个核心理念，即围绕金融业经营模式的改变、金融风险形成与传导机制的变化、监管诉求与目标的转变这三大逻辑主线以及金融为实体经济服务这一贯穿三大逻辑主线的核心理念。第四，金融监管权纵向配置历次变迁的主要规律——两条路径。不同于横向和空间两大维度，金融监管权纵向配置从一开始就分为泾渭分明的两条道路，即以美加为代表的分权模式以及以德日为代表的集权模式。第五，金融监管权空间配置历次变迁的主要规律——历史上美国四次成功"上传"国内标准。第六，金融监管权配置体系"三维"之间存在循环影响效应，发达经济体和发展中国家"三维"循环方向彼此相反的现象。发达经济体呈现"横向/纵向→空间"外向型循环，主导着金融监管国际变革，而包括中国在内的发展中国家则为"空间→横向/纵向"内向型循环，长期以来遭受着来自空间维度上发达经济体外向型循环带来的压力，国家金融利益受到空前威胁。第七，如何把握我国金融监管权"三维配置"体系设计的关键点：首先是模式设计上，采用"主体+外围"模式，注重防范风险与鼓励创新之间的平衡。主体部分要与金融业发展现状相匹配，立足于防范风险，可采用穿透式监管、立体式监管、"双峰"式监管等方式；外围部分要充分考虑创新，可采用监管沙盒等方式。其次是"三维配置"改革应当齐头并进，应尽快推进以强调宏观因素（横向/纵向维度）和国际因素（空间维度）为核心的金融监管体制改革，推进我国金融强国战略的实现。最后是体系设计对空间维度应有相关预案准备。考虑到发展中国家"三维"内向型循环特点，日前特朗普废止《多德-弗兰克法》、英国硬脱欧可能带来的放松监管等，这些主要发达经济体新动态都有可能通过空间维度影响到我国。第八，我国金融监管权"三维配置"体系的主要内容：首先是横向维度的结构性配置，与本国金融稳定体系完善程度有关，关键在于平衡四大关系，即宏观审慎与微观审慎、审慎监管与行为监管、货币政策与金融监管、监管体系内外四大横向权力关系；其次是纵向维度的功能性配置，与本国政治体制和经济环境紧密相关，关键环节包括中央与地方之间、政府监管部门与行业自律组织之间的两大分权；最后是空间维度的地域性配置，与本国国际政治经济地位有关，关键环节为实现一个逆转，即如何破解三大劣势引发的内向型循环困局。

关键词：金融监管权；横向配置；纵向配置；空间配置；审慎监管；行为监管；监管制裁

Abstract

The evolution and reform process of international financial supervision system shows that the design of power allocation system is the core content of financial supervision system reform, and the previous financial supervision system reform has been accompanied by the redefinition and allocation process of financial supervision power. The power allocation of financial supervision should be adapted to the specific national conditions, political environment and economic development stages. The basic purpose of the supervision system is to meet the actual needs and future trends of financial development. The history of international financial supervision shows that there are advantages and disadvantages in the power allocation system of financial supervision in various countries. There is no optimal model, only the most suitable model. The key to the success of the reform lies in starting from the reality and starting from the national conditions.

Starting from the theoretical and practical difficulties of traditional financial supervision, this book creatively puts forward the "three-dimensional allocation" system of financial supervision power, comprehensively analyzes the international experience and lessons, and summarizes the development and evolution rules. On the basis of domestic and international financial regulatory system, this paper designs a "three-dimensional" financial regulatory model, which is suitable for China's domestic and foreign financial regulatory system.

The research object of this book focuses on "one system, three dimensions". "One system" refers to the theoretical framework construction, international experience summary and Chinese model design of the "three-dimensional allocation" system of financial supervision power. The "three dimensions" include: Structural configuration of horizontal dimension, functional configuration of vertical dimension, and regional configuration of spatial dimension.

The research results of this book have high academic value and application value. Theoretically, the theoretical framework of the "three-dimensional allocation" system of financial supervision power proposed in this book has a certain pioneering, providing a new analytical framework and research methods for the field of financial supervision. On the basis of absorbing the theoretical achievements at home and abroad, breaking through the analysis limitations in the previous literature, introducing the perspective of law, economics and other disciplines, taking the power allocation as the main line, exploring the construction of a complete theoretical system and policy framework for guiding practice. This book makes up for the blank of previous research and has high academic value. In terms of application value, the first is to provide operational theoretical basis and practical criteria for domestic and foreign regulatory practice. Second, it provides an international paradigm and future direction for China's financial regulatory power allocation system and financial regulatory system reform. The third is to put forward the overall thinking for China's financial supervision and even national financial strategy adjustment. Based on the new framework of the "three-dimensional allocation" system of China's financial supervision power, this book puts forward the countermeasures for the adjustment of China's national financial strategy, which can be referred by the government to formulate the strategy, and has strong practical significance and application value for decision-making departments.

The expected theoretical objectives of this book are: first, to construct the theoretical framework of the "three-dimensional allocation" system of financial supervision power and the "three-dimensional matrix" evaluation system. The second is to clarify the "three-dimensional" boundary of financial supervision power allocation system, namely, horizontal, vertical and spatial dimensions. The third is to clarify that the allocation system of financial supervision power, as the core of financial supervision system, plays an important role in realizing the strategy of financial power. The practical theoretical objectives of this book are: First, learn from the experience and lessons of international reform. The second is to analyze the development process and direction of China's financial regulatory power allocation system. The third is to evaluate the operation efficiency of the "three-dimensional allocation" system of financial supervision power at home and abroad. The fourth is to deepen the reform and build a "three-dimensional allocation" system of financial regulatory power in line with China's reality.

This book has some innovations and breakthroughs in research content, research methods and system design. In terms of academic thought: First, creatively put forward the "three-dimensional allocation" theory to achieve a breakthrough in theoretical analysis. It is the first time to summarize the evolution law of the allocation system of financial supervision power to a theoretical height. The unique "three-dimensional" perspective breaks the limitation of the previous theoretical analysis. The second is to creatively put forward the "three-dimensional matrix" evaluation system to achieve a breakthrough in the evaluation system. For the first time, we try to evaluate the operation efficiency of the existing domestic and foreign financial supervision power allocation system through the "three-dimensional matrix" system, realize the combination of theory and practice, transform the qualitative description of traditional research into quantitative and comparable evaluation results, and provide theoretical evaluation basis for domestic and foreign regulatory practice. The third is the innovation of research perspective. It is the first time to combine the allocation system of financial supervision power with systematic financial risk prevention and financial supervision system. From the academic point of view: first, the power allocation system is the core of the financial supervision system, and the previous financial supervision system reform has been accompanied by the redefinition and allocation process of financial supervision power. Second, it points out the influencing factors and key contents of the "three-dimensional allocation" system of financial supervision power. The operation efficiency of the "three-dimensional allocation" system of financial supervision power in developed economies is obviously better than that in developing countries. The third is to point out the "three-dimensional" circular effect of the allocation system of financial supervision power. The developed economies present an export-oriented cycle, while the developing countries have an inward circulation. In terms of research methods, it is an innovative policy research topic to adopt the way of integrating internal practice and external experience, empirical analysis and theoretical research, academic framework and policy initiatives, focusing on institutional analysis and policy research, and creatively proposing a new framework of "three-dimensional allocation" system of financial regulatory power in China.

There are eight basic conclusions in this book: First, the dialectical relationship between the "three-dimensional allocation" system of financial supervision power and the financial supervision system. International practice has proved that the design of power allocation system is the core content of financial supervision system reform, and all previous financial supervision system reforms have been accompanied by the redefinition and allocation process of financial supervision power. Second, the basic principle of the "three-dimensional allocation" system of financial supervision power is to seek the balance between "preventing domestic financial risks and maintaining international competitiveness". The key for developing countries to break through the current passive dilemma is to integrate the essence of this principle into the reform of financial supervision system through the design of "three-dimensional configuration" system, so as to realize the reversal of inward circulation. Third, the main laws of the past changes in the horizontal allocation of financial supervision power—three main logic lines and one core concept. That is to say, the change of financial business model, the change of financial risk formation and transmission mechanism, the change of regulatory demands and objectives, and the core idea that finance serves the real economy. Fourth, the main laws of the vertical allocation of financial supervision power are two paths. Different from the horizontal and spatial dimensions, the vertical allocation of financial supervision power has been divided into two distinct ways from the beginning, namely the decentralization mode represented by the United States and Canada and the centralized mode represented by Germany and Japan. Fifthly, the main law of previous changes in the spatial allocation of financial supervision power, the United States successfully "uploaded" demestic standards four times in history. Sixth, there is a circular effect between the "three dimensions" of the allocation system of financial supervision power. The "three-dimensional" circulation direction of developed economies and developing countries is opposite to each other. Developed economies present "horizontal/vertical →spatial" export-oriented cycle, which dominates the international reform of financial regulation, while the developing countries, including China, are in the "space→horizontal/vertical" inward circulation. For a long time, they have suffered from the pressure brought by the external circulation of developed economies from the spatial dimension, and the national financial interests are under unprecedented threat. Seventh, how to grasp the key points of the "three-dimensional allocation" system design of China's financial regulatory power. First, in the mode design, it adopts the "main body+periphery" mode and pays attention to the balance between risk prevention and innovation encouragement. The main part should match with the current situation of the financial industry development, based on the prevention of risks. Through supervision, three-dimensional supervision and double peak supervision can be adopted. Innovation should be fully considered in the peripheral part, and supervision sandbox can be used. Second, the "three-dimensional allocation" reform should go hand in hand. We should promote the reform of financial supervision system with emphasis on macro factors (horizontal/vertical dimension) and international factors (spatial dimension) as soon as possible, so as to promote the realization of China's strategy of financial power. Third, the system design should be prepared for the spatial dimension. Considering the "three-dimensional" inward circulation characteristics of developing countries, Trump's repeal of the Dodd Frank act a few days ago, and the possible deregulation brought about by Britain's hard brexit, these major developed economies' new developments are likely to affect China through the spatial dimension. Eighth, the main content of the "three-dimensional allocation" system of China's financial regulatory power. The first is the structural allocation of the horizontal dimension, which is related to the perfection of the domestic financial stability system. The key lies in balancing the four relationships, namely, macro prudential and micro prudential, prudential supervision and behavioral supervision, monetary policy and financial supervision, and the four horizontal power relations inside and outside the regulatory system. The second is the vertical dimension of functional allocation, which is closely related to the political system and economic environment of the country. The key link includes two major decentralization between the central and local governments, and between the government regulatory authorities and the industry self-discipline organizations. The third is the regional allocation of spatial dimension, which is related to the country's international political and economic status. The key link is to achieve a reversal, that is, how to break the internal circular dilemma caused by the three major weaknesses.

Key Words: Financial Supervision Power; Horizontal Allocation; Vertical Allocation; Spatial Allocation; Prudential Supervision; Behavior Supervision; Regulatory Sanctions

目 录

Contents

第一章　引　言

第一节　本书研究简介

一、研究背景

我国在全球性金融危机中受到的影响较小，在金融改革的动力上明显低于受金融冲击较大的国家。但是，随着我国金融业的不断发展，新型金融机构的出现，我国金融监管体制面临着重大挑战。中小银行、金融控股公司、影子银行、系统重要性金融机构、互联网金融、地方政府融资平台、房地产贷款、"三农"问题、中小企业贷款等已成为未来我国金融监管体系的挑战之处。

党中央国务院高度重视金融监管体系改革工作，中共中央关于制定"十三五"规划的建议及习近平总书记对其所做的"说明"都大篇幅阐述了金融监管体系的改革。习近平总书记特别指出，"要坚持市场化的改革方向，加快建立符合现代金融特点、统筹协调监管、有力有效的现代金融监管框架"。"十四五"规划更加明确指出，"完善现代金融监管体系，提高金融监管透明度和法治化水平，完善存款保险制度，健全金融风险预防、预警、处置、问责制度体系，对违法违规行为零容忍"。

现有国际金融监管体系大致有三种模式：第一种是分业监管体制，以危机前美国金融监管为代表；第二种是统一监管体制，以危机前英国 FSA 为代表；第三种是"双峰"监管体制，以澳大利亚和荷兰为代表。但是，从应对本轮国际金融危机的表现来看，这些监管体制或多或少存在遗憾，都不能称得上最优化的金融监管体系。这里就延伸出另一个传统意义上的问题——最优化的金融监管体系是否存在？如果存在，应该是什么样子的？最优化的金融监管体系的权力配置关系应该是什么样的？是否有细分的维度？每个维度上金融监管权配置环节有哪些重点和规律？

与经济学其他领域的问题类似，金融监管学科也不断地努力追求金融监管体系的最优解。从早期单一央行监管（如英美等）→分业监管（如美中等）→统一监管（如英德等）→"双峰"监管（如澳大利亚等）→准目标监管尝试（如英美等），金融监管体系的最优解是动态的且多个的，这是因为能够影响结果的外部因素是众多的。"路漫漫其修远兮"，作为人类历史上的重要实践，追求最优化的金融监管体系关系到整个金融安全与稳定的实现，长期以来各国金融监管者付出了一代又一代的努力，不断与内外部力量做斗争，积极汲取教训，特别是金融危机的反思经验，试图不断逼近于最优解。从本轮国际金融危机的教训来看，"目标导向"监管方式似乎是其中一个最优解，但是最终效果如何还需要时间的检验。

作为本轮国际金融危机的发源地和重灾区，美国在深刻反思以往教训之后，于 2008 年 3 月以美国财政部名义提出了一份改革蓝图，又称"保尔森计划"。这份改革计划被业界称为自美国大萧条以来最彻底的改革方案，最终这份计划虽然没有被完全采纳，但部分精髓被内化到奥巴马的改革中去。"保尔森计划"包括短期、中期、长期金融监管体制改革建议，其中对于如何立足于长期建立最优化的金融监管框架，该计划给出的建议是采取"目标导向"监管方式（Objectives-based Regulatory Approach）。这种监管方式与英国此前主导的"原则导向"不同，是一种全新的监管体制探索，强调金融监管框架与金融监管目标紧密联系，注重金融监管职能的整合性，要求整合具有自然监管合力的监管领域的责任分工，而非将监管职能分散割离。如"目标导向"监管方式认为所有能够影响到金融市场稳定的问题监管职责都应当归属于一个类似于"市场稳定监管局"的部门等。由此可见,与"原则导向"监管相比,"目标导向"监管方式更加尊重"让市场决定监管效果"的精神,对金融市场完善水平和监管者的专业技能和监管效率提出了更高的要求;与分业监管方式相比,"目标导向"监管方式能够在对待不同的监管产品时保持一致性,减少监管套利,而在面对金融创新和交叉性金融产品时能够更好地根据整体金融市场环境进行调整;与统一监管方式相比,"目标导向"监管方式能够更加专注于某一特定监管目标的实现,如金融稳定、商业行为监督、消费者保护等;"目标导向"监管方式更加接近于"双峰"监管方式。

毫无疑问,在"目标导向"监管方式的体制框架下,金融监管日常运行的主要目标几乎都被涵盖了,并且都有具体的监管主体负责实施,唯有在金融危机发生时各监管主体需要对救助行动进行分工落实。因此,之所以"保尔森计划"所提出的"目标导向"监管方式是理想的金融监管模式,有部分原因在于这种监管方式将金融监管的目标和要求内化到体制框架中。

然而,"目标导向"监管方式实施起来难度很大,即便是在该理念提出的发源地——美国也难以做到。现有的各国金融监管体系都有自身独特的发展历程,政治、经济、文化等多因素不同程度上对金融监管体系的形成产生了潜移默化的影响,令各国金融监管体系特点塑造形成的同时也在漫漫岁月中难免背负起沉重的历史包袱。巨大的改革成本和改革阻力可想而知,在现实情况面前,各国只好退而求其次,都不约而同地在原有金融监管体系之下,重塑金融监管权配置关系,希冀于继续保持和发挥原有监管体系作用的同时,利用一些体制机制创新进行弥补和矫正,这种"修补"行为如同在大厦的外围加固了一圈保护层,能否发挥真正的作用难以概论。

二、研究意义

（一）学术价值

从学理上，本书提出的金融监管权"三维配置"体系理论框架具有一定的开拓性，为金融监管领域提供新的分析框架和研究方法。在吸收国内外理论成果的基础上，突破了以往文献中分析的局限，引入法学、经济学等多学科视角，以权力配置为主线，探索构建完整的理论体系及政策框架，用于指导实践。本书弥补了以往研究的空白，具有较高的学术价值。

（二）应用价值

第一是为国内外监管实践提供具有可操作性的理论依据和实践准则。第二是为我国金融监管权配置体系和金融监管体制改革提供了国际范式和未来方向。第三是为我国金融监管乃至国家金融战略调整提出了整体思路。本书依据我国金融监管权"三维配置"体系新框架提出的我国国家金融战略调整的对策，可供政府制定战略时参考，对决策部门有强烈的现实意义和应用价值。

第二节　文献综述与评析

一、国外相关研究综述

以此次金融危机为界，分为两个阶段：

第一阶段，2008 年以前，以金融监管权配置的横向维度为主，部分涉及空间维度。一是央行是否应兼顾金融监管和货币政策两大职权。这一维度大致分为两派：一派持赞同意见，认为可减少监管重复与空白、提高混业监管效率、有效配置监管资源（Goodhart & Schoenmaker，1995；Noia & Giorgio，1999；Peek et al.，2001，2003）。而另一派持反对意见，认为央行身兼两职容易产生利益冲突和声誉风险、降低专业性（Abrams & Taylor，2000；Ioannidou，2005），此派观点在危机前占据上风，与当时强调央行独立性政治改革理念相契合，深刻影响了 20 世纪 90 年代以英美为代表的银监分设改革潮流。二是权力配置主体是否应当统一。赞同观点认为无论是完全统一（银证保统一监管）还是部分统一（任两业统一监管）模式都有利于降低监管成本，减少监管套利，增强金融体系稳健性（Hüpkes，et al.，2006）。反对观点认为主体统一会带来官僚腐败，甚至道德风险，损害监管效率与公平等问题（Charles & Joao，2001）。但更多学者认为并不存在最优监管模式，每种模式都有利有弊（Abrams & Taylor，2002；Quintyn et al.，2007）。三是是否存在路径依赖问题。Masciandaro D. （2004，2006，2007，2008）认为各国在监管模式抉择时具有路径依赖性，受到原有央行监管参与程度的影响和制约，即"央行分割效应"。四是空间上是否需要国际协调合作。多数研究认为需要，原因主要来自全球混业经营趋势化与国际合作机制分裂化之间的矛盾[1]。一些学者提倡设立专门协调机构[2]，如设立世界金融监管局（WFA）以协调各国监管当局的行动[3]，或选定主监管者来处理金融联合体问题[4]。在参与主体方面，除了主要国家监管当局和跨国金融机构以外，还应当包括发展中国家监管当局及其金融机构[5]。至于国际协调效果，一些研究通过理论和实证分析认为加强协

---

[1] Llewellyn D.，"The economic rationale for financial regulation"，FSA Occasional Paper，No.1，1999；Taylor M. and Fleming A.，"Integrated Financial Supervision：Lessons of Northern European Experience"，The World Bank Working Paper，No.2223，1999；Harker P. T. and Zenios S. A. "Performance of Financial Institutions：Efficiency，Innovation，Regulation"，Cambridge University Press，2000.

[2] Jackson H. E. and Symons E. L.，"Regulation of Financial Institutions"，West Group，1999.

[3] ［英］约翰·伊特韦尔、［美］艾斯·泰勒：《全球金融风险管理》，成家军等译，北京：经济科学出版社 2001 年版.

[4] Abrams R. and Taylor M.，"Issues in the unification of financial sector supervision"，IMF Working Papers，No.213，2000.

[5] Tietmeyer H. "Evolving cooperation and coordination in financial market surveillance，" *Finance & Development*，September 1999，No.9，pp. 20–23.

调可使各国福利最大化[1]。但一些学者提出质疑，认为国际协调合作本质上代表着主要经济强国和跨国金融机构的霸权利益[2]。

第二阶段，2008 年至今，关于横向和空间维度研究明显增多，但纵向维度仍旧欠缺。第一是宏观审慎视角的引入。传统微观审慎视角下的缺陷在此次危机中暴露无遗，宏观审慎概念从 20 世纪 70 年代首次提出到危机后广泛推广经历了近 40 年的时间。第二是金融监管权是否应当回归央行。越来越多的研究者认为应当重新赋予央行金融监管权，尤其是在宏观审慎层面（Blinder，2010；Blanchard et al.，2010）。实践上，美国（2010 年）、德国（2012 年）、英国（2012 年）、法国（2008 年）、俄罗斯（2013 年）、巴西（2011 年）等国的改革也体现了这一趋势。但一些学者则反对回归，认为权力集中会导致利益冲突、加剧经济波动以及削弱货币政策的效力（Agur & Demertzis，2009；Baillin Jeannine et al.，2015）。第三是协调机制成为权力配置体系重构的重点。在制度安排上，Goodhart（2008）、Kim（2009）等学者对于危机前以备忘录为主的非正式协调机制（比如英国"三方"备忘录）提出质疑。Bach 等（2010，2014）提出应基于宏观审慎管理视角重构金融监管协调机制，并逐步视为独立运行机制。从体制层面上看，跨部门（美国 2010 年、德国 2012 年、印度 2010 年、南非 2011 年）甚至超主权的协调机制（欧洲 2009 年、欧洲银行业单一监管机制[3] 2013年）成为危机后国际实践的新特色，各国央行的重要性也得到了一定程度上的增强。第四是金融监管国际协调合作得到重视但制度化设计存在分

---

[1] Holthausen C. and Rønde T., "Cooperation in international banking supervision", *Social Science Electronic Publishing*, Vol. 119, No. 35, 2004, pp.171-192; Kane E. J., "Connecting National Safety Nets: The Dialectics of the Basel II Contracting Process", *Atlantic Economic Journal*, Vol. 35, No. 4, 2007, pp.399-409; Kapstein E., "Architects of stability? International cooperation among financial supervisors", BIS Working Papers, No. 199, 2006.

[2] Wood D. R., "*Governing global banking*: *The Basel Committee and the politics of financial globalisation*", London: Ashgate, 2005; Griffith-Jones S. and Persaud A., "The political economy of Basel Ⅱ and implications for emerging economies", *Paper presented at the Economic Commission of Latin America*, Santiago, Chile, April 24, 2003; Claessens S. et al., "The political economy of basle Ⅱ: The costs for poor countries", *World Economy*, Vol. 31, No. 3, 2008, pp.313-344.

[3] 欧洲银行单一监管机制，即 Single Supervisory Mechanism (SSM)，2013 年达成协议，2014 年实施。

歧。一些学者提倡通过全球性硬法化的制度设计来分摊跨境监管责任（Eichengreen et al.，2010；Arner & Taylor，2009），另一些学者更加强调采用声誉、市场和信息披露等软法形式（Brummer C.，2010），还有一些文献认为国际合作是无效的，发达国家和跨国金融机构占据先手优势（Lall，2012；Levinson，2010；Just，2014；Underhill，2015）。

二、国内相关研究综述

国内研究始于央行和银监会分设之后。郑少华（2003）最先尝试对金融监管权的边界进行限定，并阐述了构建相关配置体系与金融监管体制改革的关系。银监分设后，一些学者认为央行仍应保留一定程度的金融监管权（孙翠雯，2003；夏斌，2003），但更多研究赞成分业监管权力布局。危机后，伴随着国际改革实践的深入，特别是党的十八届三中全会提出"界定中央和地方金融监管职责和风险处置责任"以及五中全会提出"改革并完善适应现代金融市场发展的金融监管框架"之后，引发了学术界和监管层对于这一问题的研究浪潮。研究角度的多样性有所提高，包括国际比较（杨曦，2009；向志容，2010）、法学分析（胡国斌，2008；石柏林，2009；程信等，2009；张双梅，2011）等视角对金融监管权配置体系进行论述。研究内容以横向和纵向维度为主，涉及空间维度研究较少。横向维度上，关于中央银行金融监管权边界和相关配置问题成为研究热点。一些观点认为人民银行应当仿效英美做法作为牵头监管者（廖凡，2008；詹浩勇等，2011；王晶等，2014）或负责主要宏观审慎监管职能（李波，2016），或直接兼并"三会"作为唯一监管者（卜永祥，2016）；部分观点认为应当在国务院之下和"一行三会"之上设立专门协调机构（武钰等，2013），或者合并"三会"为"一会"继而在"一行一会"之上建立制度性协调机制（曹凤岐，2015）；还有一些观点认为当前改革关键是如何提高金融监管效率，对待金融产品应当实施穿透式监管，让金融产品回归为经济实体服务（谢平，2016；吴晓灵，2016）。纵向维度上，集中在中央与地方金融监管权划分（段志国，2015；杨同宇，2015；梁泉，2016）、政府与行业协会自治权边界划分（熊伟，2014）等问题研究上。但总体上看，国内理论研究处在初步探讨之中，尚无定论。

三、研究述评

现有国内外研究存在着一些致命缺陷：第一是缺乏深层次和相对完整的理论分析框架。只是针对金融监管领域的某一方面进行研究，较为分散，尤其对于历史规律总结和危机后国际环境变化影响的捕捉不够深入。第二是实践步伐已远远领先于理论研究。权力配置体系是金融监管制度设计研究的核心内容，理论缺失导致实践的盲目性和反复性。第三是国外研究水平高于国内同行。受制于前期基础和制度约束，国内相关研究的创新性和突破性存在不足。可以说，现有国内外对金融监管权配置体系研究均属初级阶段，尚未形成完整体系。

第三节　本书研究思路与框架结构

一、研究方法

（1）历史研究法与案例分析法相结合：对历史文献资料和国内外金融监管实践经典案例进行归纳整理，剖析国内外金融监管权配置体系历史演进中的经验教训。

（2）权力分析法与制度设计法相结合：利用权力结构设计法，对金融监管权"三维配置"体系进行结构设计，并结合制度设计方法，设计"主体＋外围"模式。

（3）综合分析法与比较分析法相结合：综合运用金融学、法学、经济学、社会学的研究视角和方法，系统全面比较研究国内外金融监管权配置体系的历史变迁、演进规律以及未来方向。

（4）定性分析法和定量分析法相结合：采用国外文献中常用的定性指标定量化的做法，通过赋值方法，构建"三维矩阵"评价体系，对国内外金融监管权配置体系运行效率进行对比和归类。

二、研究思路

本书从传统金融监管学的理论和实践困境出发，以权力配置为核心，创造性地提出金融监管权"三维配置"体系，全面分析国际经验教训，并总结归纳发展演进规律。在此基础上，对国内外金融监管权配置体系的运行效率进行实证分析，结合我国现实约束，充分借鉴国际经验，设计适合我国国情的金融监管权"三维配置"体系本土化模式，并以该模式为核心应用到当前正在进行的金融监管体制改革中。

本书的研究对象集中在"一个体系、三个维度"上。

"一个体系"，即金融监管权"三维配置"体系的理论框架构建、国际经验总结以及中国模式设计。"三个维度"包括：①横向维度的结构性配置，与本国金融稳定体系完善程度有关，关键在于平衡四大关系，即宏观审慎与微观审慎、审慎监管与行为监管、货币政策与金融监管、监管体系内外四大横向权力关系；②纵向维度的功能性配置，与本国政治体制和经济环境紧密相关，关键环节包括中央与地方之间、政府监管部门与行业自律组织之间的两大分权；③空间维度的地域性配置，与本国国际政治经济地位有关，关键环节为如何破解三大劣势引发的内向型循环困局。

三、主要内容

本书遵循"提出问题—分析问题—解决问题"的研究脉络，从"基础

理论—国际实践—实证研究—制度设计"的研究思路出发,其结构安排上共分为四个部分:

第一部分:金融监管权"三维配置"体系的理论分析,包括:①问题的提出;②重构金融监管基本理论框架的必要性;③重构金融监管基本理论框架的一个新视角——权力冲突。

第二部分:金融监管权"三维配置"体系的实践分析,包括:①金融监管权横向配置的发展历程;②金融监管权纵向配置的发展历程;③金融监管权空间配置的发展历程;④金融监管权配置体系"三维"循环效应——以特朗普监管放松新政的影响为例。

第三部分:金融监管权"三维配置"体系的实证分析,包括:①"三维矩阵"评价体系的构建;②70个国家实证分析及结论。

第四部分:我国金融监管权"三维配置"体系设计,包括:①我国金融监管权配置的历史变迁和现实约束;②我国金融监管权"三维配置"体系的整体框架;③我国金融监管权配置体系改革的基本原则;④我国金融监管权横向配置的制度设计,即关键环节包括宏观审慎与微观审慎、审慎监管与行为监管、货币政策与金融监管、监管体系内外四大关系;⑤我国金融监管权纵向配置的制度设计,即关键环节包括中央与地方之间、政府监管部门与行业自律组织之间的两大分权;⑥我国金融监管权空间配置的制度设计,即关键环节为如何破解三大劣势引发的内向型循环困局。

第二章 金融监管权"三维配置"体系的理论分析

第一节 问题的提出

国际金融监管变迁史表明，权力配置体系是金融监管体系发展到一定阶段的必然产物。权力配置体系是金融监管体系的有机组成部分，其运行顺畅与否关系到政府与市场之间的平衡与失衡。本轮国际金融危机再次显示出了政府与市场关系失衡的危害性，国际社会在危机后普遍致力于修复失衡，在深刻反思原有金融监管体系利弊得失的基础上，相继出台了一系列改革方案。作为国际共识，健全权力配置体系方面取得了一定的实质性进展，已成为新一轮国际改革中不可或缺的重要内容和核心环节。

在现实需要和国际趋势的推动下，我国于 2013 年建立了以"一行三会"为主体的金融监管协调部际联席会议制度（以下简称联席会），首次将金融监管协调推向正式化、制度化轨道。但近年来的实践表明这一机制存在天然缺陷[1]，特别是 2015 年下半年以来股市震荡、互联网金融公司跑路、汇市波动、大型银行不良"双升"不减、房地产资产泡沫、保险资金

---

[1] 金融监管协调部际联席会议的局限性较大，不改变现行金融监管体制，不替代、不削弱有关部门现行职责分工，不替代国务院决策，重大事项按程序报国务院。

非理性运用、债市震荡、资管乱象等一系列金融风险问题相继爆发说明，联席会并没有起到预期效果，无法弥补监管空白和有效抵御风险，包括协调机制在内的我国金融监管体系亟待调整。针对这一突出矛盾，党的十八届三中全会、五中全会以及"十三五"规划都有相关部署，习近平总书记特别指出"要坚持市场化的改革方向，加快建立符合现代金融特点、统筹协调监管、有力有效的现代金融监管框架"。为补齐监管短板和从更高层次上推动金融监管协调，2017年7月习近平总书记宣布将成立国务院金融稳定发展委员会①（以下简称金融委）。2017年11月，为贯彻党的十九大精神②和落实全国金融工作会议要求，金融委③正式成立。与此前联席会相比，金融委的协调层次更高、职责范围更广，一定程度上标志着我国金融监管协调建设进入新阶段。2018年3月，根据党的十九大关于深化机构和行政体制改革的精神，经十九届三中全会和第十三届全国人大审议通过，合并银监会和保监会，组建中国银行保险监督管理委员会（以下简称"银保会"）④。然而，新成立的金融委以及银保会是否符合国际监管改革的共性规律，能否避免重蹈联席会的覆辙，能否真正防范监管套利和监管真空，能否承担起防控金融风险和保障金融安全的重任，未来从理论到实践如何完善新时代我国金融监管统筹协调等等，这些问题都值得深思。

本书尝试从权力冲突这一新的研究视角追溯金融监管权力配置的本源，重构基本理论框架，总结和归纳金融监管权力配置体系发展路径和演进机理，提出"通道"理论，构建"矩阵"评价体系，对70个主要经济

---

① 2017年7月全国金融工作会议宣布，在"一行三会"之上设立国务院金融稳定发展委员会。
② 党的十九大进一步强调"健全金融监管体系，守住不发生系统性金融风险的底线"。
③ 国务院金融稳定发展委员会主要职责是：落实党中央、国务院关于金融工作的决策部署；审议金融业改革发展重大规划；统筹金融改革发展与监管，协调货币政策与金融监管相关事项，统筹协调金融监管重大事项，协调金融政策与相关财政政策、产业政策等；分析研判国际、国内金融形势，做好国际金融风险应对，研究系统性金融风险防范处置和维护金融稳定重大政策；指导地方金融改革发展与监管，对金融管理部门和地方政府进行业务监督和履职问责；等等。国务院金融稳定发展委员会正式作为国务院统筹协调金融稳定和改革发展重大问题的议事协调机构。
④ 将银监会和保监会的职责进行整合，组建中国银行保险监督管理委员会，并将银监会和保监会的原有拟订银行业、保险业重要法律法规草案和审慎监管基本制度的职责划入人民银行。

体危机前后变化进行实证分析和评价，借此对我国情况加以辨析。

第二节 重构金融监管基本理论框架的必要性

概览国内外，前期相关研究主要包括系统论、信息不对称理论、协同论、博弈论、成本效益论、制度经济学理论、公共利益论等，对定义、性质、根源等方面进行了分析，提出了不尽相同的理论解释。

系统论强调系统的整体观，认为任何系统都是一个有机的整体，不是各部分的机械组合或简单相加，系统的整体功能是各要素在孤立状态下所没有的性质，概而言之就是"整体大于部分之和"。部分学者运用系统论思想，将所有单个金融监管机构视为金融监管系统中一个个并联的子系统，协调合作就是串联关系，金融监管权力配置重在"整体利益大于局部利益之和"。

信息不对称理论认为市场失灵的主要原因是信息不对称，由此产生的政府干预活动之一就是金融监管。但是金融监管本身又会产生新的问题，即更多的信息不对称，监管效率也会降低[①]。因此，降低信息不对称是金融监管权力配置体系设计的核心问题。

协同论认为系统从无序走向有序的关键在于系统内部各子系统间相互关联的"协同作用"，而协调度正是这种协同作用的量度。协调是系统各个组成要素在发展过程中相互之间的和谐一致，这种和谐一致的程度称为

---

① 由于信息收集、识别和处理等高成本且被监管对象因自身利益隐瞒不利信息，单一金融监管部门不可能掌握被监管对象的所有真实信息。信息不对称程度与金融监管效率是负相关的，信息越不对称，金融监管效率会越差。建立金融监管机构之间的协调机制，降低信息获取成本，从而提高金融监管效率（苗文龙，2016）。

协调度①。任何金融监管权力配置体系都需要考虑系统各个组成要素的协调度问题。

博弈论认为作为有限理性经纪人，博弈各方会争取自身利益最大化。在金融监管权力配置体系中，特别是分业、多头或国际监管合作模式下，各监管主体的监管目标不同，监管过程中的策略选择也存在差异。尤其是在面对同一个监管对象时，各监管主体相互之间也存在博弈策略选择，共同实施监管时可能会出现监管重叠和监管冲突（李成等，2009；肖畅，2015）。从权力配置上看，通过外力作用，引入监管协同的制度安排②。

成本效益论从监管源头论证权力配置存在的基础，认为金融监管权力配置的目标包括降低监管成本和提高监管效率，因此合理衡量效益和成本之间的关系，成为金融监管协调存在的关键。金融监管权力配置的成本指的是耗费的资源总和，既包括直接的资源损耗，也包括间接的资源损失。金融监管权力配置的效益指的是从单个机构到整个金融体系乃至经济社会带来的效益的提升。但在监管实践中，金融监管权力配置的成本和效益难以精确量化。

制度经济学③认为制度带来的报酬递增决定了制度变迁方向，且通常具有其相应的变迁路径。制度经济学理论认为通过信息交流、业务协调、政策协调等方式，权力配置能够以最少的监管成本取得最大的监管效率。然而金融监管权力配置作为一种金融制度，自然也有其独特的路径依赖性。

---

① 运用协同学研究框架（罗嘉等，2009）可分为三个层次：一是金融监管主体在依法实施监管活动时应采取多种形式和层次的协同配合，在宏观上产生功能机构，促使金融系统发展成能产生有序结构的协同系统；二是在金融监管系统中，对系统变化起主要作用的序参量促使金融监管系统向着有序状态发展；三是通过金融监管系统各子系统之间的协同管理、协调配合来防范整个金融监管的系统性风险，研究出其内在规律和发展方向，促进金融系统的安全、合理及高效发展。

② 比如，成立金融监管协调委员会之类的常设机构，具体负责制定统一的报表格式和标准，讨论与金融稳定和金融监管有关的重大问题，协调监管机构的政策与业务，消除信息不对称障碍，有效处理紧急和难点金融事务（刘相友等，2010）。同时，法律的强制力可约束各监管主体采取积极的合作策略，形成良性互动，从而降低合作成本，增加合作收益，提高金融监管协调的效率（潘林伟等，2013）。

③ 制度经济学否定了经济学分析"无摩擦的"新古典环境，创立了经济学研究的"新制度"环境。即当一种制度协调时，就能发挥积极的作用；当这种制度不协调时，就会起阻碍的作用。

公共利益论①从积极和消极两个方面来看待金融监管权力配置问题：积极方面包括金融市场的稳定效应、投资效率效应以及收入效应；消极方面包括替代效应、非公平效应等。

上述这些理论从不同的角度对金融监管权力配置进行了阐释，但大多拘泥于表象论述，并没有真正触及金融监管权力配置的本质。传统理论更多地侧重于解释什么是权力配置（What）和为什么需要权力配置（Why）等层面，没有从基础理论层面直接回应参与权力配置主体（Who）、权力配置时机（When）、主要权力配置领域（Where）以及保障权力配置方式手段（How）等实质性内容，尤其是无法解释金融监管权力配置的演变路径和推动力量，对金融监管权力配置未来发展方向和保障权力配置应采取策略等关键性问题关注不足。

第三节　重构基本理论框架的一个新视角：
权力冲突

鉴于金融监管的传统理论和实践上的局限性，本书提出了新的研究理论视角，即从权力冲突角度出发，追溯金融监管权力配置的本源，突破现有学科划分界限，将行政法学②、国际法学乃至政治经济学融入金融监管学框架，运用多学科视角观察和研究金融监管领域的权力配置体系，重构基本理论框架。

首先，需要阐释的基本理论问题是为什么需要金融监管活动。金融监

---

① 公共利益论认为现代经济社会并不存在纯粹的市场经济，自由竞争的市场机制不能带来资源的最优配置，甚至造成资源的浪费和社会福利的损失。政府的管制主要是对市场过程不适合或低效率的一种反应。对金融市场和机构的管制主要目的是维护金融部门的安全与资源的合理配置，以此为基础增强整个经济的配置效率。

② 如冲突理论、官僚制理论、组织行为学理论等。

管是作用于金融领域活动中的一种国家权力，是一种产生于政府干预经济生活中的国家强制力。金融监管权存在的前提是金融市场失灵，即因金融市场内在的高风险性、垄断性、外部性和信息不对称性等特征导致的自身无法通过市场机制纠正调节的失灵问题。与一般行业相比，金融行业是特殊的高风险行业，负外部性巨大①，一般行业适用的自由竞争并不完全适用于金融行业，需要政府特别加以监管。政府作为公共利益的代表，弥补市场机制在资源配置中的效率损失和分配不公平，保持金融行业的适度竞争，维护金融体系的稳定和健康发展，最大限度地增进社会福利和保护公众利益②。

其次，为什么金融监管权力配置理论是金融监管理论的子集。从起源上看，金融监管权冲突是导致产生金融监管协调机制的直接原因。当多个监管主体面对同一个监管对象时，或者多个危机处置主体面对同一个处置对象时，多个主体之间有两种选择策略：竞争与合作。选择竞争则产生监管套利，选择合作则产生监管协调。合理的金融监管权力配置有利于加强监管协调和避免监管套利，正确并有效解决金融监管权冲突。换言之，权力配置问题来源于金融监管权冲突，金融监管权力配置理论是金融监管理论的重要组成部分。同金融监管一样，金融监管权力配置本质上是一种具有特定内涵和特征的政府规制行为。

再次，什么是金融监管权。金融监管权作为一种公共权力，对市场自由的干预由弱到强可以分为四种：市场竞争机制、私人诉讼、公共强制执行监管和国家所有制③。这四种策略可以共存，各有优劣，最优的制度设计需要在这些不完美的策略之间做出选择。金融监管在行权过程中同样面临"政府失灵"问题，监管目标不是公共利益，而是由特殊利益集团所"俘获"④，金融监管权应当受到一定的约束和限制。数百年来，市场失灵和

---

① 一旦倒闭会引发金融体系的动荡，甚至危及整个社会经济体系的稳定。
② 类似的观点有公共利益理论、福利经济学理论等。
③ 类似的观点有公共强制理论等。
④ 类似的观点有监管俘获理论、特殊利益论、多元利益论、公共选择理论等。

政府失灵之间的权衡利弊历程影响到了金融监管权力边界的扩张与收缩，经济力量和政治力量相互制衡的动态博弈过程形成了"管制—创新—再管制—再创新"的历史循环①。金融监管权对市场的价值并非在于限制和制约金融市场应有权利，而是在于协调和平衡围绕金融活动的各种利益关系。

最后，金融监管权冲突与配置的辩证关系是怎样的。在实践中，金融监管权冲突是客观存在且不可避免的，消极的冲突具有破坏作用，不利于目标的达成，积极的冲突则有利于达成共识和推进合作。金融监管权冲突产生的过程也是解决冲突的过程，相关过程可分为四个阶段：潜在的对立、认知、行为及结果（罗宾斯，2000）。金融监管权冲突的根源是潜在的对立，这种对立可能是目标因素、沟通因素、结构因素甚至个人因素、政治因素；潜在的对立并不意味着立刻产生冲突，只有在引发相关主体的对立冲突感知时，前提才具备；当有关主体基于对冲突的感知而采取行动时，冲突则开始公开化（金国坤，2010）；冲突一旦公开化就会促使相关主体进入冲突解决阶段，即参与时机（When）的开始阶段。冲突解决阶段主要依靠是否有成熟的权力配置机制有效解决金融监管权冲突问题。用于解决金融监管权冲突的五种常见方法，即方式手段（How）包括：设置超级目标、找出共同的"敌人"、加强沟通和交流、组织重构、求助于外在力量。当前三种方法都无效时，可以考虑改变组织结构、合并对立部门、重新分配资源等方式消除潜在的对立因素，如果无法利用自身力量解决时，可以考虑聘请专家顾问、提请上级处理或诉诸司法等途径。结合本次危机后国际改革实践，上述五种方法或多或少有所体现。从表现形式上，金融监管权冲突可体现在三大维度：一是纵向冲突，即不同级别或层级的主体之间的冲突；二是横向冲突，即同一级别或层级的主体之间的冲突；三是空间冲突，即不同地域、不同国家的主体之间的冲突。与之相对应的是，金融监管权力配置涉及的主体（Who）和领域（Where）亦可分为横向、纵向、空间三大维度：纵向维度主要是指上下级相关主体之间的

---

① 类似的观点有监管辩证理论、监管竞争理论等。

监管协调；横向维度主要是指同级别相关主体之间的监管协调；空间维度主要是指本国与其他国家或国际相关主体之间的监管协调。

第四节　金融监管权"三维配置"体系的基本要素

一、"通道"（AISLE）理论的提出

结合危机前后各国金融监管权配置体系发展历程来看，无论横向、纵向还是空间维度的演进都并非没有层次，而是存在一定的顺序关系。通过对包括发达国家和发展中国家在内的 70 个国家的比较分析，金融监管权"三维配置"体系国际改革"从低到高"遵循"目标协同（Aim）→信息共享（Information）→制度化建设（System）→法律赋权（Law）→统筹实施（Enforcement）"的演变路径，本书取其首字母，简称"通道"（AISLE）理论。

"通道"理论演进的逻辑链条具体过程为：目标协同（A）是创设金融监管权配置体系的初衷，对于一些横向、纵向、空间维度有多个监管机构的国家，如何通过协同配合以促成监管目标的达成，是设立机构的基础所在；信息共享（I）是避免金融监管权配置冲突的重要途径，畅通的信息共享不但能够提高监管效率和降低监管成本，而且能解决因信息不对称引发的监管冲突；制度化建设（S）是将解决金融监管权配置冲突的机制进行制度化，比如将金融监管协调机制从非正式向正式转变，包括成立高级别甚至超主权的协调组织、合并监管机构以内化协调机制等；法律赋权（L）是通过立法方式将解决金融监管权配置冲突的机制进行法律赋权，提供法律保障，往往和制度化建设同步进行，法律赋权关键在于明确各自职责分工和赋予切实可行的手段；统筹实施（E）是金融监管权配置体系运行的

高级阶段，即监管协调在广泛认同的基础上，"嵌入"日常监管和危机处理流程之中，是监管意愿和监管能力的体现。就金融监管权配置体系的发展阶段而言，目标协同（A）和信息共享（I）属于初级阶段，制度化建设（S）和法律赋权（L）属于中级阶段，统筹实施（E）属于高级阶段。

从第三章来看，无论横向、纵向还是空间维度，各国金融监管权配置体系发展大多停留在达成共同协调目标（A）和实现信息共享（I）的初级阶段，缺乏法律依据和保障，实践中随意性较大，政策实施效果较差。本次金融危机后，国际社会普遍加强了金融监管权配置制度化建设，倾向于成立高级别或高规格的协调机构（S），制定相关法律制度（L），明确职责分工和协调内容。总体来看，无论各国监管主体是一个还是多个，国际改革潮流正逐步向着最高层面的协调，即执行层面的统筹实施（E）迈进。美国颁布《多德-弗兰克法》①明确设立金融稳定监督委员会（FSOC）②；英国出台《2012 年金融服务法草案》等一系列法案，确立了以央行及其内设机构金融政策委员会为核心的协调机制③；欧盟颁布《欧洲金融监管》和《欧洲银行业单一监管机制法案》，成立了包括欧洲系统性风险委员会、欧洲金融监管者体系和银行业单一监管机制在内的跨国协调机制；德国通过《金融监管体系改革法案》赋予金融稳定委员会协调职能；法国出台《经

---

① 即《多德-弗兰克华尔街改革和消费者保护法》。

② 虽然特朗普执政以来，多次试图废除《多德-弗兰克法》，并欲以《金融"选择"法案》取而代之，但由于民主党的反对，完全废除《多德-弗兰克法》恐难以最终通过参议院同意。2017 年 2 月 3 日，特朗普签发第 13772 号行政命令，要求美国财政部对现行金融监管规则进行重新审查，根据目前对存款类机构、资本市场、资产管理和保险业提出的改革建议报告，更多为减轻监管负担、修订沃尔克规则等，并没有涉及调整 FSOC 协调地位的内容，反而提出进一步加强跨州协调等建议。

③ 危机后，英国金融监管改革大致分为两个阶段：第一阶段，出台《2012 年金融服务法案》，将原金融服务局拆分为"双峰"：审慎监管局（PRA）作为英格兰银行的附属机构，负责微观审慎；行为监管局（FCA）作为对财政部和议会负责的独立机构，负责行为监管。同时在英格兰银行理事会下设负责宏观审慎的金融政策委员会（FPC）。第二阶段，出台《2016 英格兰银行与金融服务法案》，简化英格兰银行内部治理结构，将审慎监管局完全整合进入英格兰银行内部，不再作为附属机构，其董事会升格为审慎监管委员会（PRC），与金融政策委员会（FPC）、货币政策委员会（MPC）并列成为英格兰银行三大专业委员会，以实现货币政策、宏观审慎、微观审慎更好的协调配合。

济现代化法》，增加了法兰西银行（央行）在危机处置和防范系统性风险中的协调职权；俄罗斯通过法案明确俄央行为统一金融监管者，将监管协调内部化；巴西、印度、南非等国也从立法层面明确相应的监管协调机制的制度安排。金融监管协调实现了质的飞跃，不再是金融监管体系的"替补员"，而是独立运行的"正规军"。

金融监管权配置体系国际变迁历程显示实现较高级别的阶段往往需要对此前较低级别的阶段进行"追溯"调整，即重新打好地基以推进金融监管权配置体系顺利运行。以本次金融危机为例，主要经济体重新调整监管协调目标，将宏观审慎和微观审慎间的协调①、货币政策与金融监管间的协调②、审慎监管与行为监管的协调③以及中央和地方监管间的协调④纳入目标协同（A）框架；通过立法⑤或者约定⑥等形式保障信息共享途径（I）的畅通。值得关注的是，在实现最高层面的统筹实施协调中，央行的牵头作用和特殊地位得以突出。在金融消费者权益保护、危机处置、事前协商和紧急、冲突协调机制的具体执行过程中，特别是对于系统重要性金融机构监管行动协调问题，各国均不约而同地明确央行牵头者地位或强化央行的特殊地位。美国金融稳定监督委员会授予美联储对具有系统重要性金融机构和非银行金融机构的监管权，金融消费者权益保护也由美联储下设消费者保护局具体实施。英国央行负有维护金融稳定的责任以及在危机时对某家金融机构行使"暂时国有化"的权力。欧洲央行负责监管资产规模较大和接受救助的银行，并在必要时对其他中小银行实施直接监管。

---

① 如英国、俄罗斯、法国、美国等。

② 特别是那些同时肩负金融监管职责的央行，更需要重视将货币政策与金融监管政策结合使用，如美国、英国、俄罗斯、法国、巴西等。

③ 英美等国在危机后金融监管改革中都不同程度地植入了"双峰"监管理念。

④ 比如美国财政部下设国家保险办公室，为联邦层面牵头者与各州共同监管保险业，从而改变过去由州牵头监管保险业的局面。

⑤ 一些国家通过法律直接就信息共享机制做出安排。德国明确规定必要时，德联邦金融监管局和金融机构必须向德央行提供数据和信息。美国财政部下设金融研究办公室，为金融稳定监督委员会及其成员收集数据和提供分析。

⑥ 部分国家通过签署联合谅解备忘录（MOU）形式促成信息交流机制。英国的财政部与英格兰银行共同制定《金融危机管理备忘录》来明确各自职责。

二、基本要素：四大"通道"

基于"金融监管权冲突的三大维度"，金融监管权"三维配置"体系的基本要素应当涵盖纵向、横向以及空间冲突的解决之道。考虑到横向维度可进一步细化为左右和监管体系内外，故金融监管权"三维配置"体系的基本要素主要内容为四大关系，即上下、左右、监管体系内外、国内外四大关系，也称四大"通道"。上下"通道"是指上级监管机构与下级监管机构之间的金融监管权配置是否顺畅，包括中央与地方金融管理部门以及监管机构与自律组织之间。左右"通道"是指同级监管机构之间的金融监管权配置是否顺畅。监管体系内外"通道"是指金融监管部门与财政部等部门之间的金融监管权配置是否顺畅。国内外"通道"是指本国金融监管部门与国际组织、其他国家金融监管部门之间的金融监管权配置是否顺畅。无论是发达国家还是发展中国家，都面临着上述四大关系。

第一，上下"通道"。主要用于解决金融监管权的纵向冲突，分为非直接和直接两个领域。一方面，直接意义上的"上下"——中央与地方金融监管权配置。当前，多数国家的金融管理职能主要由中央监管机构履行（英国、德国① 等），一些国家采用双重监管并行的方式（美国②、加拿大等），还有一些国家采用中央授权地方监管的方式（日本③、中国等）。另

---

① 德国联邦金融管理局（BaFin）不在各州设立下属机构，由德央行分支机构承担对各州金融机构的常规监管职责。德央行分支机构将现场检查和非现场监管的情况向 BaFin 报告，由 BaFin 做出最终决定。德央行分支机构则按照 BaFin 制定的原则，可邀请 BaFin 人员一起对银行进行现场检查。
② 美国联邦政府和州政府都有金融管理权，这种体制在很大程度上源于其国民银行和州银行并存的"双重银行体系"。美国制度演变呈现"先有地方后有中央"的自下而上式特点。早期美国只有州注册银行，银行监管属于州政府职责。1863 年，联邦政府颁布《国民银行法》，批准设立了在联邦注册的银行即国民银行。此后随着货币监理署、美联储等联邦金融管理部门陆续设立，最终形成了金融业由联邦和州政府共同管理的局面。本次金融危机后，美国改变过去由州牵头监管保险业的局面，改由美国财政部下设国家保险办公室作为联邦层面牵头者，与各州共同监管保险业。
③ 日本金融监管由金融厅全面负责，中央银行和存款保险机构共同参与，地方财务局为受托监管的地方金融监管机构。

一方面，非直接意义上的"上下"——监管机构与自律组织之间金融监管权配置。长期以来，英美等发达经济体通过行业自律方式协调政府与市场的关系，对维护市场效率起到了一定的正面作用，但是自律组织更多代表的是行业利益而非公众利益，一些自律组织可能在利益驱动下滥用自治权甚至干扰金融监管权的行使，反而削弱金融监管的有效性。与其他国家不同的是，我国自律组织[①]属于典型的政府主导型，具有官民二重性，独立性较弱，实质上是金融监管机构的衍生部门（熊伟，2013）。

第二，左右"通道"。关键在于促进三大横向平衡，即货币政策与金融监管、宏观审慎与微观审慎、审慎监管与行为监管三大平衡关系。首先，保持货币政策与金融监管之间的平衡。加强货币政策与金融监管的权力配置成为危机后的普遍共识，各国都在尝试如何通过制度设计来避免和调和二者可能存在的冲突，使货币政策与金融监管在维护金融稳定和促进经济发展中发挥合力。一些国家甚至采取将货币政策与金融监管统归央行，二者职能集于一身的做法。其次，维持宏观审慎管理和微观审慎监管之间的平衡。还有一些国家央行为宏观审慎管理和微观审慎监管统一监管者，使二者的协调内部化，降低协调成本，提升监管效率，如英国、俄罗斯、法国等。然而另一些国家将宏观审慎管理和微观审慎监管职责纳入统一监管体系，赋予跨部门协调机构以及宏观审慎管理部门更多的权利以减少监管摩擦，包括监督权、建议权、信息获取权等，如美国等。最后，寻求审慎监管与行为监管之间的平衡。金融危机前，澳大利亚和荷兰采取的就是"左眼金融安全"（审慎监管）和"右眼金融服务"（行为监管）的"双峰"监管模式[②]，成功抵御危机的冲击，并迅速从危机中复苏过来。在新一轮金融改革方案中，主要经济体或多或少都植入了"双峰"监管理

[①] 如中国证券业协会（1991年）、中国银行业协会（2000年）、中国保险行业协会（2001年）、中国互联网金融协会（2016年）等。

[②] "双峰"（Twin Peaks）理论由英国经济学家迈克·泰勒（Michael Taylor）于1995年提出，认为金融监管目标应是"双峰"的：维护金融体系安全稳健（审慎监管）和保护金融消费者权益（行为监管）。

念，以英国的"准双峰"式①和美国的"伞＋双峰"式②最具代表性。

　　第三，监管体系内外"通道"，属于金融监管权横向冲突的解决途径之一。国际金融危机的惨痛教训表明，构建事前、事中、事后协调统一的金融稳定机制已成为危机损失管理的唯一抓手（陆磊等，2016）。成功有效的危机损失管理需要监管体系内外所有主体的协调配合，最大程度地降低危机对整个金融体系的损害，发挥风险处置合力，共筑抵御金融危机的最后防线。从国际改革实践来看，危机后国际社会对于危机损失管理机制进行了一系列安排，逐步形成由中央银行、财政部门、金融监管部门和存款保险管理机构等共同组成的危机损失管理机制，明确相关部门职责分工和工作程序，加强跨部门金融风险处置协作。一些国家更倾向于由高级别的协调机制承担危机损失管理的前头工作。美国《多德法案》针对金融机构确立了一套新的危机损失管理机制——有序清算（Orderly Liquidation）程序，即对于系统重要性银行控股公司的处置，无论控股公司项下的各个实体原先由哪个主体监管，都将统一由金融稳定监督委员会通过投票机制决定是否启动有序清算程序。

　　第四，国内外"通道"，主要用于解决金融监管权的空间冲突，国际

---

① 2011 年 6 月，英国政府正式发布包括立法草案在内的《金融监管新方法：改革蓝图》白皮书，对英国金融监管体制进行全面改革，宣告了原有三方监管体制的结束和"准双峰"式监管时代的到来。具体架构为：英格兰银行下新设金融政策委员会（FPC），实施宏观审慎监管，负责监控和应对系统风险。然而原来 FSA 的审慎监管职能和行为监管职能将分别由新设立的两个机构承继：一是审慎监管局（PRA），作为英格兰银行的子公司，负责对各类金融机构进行审慎监管；二是金融行为监管局（FCA），负责监管各类金融机构的业务行为，促进金融市场竞争，并保护消费者。同时，PRA 和 FCA 在与宏观审慎监管有关的方面都将接受 FPC 的指导。

② 2010 年，美国出台了《多德-弗兰克华尔街改革与消费者保护法案》，吸收了"双峰"理念，对原有的"伞"式金融监管模式进行改革，由市场稳定监管者（美联储）充当"伞＋双峰"的"伞骨"，在美联储下设独立的消费金融保护局（CFPB），对原有监管机构的相关金融消费者保护职能进行整合。由于此次改革的目标模式并不是"双峰"结构，美国保留了大部分的审慎监管机构，如联邦存款保险公司（FDIC）、证券交易委员会（SEC）和商品期货交易委员会（CFTC）等。

社会按照参与合作主体的地域分布，从全球性①、区域性②、双边性③ 三个层面推进国际金融监管合作。

第五节　70 个主要经济体的实证分析：基于"三维矩阵"评价体系

依据"通道"理论的五大阶段和四大"通道"，构建"三维矩阵"评价体系，用以观测和分析主要经济体金融监管"三维配置"体系的运行情况，填补现有理论和实践的空白。"矩阵"评价体系的基本逻辑是：上下、左右、体系内外、国内外这四大"通道"都遵循一定的发展规律，即从低到高依次为目标协同（A）→信息共享（I）→制度建设（S）→法律赋权（L）→统筹实施（E）。

参考 Masciandaro 和 Romelli（2017），Masciandaro、Pansini 和 Quintyn（2013）以及 Quintyn（2009）将定性指标定量化的做法，本书对于"通道"理论的五大阶段进行赋值，即目标协同（A）= 2，信息共享（I）= 4，制度建设（S）= 6，法律赋权（L）= 8，统筹实施（E）= 10，其中 A→I = 3，I→S = 5，S→L = 7，L→E = 9。由此，可将"矩阵"评价体系转为定量评估体系。据此，可将四大"通道"的数值进行简单平均，横轴为危机后金

---

① 第一个层面是全球性金融监管合作，主要是指由不同的参与主体在全球范围内进行的监管国际合作，既包括在全球性金融组织、经济组织框架下所进行的金融监管合作，也包括由部分国家尤其是发达国家所主导进行的对全球经济有重大影响的金融监管合作与协调，如巴塞尔委员会、国际证券委员会组织和国际保险监管联合会框架内的金融监管合作以及二十国集团框架下的金融监管合作等。

② 第二个层面是区域性金融监管合作，主要是指一定区域内的有关国家和地区在金融监管领域所进行的合作。随着区域经济一体化的不断发展以及各国对地区主义的重视，区域性金融监管合作的重要性日益体现，欧盟金融监管一体化的实施就是其中的成功典范。

③ 第三个层面是双边性金融监管合作，主要是指两个国家、地区的金融监管当局之间就金融监管的一些法律性、技术性问题开展交流与协作，双边金融监管合作是最为常见的国家间的监管合作方式，这种合作一般是通过签订相互法律协助条约和谅解备忘录等双边协定来实现的。

融监管"三维配置"体系分值，纵轴为危机前后金融监管"三维配置"体系的差值。

根据实证结果，大致可以分为五组：

第一组，金融危机前后金融监管"三维配置"体系的运行效率都达到较高水平的，均接近统筹实施（E）的理想状态，主要代表有澳大利亚、加拿大、荷兰。这些国家的金融监管"三维配置"体系在成功应对本次国际金融危机中发挥了重要作用。

第二组，通过自身改革努力，金融危机后金融监管"三维配置"体系的运行效率明显改善，但部分"通道"的运行效果不够理想的，主要代表有美、英、德等国。这些国家通过改革大大提高了运行效率，完成立法统一，但依然面临如何加强统一实施的问题，部分"通道"尚需理顺，特别是上下"通道"和左右"通道"的历史遗留问题，相关改革实施效果还有待观察。

第三组，金融危机后金融监管"三维配置"体系的运行效率较大提高，但总体水平属于中等，主要代表有法国、瑞士、瑞典、日本、俄罗斯、欧盟、巴西、南非、印度、墨西哥等国。前不久设立金融委和银保会的中国（见图 2-1 中"中国金融委"）刚刚挤入这一组，但整体运行效率仍属于本组较低水平，同时也不排除因未来改革受阻而重回第四组的可能性。总体上，第三组国家往往因为历史或政治原因达到统一实施层面尚需时日。发达经济体中，俄罗斯的改革力度很大，央行成为唯一的金融监管者，但是对于四大关系的完善尚待时日。欧盟面临的跨国协调问题相当复杂，统一执行难度极高，金融监管"三维配置"体系的运行效率相对较低。危机后，巴西和南非加快对金融监管协调建设，进入发展中国家的前列，但总体水平仍处于中流。

第四组，金融危机后金融监管"三维配置"体系的运行效率有所提高，但总体水平有待提高，主要代表有此前设立联席会的中国（见图 2-1 中"中国联席会"）等。这些国家缺乏监管协调法，中央与地方金融管理权责不明，同级监管机构监管冲突和空白较多，与财政部等外部门之间权力配置关系尚需理顺，亟须进一步完善。

第五组，金融监管"三维配置"体系在本次国际金融危机前后的运行效率变化不够明显且总体水平较低，主要代表有泰国、秘鲁等。这些国家多为发展中国家，危机后对于金融监管"三维配置"体系并未采取明显的改革措施，其中相当一部分的国家长期处于初级阶段。

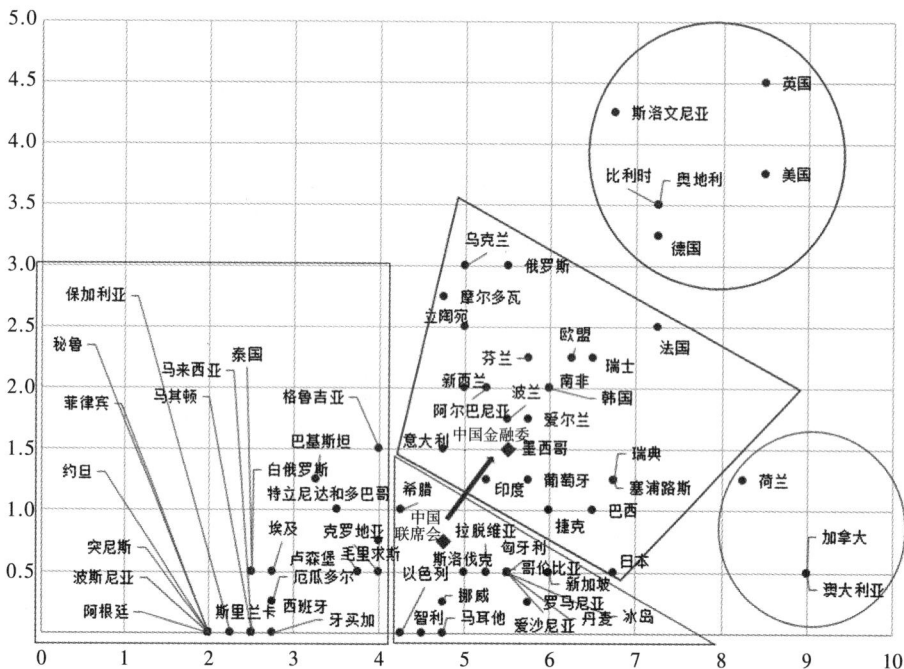

图2-1　70个主要经济体金融监管"三维配置"体系的运行总体情况

资料来源：笔者绘制。

第六节　小结

借助"三维矩阵"评价体系的分析框架，本书对本次金融危机前后70个主要经济体的金融监管权配置体系的运行效率进行实证分析，结果显示：

第一，金融危机后，大部分国家加强了金融监管权配置体系的建设，金融监管权配置体系的运行效率普遍大幅提高。无论是发达经济体还是发展中国家，对于统筹协调监管达成了统一共识。

第二，金融危机以来主要经济体金融监管权配置体系效率的提高，大部分得益于央行职能和地位的提升。大多数经济体在日常监管和危机处置上进行了改革，构建了以央行为核心的金融监管权配置体系。

第三，无论金融危机前后，发达经济体金融监管权配置体系的运行效率普遍高于发展中国家。这与发达经济体金融市场发展水平和金融创新水平有关系，越是金融市场发展和金融创新水平高的国家，规避监管和监管套利行为越多，越需要从制度上规范金融监管权配置体系，统一监管标准，减少监管空白。

第四，越是对监管协调机制乃至金融监管权配置体系进行调整的国家，越容易防范金融危机的爆发或者摆脱危机的困境，比如，澳大利亚、荷兰等国。

第五，金融危机以来，国际监管合作程度进一步加深，但金融监管权配置体系空间维度建设总体上仍处于较低水平。

第三章 金融监管权"三维配置"体系的实践分析

第一节 金融监管权横向配置的发展历程

一、金融监管权横向配置演变历程：历史上五次大变革

从历史的角度看，金融监管体系的发展与所在时期的经济环境有着密切关系。各国现有金融监管体制是历史形成的，是由各时期为解决各个危机和问题而进行的各项金融监管改革渐次积累而成的，并不是统一制度设计的结果。

（一）自由放任时期：20 世纪 30 年代以前

20 世纪 30 年代以前，自由主义思想盛行，主流经济学极度崇尚市场力量，反对一切形式的政府干预。在这样的思想影响下，各国虽然都有关于金融监管的探索实践，但受制于各种因素，终究没有形成有效的监管体

系。无论是美国的货币监理署和美联储，还是英国的英格兰银行①，都没有真正履行监管职责。这段时期内，除了在市场准入和业务经营范围有少许限制外，金融监管活动基本处于空白，金融机构行为几乎不受任何约束与干预，金融市场长期处于无序竞争状态，金融诈骗和证券投机现象频发，加上股市崩盘后银行倒闭狂潮，最终引发了 1929 年经济大危机。

美国早期金融监管的发展历程就是各方势力妥协的产物。在第一银行和第二银行执照延期的努力失败之后，美国进入自由银行时期，虽然在1837 年金融恐慌至内战前，州银行委员会负责州银行牌照准入和监管，但是因缺乏统一标准和各州自身利益诉求，监管严重缺位，银行业无序竞争，破产和挤兑时有发生，银行平均寿命仅有 5 年，金融混乱严重影响了美国经济的发展。内战爆发后，为了举债融资和金融稳定，1864 年美国颁布《全国银行法》，成立货币监理署，负责全国性银行的发照和监管，同时尝试在统一货币的基础上，以全国性银行体系取代州银行体系，但最终以失败告终②，美国由此开始了影响至今的双层监管体系。内战结束后，由于缺少"最后贷款人"，美国再次遭受了一系列严重流动性困难、挤兑和金融恐慌③，终于在 1913 年出台了《联邦储备法》，赋予了新成立的美联储对其成员银行的监管权，美国经济随即复苏，但是这个制度存在内在缺陷④，为此后大萧条埋下了伏笔。

---

① 英国在经历 1847 年、1857 年、1866 年货币危机后，将英格兰银行国有化，并赋予其最后贷款人职能以及相应的检查权。但是英国长期奉行自由主义政策，主要依靠市场约束和行业自律等非正式监管方式。

② 为迫使州银行转变为全国银行，1865 年美国国会立法向州银行发行的纸币征收 10%的惩罚性税收。虽然因此损失了铸币收入，州银行却通过大规模使用支票账户作为支付工具而成功规避了这一惩罚性税收的影响，形成了全国性银行与州银行并存的双层银行体系。

③ 包括 1873 年、1884 年、1890 年、1893 年和 1907 年的金融危机，其中 1907 年尤为严重，信用支付体系近乎瘫痪。

④《联邦储备法》要求所有全国性银行加入联储系统，州银行则可选择加入。立法者自信地认为州银行会自愿选择加入，因为只有这样才能得到联储提供的支票清算、紧急贷款等好处。但事与愿违，由于加入联储必须满足额外的准备金和监管要求，大多数州银行选择了不加入。这一选择对美国银行体系的稳定造成了深远影响：大多数州银行由于没有中央银行最后贷款人的支持而面临更高的挤兑风险；同时由于全国性银行必须加入联储系统，许多银行不再选择全国性牌照。

（二）全面监管时期：20 世纪 30 年代至 70 年代初

20 世纪 30 年代的经济大萧条打破了"市场万能论"的神话，取而代之的是主张国家干预政策的凯恩斯主义。"市场失灵论""信息经济学"等现代经济学的发展在重塑政府与市场关系的同时，也为政府在金融领域实施全面监管提供了理论依据。这一时期的金融监管高度重视金融安全与稳定，甚至不惜以牺牲效率为代价，从此前的自由放任完全转向全面监管。值得一提的是，主要国家都不约而同地选择央行作为金融监管者或牵头监管者，正是"最后贷款人"职能衍生出来的对金融机构日常监督和干预权，为央行向监管者的转变提供了基础条件和天然优势。

以改革最为彻底的美国为例，连续出台了 1933 年《格拉斯—斯蒂格尔法》、1934 年《证券交易法》、1939 年《信托契约法》等法案，成立了联邦储蓄与贷款保险公司、联邦存款保险公司、证券交易委员会，确立了分业经营和分业监管体制，创建了存款保险制度。1956 年出台《银行控股公司法》，授予美联储对银行控股公司的监管权，最终形成了美国金融监管的法律和制度基础。一时间，美国分业监管理念成为主导思想，英国、德国乃至印度等发展中国家都效仿美国，构建了分业监管体制，实施严格的分业经营原则。英国于 1979 年颁布《银行法》，赋予英格兰银行监管权，证券与投资管理局及其下设三家行业自律组织分别监管证券公司、投资与基金公司和养老金，贸易工业部下设的保险业董事会监管保险业，建筑协会委员会监管建筑协会。德国于 1957 年颁布《德意志联邦银行法》，赋予央行银行监管权，随后又相继在财政部下设联邦银行监管局、联邦保险监管局、联邦证券交易监管局。印度也有类似的设计①。

（三）放松监管时期：20 世纪 70 年代中期至 90 年代中期

20 世纪 70 年代初，严重的滞胀危机使得盛行一度的凯恩斯主义破产，

---

① 印度央行下设金融监管委员会（BFS）负责对银行和货币市场进行监管，资本市场的监管机构由印度经济部、印度公司部、印度储备银行和印度证券交易委员会 4 个部门组成，印度保险和发展局（IRDA）专门负责调控和监管印度保险业和养老金。

"政府失灵"成为新经济自由主义攻击的对象。具体到金融领域,近四十年的全面监管,特别是价格性限制和具体经营行为的行政性管制,对金融稳定发挥着重要的作用,但同时也抑制了金融体系的创新、效率和发展。以"金融压抑"和"金融深化"为代表的金融自由化思潮迅速蔓延,世界各国监管理念再次集体转向,由以安全优先的全面监管转变为以效率优先的放松监管。

自 1975 年美国取消证券市场股票委托手续费起,世界范围内陆续开始了解除金融规制的浪潮,1986 年英国开始推行金融"大爆炸"改革,德国、日本等国也随即进行金融自由化改革,放松监管成为主流力量,甚至澳大利亚等国瞬间从金融监管最严格的国家变为金融管制最宽松的国家。在巨大的竞争压力下,原本坚持分业经营原则的美国也逐步放开管制约束,最终颁布了《金融服务现代化法案》,混业经营得到法律认可,结束了长达六十多年的分业经营模式。在放松管制的推动下,货币学派和金融自由化的影响力逐渐达到了顶峰,全球金融业经营模式发生了巨变,金融体系的活力被再次激发,金融机构经营自由度不断提高,跨地区综合化经营的限制逐渐减少,花旗、高盛等一批大型的金融集团涌现出来,银行、证券、保险等业务再度融合,与此同时新的危机也在逐步酝酿之中。

(四)监管独立时期:20 世纪 90 年代末至 2007 年

进入 20 世纪 90 年代,混业经营对以英美为代表的分业监管模式带来了极大的挑战,过于分割的监管机构在实际运行中沟通不畅、边界不清,严重影响了监管的效率。1991 年国际商业信贷银行破产、1995 年巴林银行破产等事件,使人们开始质疑监管机构的专业性。但当时主流观点认为造成银行破产危机的主要原因并非是金融自由化和去管制化,而是央行集货币政策和金融监管于一身,分身乏术,因此只有将监管机构与央行彼此剥离开来,才能够增强二者的专业性和独立性,从而更好地支持金融创新,提高金融体系的效率。在这种观点指导下,央行的职能被重新审视和定义,货币政策和价格稳定职能得以重视,而金融稳定和金融监管职能受到忽视。

20 世纪 90 年代末以来，主要西方国家开始采取央行与监管机构分设的方式，最终形成了以英美为代表的剥离或淡化央行监管职能的改革潮流，影响了包括我国在内的多数国家。其中，典型的银监分设的国家包括阿根廷（1999 年）、澳大利亚（1997 年）、中国（2003 年）、丹麦（2000 年）、德国（2002 年）、爱尔兰（2003 年）、挪威（2001 年）、日本（1998 年）、韩国（1998 年）、墨西哥（1998 年）、俄罗斯（2000 年）、瑞士（1997 年）。

由于银行监管分设改革的初衷并非强化监管而是释放金融创新活力，英国强调金融机构自律和以"原则导向"为主的"轻触式监管"成为这一时期成功监管的范例。与此同时，以英国、德国为代表的统一监管方式①和以澳大利亚、荷兰为代表的"双峰"监管也在一些国家研究探索和付诸实践，但并未在全球范围形成主流。

（五）回归监管时期：2008 年以来

本轮国际金融危机暴露了新的经济现实与旧的监管理念之间的巨大差距。在长期放任的监管环境下，金融创新日新月异，监管套利活动不断超越传统监管体制的边界，引发风险甚至危机的问题金融机构往往处于监管缺失与真空的地带。无论是分业监管还是统一监管体制，由于缺少宏观审慎监管的"最后守门人"，无法有效抵御影子银行、系统重要性金融机构在宏观层面上所积累的系统性风险。过于关注个体机构微观层面问题的监管机构和只关注货币政策和价格稳定的央行，在系统性风险防范与危机处置的问题上互相推诿，延误救助时机，最终爆发波及全球的金融危机。

---

① 英国于 1997 年成立金融服务局，并于 2000 年出台《金融服务法》，建立统一监管体制。德国于 2002 年颁布《金融监管一体化法》，成立联邦金融监管局。

二、历次金融监管权横向配置变迁：三大逻辑主线和一个核心理念

(一)三大逻辑主线

回顾金融监管史上五次重大变革，不难发现历次金融监管权横向配置似乎遵循着某种周期性的规律，呈现出危机导向型和事后改革的特点。但实际上，历次金融监管变革背后隐含着三条重要的逻辑主线，即金融业经营模式的改变、金融风险形成与传导机制的变化、监管诉求与目标的转变。数百年来，这三条逻辑主线深刻影响着金融监管发展与演变历程（见表 3-1）。

表 3-1 五次变革的背景及三大逻辑主线

		20 世纪 30 年代以前	20 世纪 30 年代至 70 年代初	20 世纪 70 年代中期至 90 年代中期	20 世纪 90 年代末至 2007 年	2008 年以来
背景		自由竞争	经济大萧条	金融自由化	央行与监管机构分设	次贷危机引发全球金融危机
三条主线	金融业经营模式	混业	分业	开始混业	混业 过度承担风险	分业
	系统性风险	不断累积	受到约束	不断累积	达到高峰	全面防范
	监管目标	有限监管	安全优先 分业监管	效率优先 微观审慎	过度追求效率 微观审慎	安全优先 宏观审慎+ 双峰监管

资料来源：笔者整理。

金融监管效率与金融业发展水平相匹配是金融稳定的基本前提。金融业发展主要体现在金融业经营模式和金融结构的改变，进而表现在金融风险形成和传染的变化上，最终反映为金融监管诉求与目标的转变。早期的金融业以银行业为主，证券、保险等非银行类金融业务并不活跃，金融风险主要表现为银行风险，监管诉求与重点自然放在对银行业经营行为的监管上，各国纷纷成立了以中央银行为主的银行业监管机构。随着非银业务

的发展，金融结构逐渐从间接融资向直接融资倾斜，监管制度与分工安排
出现了新的调整，相继成立了专司证券、保险监管的独立机构或部门（贾
辉艳，2011），逐步形成了分业监管的格局。在追求金融效率的刺激下，
金融创新步伐不断加快，金融业经营模式由分业走向混业，金融机构相互
并购和渗透，金融风险开始在银行、证券、保险、信托等多个金融行业相
互渗透、融合，混业监管成为适应金融机构业务多元化和综合化的必然选
择。金融业混业经营推动了金融创新的全面升级，金融产品、机构、市场
之间的关联性不断提高，金融风险在不同行业、不同市场、不同地域之间
传播和扩散，监管目标也逐渐转向宏观审慎化、全面覆盖化、跨境合作化。

　　金融监管变迁历程显示三条逻辑主线并非孤立，而是彼此影响、相互
呼应的。系统性风险动态演进的逻辑表面上源于金融模式在分业和混业、
场内与场外、正规金融和影子银行①之间风险的融合，但本质上仍是"放
松管制—爆发危机—全面监管—金融抑制—鼓励创新—再度放松管制"的
循环，最终导致监管目标"效率优先—安全优先—效率再优先—安全再优
先"的轮回。20 世纪 90 年代以来，长期放任监管以及盲目寻求效率而忽
视风险的氛围，催生了一系列过度创新的金融产品，这些原本用于提高流
动性和风险管理目的的资产证券化和金融衍生品，经过多次证券化和复杂
交易后，反而演变为脱离实体经济的金融自我创新、自我循环和自我膨胀
的金融活动，外部评级机构不审慎和监管纵容助推了资产泡沫和虚假繁
荣，"大而不倒"的系统重要性金融机构全球化经营行为以及影子银行与
传统金融的高度依赖关系大大增强了金融风险的关联性、传染性、破坏
性，不断挑战以往割裂式、微观审慎为主、缺乏国内协调和国际合作的传
统金融监管，迫使监管目标开始瞄向跨业、跨市场、跨国境的系统性风

---

① 根据金融稳定理事会的定义，影子银行是指银行和保险公司以外的所有从事信用中介活动的金融
机构，包括货币市场基金、信托公司、财务公司、结构性投资载体、政府支持的金融平台、金融
担保公司、金融租赁公司、消费贷款公司、部分对冲基金和投资银行（剔除从事股权和外汇交易
部分）等。2007 年底，美国影子银行体系资产规模为 20 万亿美元，而商业银行的资产规模仅为
13 万亿美元。

险，金融监管改革进入新的发展轮回。

金融监管是政府干预市场的一种行为，是政府与市场关系的一种体现。虽然不同国家金融业发展的特征、监管传统习惯甚至政治文化环境各有差异，每次监管改革的政策和路径也不尽相同，但始终是当时时代背景下政府与市场两种力量相互博弈的结果。数百年来，在二者博弈过程中，金融监管始终在效率与稳定中间处于两难，监管目标也在防范风险与支持创新之间迂回反复。20 世纪 80 年代，在金融自由化浪潮的影响下，美国逐步放松对金融领域的管制，其间迂回的过程印证了监管目标寻求创新与监管之间平衡的努力。1980 年颁布了《储蓄机构放松管制和货币控制法》，放松存款利率管制。1982 年通过了《噶恩·圣杰明存款机构法》，废除了对储贷机构业务和投资的诸多限制，允许其从事商业地产等高风险业务。然而，过度的高风险投资和前期的监管不力引发了 20 世纪 80 年代末的储贷危机。1989 年美国出台《金融机构改革、恢复与执行法案》，以货币监理署为蓝本，成立了储贷监理监管署，撤销了联邦储贷保险公司和联邦住宅银行理事会，主要职责为联邦储贷机构发照，并对联邦和大部分州储贷机构及其控股公司进行监管。但是，相对严格的监管要求使美国金融机构在日益激烈的国际竞争中处于劣势，放松监管[①]的呼声日益高涨。1989 年美联储批准了花旗银行等关于扩张业务的申请。1994 年通过《瑞格-尼尔跨州银行与分支机构有效性法案》，允许一家独立的银行在其注册地以外的任何地点直接开设分行，1995 年允许银行控股公司可以在全美国任何地方收购银行，1997 年批准将银行控股公司在各州的独立银行机构整合为在多个州拥有分行网络的一家银行。最终于 1999 年颁布《金融服务现代化法案》，全面解除限制，承认混业经营的合法地位。

（二）贯穿三大逻辑主线的一个核心理念

金融为实体经济服务，是贯穿三大逻辑主线的一个核心理念。打个比

---

① 1984~1988 年，共有 37 个州对跨州分行活动进行了解禁，通过建立对等互惠待遇的方式开放了他州银行对本州银行的收购。

方，金融创新是"经济增长的必由之路"，金融监管就是"这条道路的交通规则和时速限制"，而"服务于实体经济"则是"这条道路的路标和终点"。金融创新和金融监管都要坚持"金融要为实体经济服务"的方向，否则就可能在金融体系和实体经济中酝酿出更大的系统性风险和不平衡。

三、本次国际金融监管权力配置体制改革的特殊背景和趋势

（一）特殊背景

本次国际金融危机是前期监管宽容和监管滞后的环境下，全球化、信息化、过度金融化和新自由主义化经济发展阶段中问题不断深化和集中爆发的结果。这次危机发源于美国，通过国际金融市场、国际贸易和国际投资体系，甚至国际政策协调等更广泛意义上的渠道，深刻影响着世界各国的金融体系和实体经济。为了防范系统性风险和防止发生新的金融危机，此次危机以来各国都在有序地推进金融监管改革。除了遵循三大逻辑主线的历史规律外，这一轮国际金融监管改革也有一些特殊的背景因素。

第一，以巴塞尔协议为代表的风险监管不能够解决全部问题。2004年颁布的《巴塞尔协议Ⅱ》（以下简称巴Ⅱ）在制度设计和规则执行上存在缺陷，无法达到促进金融机构吸收损失和抵御风险能力提升的目的。巴Ⅱ以微观层面的资本监管为主，对系统性金融风险关注不够，针对系统重要性金融机构、影子银行、表外业务、过度证券化产品等领域的潜在风险缺乏有效的计量和监控手段，流动性监管框架严重缺失，不能及时识别与应对市场条件逆转下流动性瞬间蒸发的巨大风险。次级债、高级资本债等巴Ⅱ认可的资本工具吸损能力有限，剩余损失几乎完全由政府和纳税人承担。巴Ⅱ所推崇的内部评级法在风险计量上具有一定的顺周期性，某种意义上还会加剧经济波动。全球范围内，巴Ⅱ执行标准并不具有一致性，美国等甚至并未实施相关规定。

第二，消费者权益未受到保护严重损害公众信心。金融危机前，日渐

复杂和不透明的金融创新产品进入零售市场，一些金融机构和从业人员出于各种原因在金融服务提供过程中有意无意地误导甚至欺诈，使得消费者在并未完全了解产品风险和自身负担能力的情况下过度负债和承担风险。主张依靠金融机构披露信息和提示风险的事后式监管安排，无法提前预知和及时制止金融机构侵害消费者的不当行为，等到发现早已影响甚广。监管改革的步伐跟不上金融创新的速度，监管重叠、真空、滞后的状况层出不穷，部分监管主体之间职责不清、沟通不畅甚至时有冲突，相关金融知识教育机制严重匮乏，消费者难以得到真正有效的保护，进而影响了公众对金融体系的信心。

第三，宏观审慎管理框架缺失危及金融安全与稳定。传统微观审慎监管认为个体金融机构健康的总和等于整个金融体系健康，然而本次金融危机颠覆了这种观点。覆盖范围上，宏观审慎管理涉及所有可能产生系统性风险的地带，并不局限于金融领域，而微观审慎监管多为传统金融机构，作为融资中介的影子银行、投资银行以及房地产市场泡沫、主权债务、跨境资本流动等相关风险领域属于监管真空。20世纪30年代后普遍建立的以存款保险和其他补偿性基金为主要内容的金融安全网，不但无法阻止系统性风险在跨业、跨境、跨市场之间的传染和蔓延，更因为系统性金融机构破产的潜在损失超出其支付能力而无力救助，进而引发市场恐慌。

第四，央行作为最后贷款人需要有适当的监管职能。英国北岩银行的挤兑倒闭，美国雷曼、AIG救助问题上的巨大反差，"两房"资产的巨大黑洞，这几个危机中重要的转折事件都与央行缺乏必要的监管职能、无法掌握必要的信息致使金融机构无所顾忌冒险有关，实际是央行不拥有监管权导致的最后贷款人权利的滥用。

（二）改革趋势

围绕上述因素，本次改革呈现出与以往改革不同的趋势。

首先，宏观审慎管理职能得以引入并强化。宏观审慎管理的本质是从宏观上控制杠杆率，控制合意贷款的规模，避免过度金融创新带来的杠杆率提高，提供好的宏观环境。从多数国家看，央行成为宏观审慎管理的主要实施者，这可能与宏观审慎管理本质上与货币政策同属宏观调控工具有关，以及央行作为货币政策当局，在宏观经济、金融市场和支付体系领域的理解和把握上更具优势。同时央行还直接监管那些与最后贷款人职能关联度更高的金融机构——系统重要性金融机构，以及金融市场运行的核心——系统重要性基础设施。

其次，主要经济体进入全面监管时代。本轮国际监管改革呈现出"三维推进"全面监管的态势，即纵向深入、横向趋同和国际协同三大维度同时推进。纵向上，各国监管改革重新提倡"无缝式"全面监管，监管目标开始向"宏观审慎监管＋综合监管＋行为监管"转变。横向上，监管宽容不再，均呈现出强化宏观审慎管理和金融稳定监管职能的趋势，并且更加注重监管的统筹协调，其中央行在协调机制上充当牵头人。国际协同上，不同经济体之间相互依存日益深化，金融活动的跨国性质日趋强化，金融监管改革成为国际性、地域性及双边性的重要协调议题。

最后，主要经济体监管改革植入"双峰"监管理念。"双峰"监管又称目标型监管，认为从体制安排上划分审慎监管和行为监管的职能。其中一"峰"代表负责审慎监管机构，主要关注微观层面金融机构和宏观层面金融体系的安全与稳定，即微观审慎监管和宏观审慎管理；然而另一"峰"代表负责行为监管机构，主要关注于市场主体的行为、保护消费者权益和维护市场信心。相比较于其他监管模式，"双峰"监管有助于避免监管重叠和空白，更有利于防范微观层面和宏观层面的金融风险，促进市场公平与效率，有效维护金融稳定。以澳大利亚和荷兰为代表采用"双峰"监管模式的国家以及以加拿大等部分引入"双峰"监管理念的国家在本次危机中表现突出，较为成功地抵御了危机冲击。因此，英、美等国都不同程度上在监管改革中植入了"双峰"监管理念。

四、金融监管权横向配置失衡的案例分析之一：澳大利亚金融业丑闻危机

本轮国际金融危机后，澳大利亚金融业丑闻频出，负面影响持续发酵。澳金融体系遭受重创，加剧信用紧缩，影响经济增长，间接导致政府执政动荡。造成此次危机的原因有很多，但从权力配置看，澳金融监管体系与现有金融、经济体系不匹配，即五大结构性"软肋"才是问题集中爆发的根本原因。

（一）澳大利亚金融业陷入丑闻危机

国际金融危机后，澳大利亚金融业丑闻频出，陷入自 20 世纪 90 年代以来最严重的金融风险之中。

第一，房地产信贷服务业违法行为频发。国际金融危机以来，澳房地产持续升温近十年。在此期间，房地产信贷服务业活跃，尤其是房贷经纪行业发展极为迅猛。通过房贷经纪人申请的新增房贷已从 2003 年的 25%增长到 2012 年的 44%再增长到 2017 年的 54%，成为消费者房贷的主要渠道。

相比之下，澳监管当局对房贷经纪行业的监管却明显滞后，甚至连全国房贷经纪人的准确数量都无法掌握（AGPC[1]，2018），更不用说贷款机构提供给房贷经纪人的佣金数据，一些大银行的经纪业务也缺乏透明度。由于缺乏监管，一些不法活动也随之产生。据最终报告披露，房贷经纪行业存在结构性问题，以贷款额为基础计算的奖励式佣金机制诱使经纪人并非从消费者最佳利益出发推荐适合产品，极易诱发误导和欺骗消费者行为，如使用不当手段向风险承受力较低的消费者发放贷款，特别是利率更

---

[1] AGPC，即澳大利亚生产力委员会（Australian Government Productivity Commission），是由澳国会立法确立的政策咨询机构，其经费保障全部来自于政府财政拨款，但与澳政府其他部门保持一定距离。

高且风险也更高的只还息房贷（Interest-Only Loans）。此外，"说谎贷"现象也俨然成风，甚至一些经纪人伪造文件和提交误导性报告帮助消费者实现房贷获批。瑞银（UBS）于 2017 年 9 月公布的调查结果显示，受访的房贷借款人中有 1/3 提供的申请信息并非"完全符合事实或准确"，并估计银行账面上约有 5000 亿澳元房贷为"说谎贷"。

第二，针对弱势群体的欺诈行为不断。从现有金融消费者侵权案来看，老年人、残疾人、低收入者或领取低保救济者甚至农村客户等弱势群体，已成为"重灾区"。其中，尤以养老金诈骗影响最为恶劣。Trio Capital 公司倒闭案成为澳大利亚历史上最大的养老金欺诈案。值得关注的是，自管养老基金（Self Managed Superannuation Funds，SMSFs）的赔偿问题成为此案的焦点。根据相关法律规定，SMSFs 并不属于澳审慎监管局（APRA）监管的大型专业运营的养老基金范畴，故其投资者即便因机构欺诈或盗窃而遭受损失，也无法获得任何保护或赔付。案发之后，APRA 与 ASIC（澳大利亚证券和投资委员会）相互推诿责任，指责对方反应迟缓与应对不力。

第三，只收费不提供相应金融服务。根据 ASIC（2015）以及澳皇家委员会 2018 年披露，多家大型金融机构罔顾客户利益，只收费却不提供相应金融服务（Fees for No Service），违规收取服务费超过 10 亿澳元，甚至向死人收费。其中，安保集团（AMP）丑闻最令人震惊，十年间向近 1.6 万名客户收取财务咨询费却没有提供服务，涉案金额高达 130 亿澳元。为掩盖违规事实，AMP 还存在违规收取佣金、向监管机构报送失实材料、干预律所独立报告编写等行为。

第四，其他违规行为。澳金融业还存在着其他误导和欺诈消费者、薪酬结构不合理、涉嫌为恐怖主义组织融资和洗钱、操纵国内利率市场、财务规划不当、保险和再保险业务透明度不足等问题。

基于以上种种丑闻，澳政府迫于各方压力，于 2017 年 11 月 30 日宣布启动皇家委员会，由前澳洲高等法庭大法官海恩（Kenneth Hayne）担任负责人，对金融业不当行为展开调查。根据相关规定，该委员会于 2018 年 10 月发布中期报告，并于 2019 年 2 月发布最终报告（以下简称最终报告)。

(二) 对澳金融业丑闻影响的评析

随着系列丑闻不断发酵,澳金融业乃至整个经济体系都受到了严重的影响,至今仍未恢复。

第一,澳金融业,不但经济遭受损失,而且面临信任危机。受丑闻拖累,澳四大银行付给客户的补偿成本暴升[①],利润受损。相关财报显示,截至 2019 年 3 月 31 日,澳四大银行的利润合计为 139 亿澳元,同比下降了 11.8%。与有形的财务损失相比,更糟糕的是无形的声誉损失。2018 年 8 月,德勤随机选取具有人口代表性的 2000 多名澳洲人进行调查,绝大多数 (80%) 认为银行是不道德的,只有 20% 认为银行的行为是"好的、对的、公平的"。2019 年 2 月,Roy Morgan 信任级别评分调查显示,受丑闻影响,澳四大银行的公众信任分数已降至历史最低水平。对于澳金融业而言,整个行业的公信力正在承受严峻考验,挽回声誉尚待时日,国际形象受损,国际竞争力受挫,甚至连国内一些领域的市场份额也被外资机构占领。以保险和养老金为例,这些原本应受益于人口老龄化的市场,却受累于丑闻的影响,反而成为"烫手山芋",澳四大银行纷纷撤离。特别是澳寿险业,几乎已被纯外资机构占领。

第二,信用紧缩加剧,中小企业贷款困境恶化。受澳皇家委员会调查和监管部门加强执法等影响,银行业纷纷开始缩紧贷款审批,中小企业贷款更是深受其害。据保守估计,相对于房贷和大企业贷款,中小企业贷款利率要高出约 4 个百分点,而且很难获得无抵押贷款。

第三,对房地产业造成冲击。受信贷收紧、需求不足等影响,自 2017 年下半年起,澳房地产市场迅速降温,全国主要城市房屋销售大幅下滑,房价更是"跌跌不休"。据澳统计局披露,2018 年第四季度澳 8 大城市住宅价格均值同比下跌 5.1%,其中悉尼同比下跌 7.8%,墨尔本同比下降

---

① 2019 年 5 月,毕马威表示,受到来自皇家委员会和澳大利亚审慎监管局的压力,四大银行在风险和合规方面的支出从 2018 年上半年占总投资支出的 29% 增加到 2019 年上半年的 40%。

6.4%，均为历史最低水平（见图 3-1）。基于此，摩根士丹利分析指出澳房价正以 35 年来的最快速度下跌。据穆迪 2019 年 4 月预测，2019 年全年澳全国房价将下跌 9.3%，悉尼和墨尔本这两大主要城市的房价跌幅可能会超过 15%。

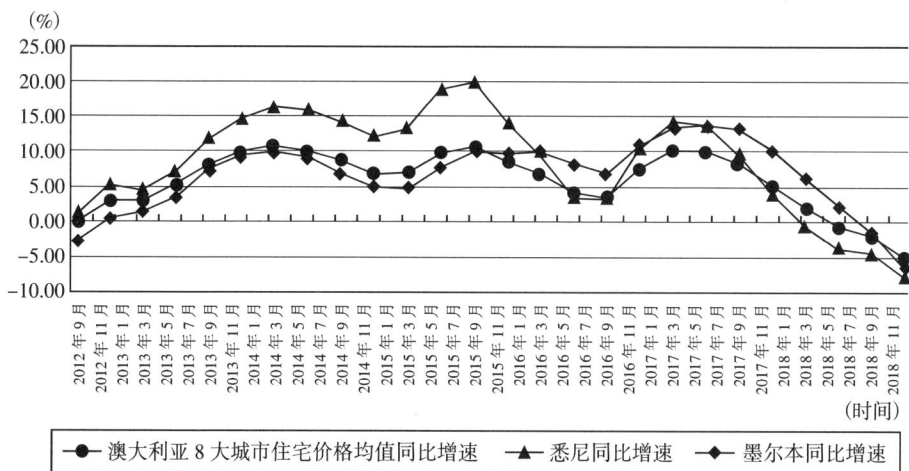

图 3-1　澳主要城市住宅价格均值同比增速情况

资料来源：澳统计局。

　　第四，经济增长受到拖累。房地产市场的持续萎靡会进一步拖累澳经济增长，甚至引发经济衰退①。2018 年第四季度，澳 GDP 环比增速仅为 0.28%，同比增速 2.34%，且 2018 年全年 GDP 同比增速 2.68%，均低于预期值。据 2019 年澳财政部预算案估算，若全年全国房价降低 10%，会拖累 GDP 同比增速 0.5 个百分点。根据 IMF 于 2019 年 4 月发布的《世界经济展望报告》，澳经济增长放缓速度约为其他发达国家平均水平的两倍②，

---

① 2019 年 4 月 2 日公布的澳大利亚 2019~2020 联邦预算案称，房价下跌将具有蝴蝶效应，影响整个经济，包括抑制消费和进口，以及打击消费者信心。预算案称，如果今年全澳房价降低 10%，则会拖累实际 GDP 增长减少 0.5%。

② IMF 的报告中指出，澳洲 GDP 的增速将从 2018 年的 2.8%降至 2019 年的 2.1%，最新预测比 2018 年 10 月的预测调低了 0.7 个百分点。相比之下，发达经济体的经济增长率为 1.8%，比六个月前 IMF 预测的低 0.2 个百分点，比 2018 年预测的 2.2%低 0.4 个百分点。

并指出澳面临着重大的宏观金融风险，极易遭受灾难性经济危机的冲击。

第五，宏观调控面临转向。自 2016 年 8 月以来，澳央行近三年未调整货币政策。受经济疲弱等影响，澳央行于 2019 年 6 月和 7 月连续两次降息，成为全球率先降息的发达经济体。

第六，政府公信力受到质疑，执政党提前换将。受丑闻波及，澳政府执政党自由党党首及时任总理特恩布尔不得不承认，其长期以来拒绝成立调查委员会是一场"政治错误"。为平抑民愤和避免政治对手攻击，自由党于 2018 年 8 月党内投票决定，由当任财长莫里森取代特恩布尔成为新的党首并担任新一任总理，为 2019 年 5 月大选获胜奠定了基础。

（三）澳金融业丑闻危机的五大特征

第一，从风险监管来看，虽然丑闻连连甚至深陷信任危机，但澳金融业特别是银行业主要指标仍处于合规水平。审慎监管方面，长期以来澳银行业资本充足。国际金融危机以来，无论是所有银行还是四大银行，无论是资本充足率还是一级资本充足率，一直保持稳步上升的态势（见图 3-2）。截至 2018 年底，澳所有银行资本充足率为 14.9%，一级资本充足率为 12.8%；澳主要银行资本充足率为 14.8%，一级资本充足率为 12.7%。2018 年 7 月，APRA 宣布澳 13 家主要银行全部通过了压力测试，并得出乐观的结论，认为即便在非常严峻的压力情景下，仍高于最低监管要求。行为监管方面，从历年 ASIC 报告披露来看，虽然处罚案件数量和金融有所上升，但 ASIC 始终认为风险可控。

第二，从风险应对来看，澳式"双峰+软协调"监管体系非但没有缓解危机，反而成为公众质疑的焦点。此次澳皇家委员会负责人、前澳洲高等法庭大法官海恩（Kenneth Hayne）曾直言不讳道，监管机构的不作为是澳金融业丑闻频发的一大"帮凶"。金融业"腐烂到心"，整个系统内部已形成了一个"逐利生态圈"，而监管机构软弱无力，根本无法与之对抗。当发现金融机构存在不当行为时，澳监管机构各自为政，鲜有沟通与协作。ASIC 处理金融案件"挑肥拣瘦"，更喜欢通过谈判来解决问题，而不是坚持公开谴责和惩罚不当行为；APRA 从未主动将这些机构告到法庭，

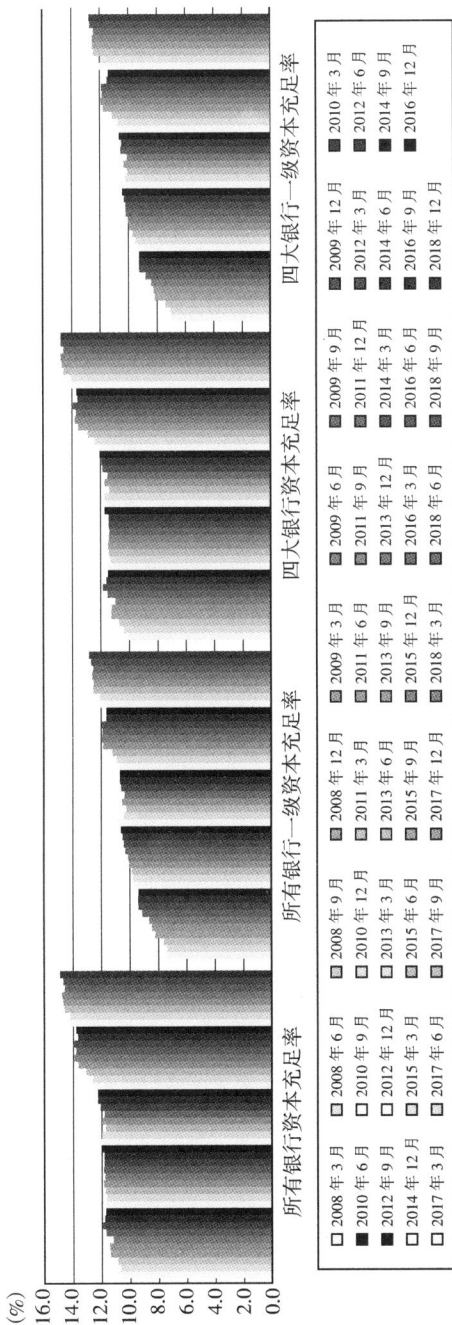

图 3-2　澳所有银行和四大银行的资本充足率情况

资料来源：APRA。

甚至在一些领域监管者专业性不足①。更值得一提的是，澳央行及其牵头的澳金融监管理事会（CFR）自始至终没有发挥什么作用，似乎更像个旁观者。

第三，从处置方式来看，最终祭出皇家委员会这一"撒手锏"。对于英联邦国家而言，皇家委员会是就调查某一问题而成立的一种"临时问询机构"，拥有最高权威，权力甚至高于法官。一般情况下，当某个行业或领域面临严重问题并遭受公众质疑，需要由具有公信力的独立第三方进行调查和问责时，往往会启动皇家委员会这一机制。在澳历史上，上次对金融领域启动这一机制是2003年HIH保险倒闭案。与此次不同的是，当年皇家委员会既切中要害提出处置方案建议，成功挽回保险业的声誉，更是前瞻性地提出了几乎颠覆当时保险业监管的改革建议，为之后澳成功应对国际金融危机奠定了坚实基础。

第四，从处置时机来看，痛失处置风险"黄金期"。实际上，澳皇家委员会某种程度上是一个监管问责机构，而非统筹协调机构，更不是牵头处置机构。澳皇家委员会具有建议权，但没有处置权。这也是自最终报告发布以来，澳金融业丑闻处置工作进展仍然较为缓慢的原因之一。此外，政治因素也是导致此次丑闻难以及时处置的重要原因。针对是否成立澳皇家委员会，代表联盟党的现任政府和其反对党的工党、绿党、一国党等之间展开过激烈的博弈，澳金融业丑闻事件一度成为两边的"政治皮球"。最终，在国会议员奥沙利文（Barry O'Sullivan）的发起下，通过国会两院投票支持，澳政府时任总理特恩布尔（Malcolm Turnbull）和时任财长莫里森（Scott Morrison）宣布成立澳皇家委员会。然而，此时澳金融业丑闻已全面爆发，深陷公众信任危机，对金融体系、经济发展、社会稳定已经形成了不可挽回的影响。

---

① 澳审慎监管局（APRA）主席Wayne Byres在澳大利亚金融服务协会（FINSIA）论坛上发言时表示，部分问题在于APRA监管这些行业时缺乏专业性。这些行业包括银行、养老金和保险公司，"那些担任重要角色的人，没有明确的知识体系或高标准"。

　　第五，从处置效果来看，澳金融业丑闻处置并未触及根本。作为对澳皇家委员会最终报告的回应，澳财长弗莱登伯格（Josh Frydenberg）承诺对报告中提出的 76 项建议采取行动，并敦促监管机构升级监管，同时警告银行业结束不端行为，改善自身行为和文化，将消费者的利益放在首位。此外，澳政府出台《2019 联邦预算案》专门为监管机构[①] 和法院[②] 提供额外资金，以加强执法。2019 年 8 月 19 日，澳政府宣布新的金融体系改革路线图，逐步落实最终报告中提出的 76 项建议。然而，澳皇家委员会的最终报告并没有给出真正具有颠覆性的改革建议，对金融业的深层次问题治标不治本。首先是重塑行业文化绝非一日之功，尤其是在公众对金融业信任度处于低谷阶段。其次是薪酬制度的改革是否真正到位，能否消除利益冲突。澳皇家委员会主要针对房贷经纪人佣金方式提出建议，但对于如何解决长期激励计划中的短期思维、不重视非金融风险管理和合规行为、未充分反映消费者利益以及透明度不足等问题，没有提出针对性解决措施。再次是对系统重要性金融机构的监管没有实质性改变。澳法律上允许大型银行吞并理财和其他金融服务公司，导致这些大型银行可以通过垂直整合进而成为系统重要性金融机构。这些具有垂直整合关系的机构自然会倾向于向消费者销售自家的金融和投资产品，不论这些产品是否符合客户的最佳利益。然而，澳皇家委员会对此没有提出有效解决方案。最后是对澳式"双峰＋软协调"监管体系没有根本改变。无论是"双峰"还是由央行主导的 CFR，都提出没有切中要害的改革建议。正是因为此次风险处置没有预期中的彻底和严厉，最终报告公布次日，深受丑闻缠身的四大银行、AMP 等股价反而迅速反弹，整个澳股金融板块顺势上扬 6000 点，为

①　2020 财年，澳证券与投资委员会（ASIC）将获得 3850 万澳元，2020~2021 财年再额外获得 1.19 亿澳元，2021~2022 财年为 1.27 亿澳元。同样，澳审慎监管局（APRA）获得的额外资金将从下个财政年度的 1690 万澳元增加到 1900 万澳元，然后再增加 2100 万澳元。

②　澳政府还将拨款 3500 万澳元，用于扩大联邦法院的管辖范围，包括公司犯罪，以处理预计由 ASIC 转交检察长的 20 多起案件。除了为监管机构和法院提供资金外，政府还表示将提供 260 万澳元用于设计和实施面向消费者和小企业的最后补偿计划。澳大利亚金融投诉局收到 280 万澳元，用于审议 2008 年后的符合条件的金融投诉。预算还提供额外的 3070 万澳元，用于支付替代性争端解决方式的遗留问题。

四个月来的盘内峰值。可见，这些改革措施的长期效果，还有待进一步观察。

（四）从权力配置角度看澳金融业丑闻的深层次原因

剖析上述五大特征，不难发现澳金融体系的五大结构性"软肋"，而这些恰恰是引发澳金融业丑闻的深层次原因：

第一，治理结构上，机构层面缺乏消费者权益保护的硬性约束。对此，澳皇家委员会中期报告（2018）曾毫不留情地指出，澳金融业贪婪文化猖獗，以牺牲基本伦理道德为代价去追求短期利润。在实践中，这种受贪婪驱使的不良文化导向渗透到公司治理的方方面面，从一线员工到高管人员，均依据利润情况和销售业绩进行激励约束；再加上澳消费者通常缺乏金融常识且谈判地位不对等，即便自身权益受到侵害甚至遭受诈骗陷入困境，都难以讨回应有的公道。正是因为公司治理机制中普遍缺乏消费者权益保护的硬性约束，长此以往助长了澳金融业的不良行为和文化，视消费者权益如草芥，弃合规文化如敝屣。截至澳皇家委员会终期报告（2019）发布之时，共收到投诉10323件，其中银行业占61%，养老金占12%，金融咨询占9%。

第二，监管方式上，无论是审慎监管还是行为监管，都缺乏有效的监管工具和措施。审慎监管方面，监管方式过于传统。APRA只是将不良行为案件作为风险指标，而非直接认定为风险，除非这些不良行为能够危及系统或个别机构的稳定性才会直接认定。但从此次风波来看，APRA始终没有做出这样的判断，自然没有对任何一起不法行为诉诸法庭。行为监管方面，处罚太轻且太不及时。当金融业不当行为被揭露时，ASIC要么没有进行惩罚，要么处罚结果与其造成危害程度严重不符，甚至是无足轻重。因为监管不到位和监管不作为，客观上放任了澳金融业系统性不当行为，使其对监管机构乃至国家法律毫无顾忌。澳皇家委员会调查显示，一些违规金融机构误认为自己可以随意决定什么时候以及以何种方式来遵守法律或承担违法的后果，而且根本不用受到来自监管机构、议会、法院等的约束。

第三，权责划分上，无论是"双峰"还是 CFR，过于强调独立和软性协调，无法有效识别和化解风险。澳大利亚是全球最早实施"双峰"金融监管的国家，其特点在于更加强调货币政策与金融监管、审慎监管与行为监管之间的独立性，彼此之间的协调机制更多的是依靠备忘录以及非正式 CFR 进行非强制性的协同合作。换言之，APRA、ASIC、央行是否进行信息共享和协同监管都没有法定要求，完全取决于监管机构的主观判断和沟通意愿。2019 年 2 月，IMF 公布金融系统稳定性评估报告称，澳金融监管机构需要更加透明、加强合作，其数据收集和分析能力与全球水平不符，需要加大资金投入，以增强抗风险能力和政策制定能力。同时，IMF 特别指出 CFR 机制需要更加制度化和透明化，应当公布会议记录，并向议会提交年度报告，尤其对当前面临的主要经济风险识别和应对提出有效的解决方案。

第四，监管格局上，"强机构、弱监管"的监管格局易诱发风险。长期以来，四大行约占全国市场份额的 80%，对经济贡献有目共睹，无形之间形成独特的垄断地位，甚至凌驾于监管机构之上。如果澳政府不能彻底改变这种"强机构、弱监管"的格局，未来类似肆意侵害消费者权益以牟取不当利益的事件也将屡禁不止。

第五，经济结构上，经济发展缺乏新动力。澳经济发展主要依赖两大支柱，即铁矿石开采及出口业和房地产业。近年来，随着全球贸易环境不确定性增大、铁矿石价格呈下跌趋势、房地产市场持续下行、人口老龄化加剧、金融业利润下滑等内外部风险叠加，澳经济发展面临严峻挑战，亟须推动深层次结构性改革，寻求新的增长动力。

五、金融监管权横向配置失衡的案例分析之二：印度废钞令

作为 2016 年"黑天鹅"事件之一，印度废钞令的横空出世，旨在以短期改革之痛为长期经济发展带来积极效应。从实施效果评估看，废钞令

非但没有实现莫迪政府此前声称的打击"假黑腐"目标，反而拖累了经济增长。从权力配置角度出发，废钞令出台背景较为复杂，其实施的背景、方式、过程均与印度政府长期财政与金融关系失衡密不可分。

2016 年 11 月 8 日，印度总理莫迪突然宣布，为打击腐败和黑钱交易，从次日零时起，废除 500 卢比和 1000 卢比两种最常用大额纸币的流通，导致86%的流通现钞变为"废纸"。这场声势浩荡的废钞风暴事先与市场毫无沟通，令印度社会瞬间陷入混乱，短期内负面影响难以消除，同时也创下了国际金融史上的罕见纪录。时隔一年，废钞令实施效果如何，是否已经实现此前印度政府声称的预期目标？究竟印度政府遭遇了什么样的困境，需要采用如此极端的废钞令？以此为鉴，对于反思和调整我国宏观调控政策的意义重大。

(一) 印度废钞令实施成效

关于废钞令的实施效果，特别是对印度经济的影响，目前有鲜明对立的正反两方观点。支持者认为此举迫使地下经济浮出水面，成功打击腐败和黑钱交易，有助于增加税收和促进电子支付体系改革；然而反对者认为此举令民众失去对货币和金融系统的信心，严重打击了实体经济。印度前总理辛格直接批评废钞令是莫迪政府"一场有组织的、合法化的抢劫"。美国福布斯杂志认为"印度政府进行了一场史无前例的犯罪行为，不仅损害了经济，并威胁到数百万计已经贫困的公民陷入更贫困的境地，而且鲜廉寡耻"。彭博社观点专栏作家 Mihir Sharma 认为"废钞令与其说是一场反黑钱战役，不如说是印度政府开展的全世界最大的合法洗钱行动"。

从实施一年的效果来看，废钞令似乎并没有达到印度政府此前的预期目标，非但没有实现打击"假黑腐"目标，反而拖累了经济增长。按照实施效果与预期目标接近程度，由强到弱依次为政治目的、反逃税、支付体系现代化、打击"假黑腐"以及经济增长。

第一，直接影响到地方邦选举的结果。2017 年 3 月结束的五大地方邦选举，特别是印度人口最多的北方邦地方选举，被外界视为 2019 年大选前的"半决赛"，关系到莫迪能否连任成功。废钞令颁布后，莫迪领导的人民党一改此前在新德里、比哈尔邦等地方选举连败的颓势，在五大地方邦选举中胜出四邦，尤其是在北方邦取得压倒性胜利，并创下 1977 年以来地方选举的最大优势纪录，为其寻求连任打下了坚实的基础。2017 年 12 月，人民党又接连赢得了古吉拉特邦和喜马偕尔邦的选举胜利。但值得注意的是，与此前北方邦大胜不同的是，人民党在这两个邦获得的席位远不如预期，特别是莫迪曾执政 12 年之久的古吉拉特邦，人民党仅以微弱优势取胜，反而其对手国大党在该邦选举中取得了 27 年以来的最好成绩。从某种程度上看，废钞令对农业部门的伤害却没有相应的农业政策予以缓冲，在经历一年多的时间检验之后，人民党在农村中的支持率明显下降，印度民众对以废钞令为代表的莫迪政府改革已不再如之前那般肯定和支持。

第二，短期内反逃税效果最为明显。印度早已实现税银联网，但长期以来面临的问题是"如何把现金逼进银行"，从而合理地征收税款。此次废钞令不但规定"兑换有限额，提现有限额"，而且对于"超过 25 万卢比且无法说明收入来源的存款"处以惩罚性税收，短期内有效遏制逃税行为，改善了税收状况。截至 2016 年 11 月 22 日，刚启动半个月的废钞令已使印度 47 个城市 11 月的税收达到了上年同期的 2.5 倍[1]。2015~2016 财年（印度以当年 4 月至次年 3 月为一个完整的财年），印度只有 3700 万人进行了税收申报。废钞令实施后，2016~2017 财年印度进行税务申报的人数增加了 910 万，几乎相当于奥地利的人口总数[2]。

第三，一定程度上促进了支付体系现代化。为填补现金不足带来的支付"断档"，印度政府同步推动电子支付发展，相继出台了包括在政府指定地点或指定消费项目使用电子支付时可获得相应的费用减免和税收优惠等措施，鼓励民众使用电子支付。据印度国家支付公司（NPCI）统计，

---

① 郭红雨：《印度"废钞运动"中的税收脉动》，《中国税务报》，2016 年 12 月 13 日。
② 张威威：《印度"废币"令纳税人口增 900 万　接近奥地利总人数》，参考消息网，http://www.2gswb.net/guoji/gjcaijing/19239.htm，2017 年 5 月 19 日。

2017 年 12 月印度电子支付交易规模较 2016 年同期增长约 11%，交易总额增长约 21%。除卡（主要是借记卡和信用卡）支付外，大多数细分市场的电子交易均高于上年同期。据印度工商业联合会和市场研究机构 RNCOS 共同推出的一份研究报告显示，得益于政府支持、智能手机普及、移动互联网的蓬勃发展等因素，到 2021~2022 财年，印度移动支付市场规模预计会达到 3000 亿卢比，远超过 2015~2016 财年的 15.4 亿卢比①。但是，由于金融基础设施较为薄弱且准备应对不足，电子支付尚无法完全取代现金，短期内印度恐难实现"无现金社会"的目标。据统计，从接受电子支付的销售终端、ATM、收费站数量来看，印度每百万人只有 1100 个，而中国每百万人有 1.6 万个，新加坡则超过 3.1 万个。

第四，打击"假黑腐"未触及根本。正如印度"假黑腐"不是因大面额现钞而产生，反而是因为"假黑腐"的存在导致了大面额现钞在金融体系外的囤积。废钞令不能从根本上打击"假黑腐"，只要"假黑腐"一日不根除，任何支付手段都终究会"涉假、涉黑、涉腐"。废钞令颁布后，印度黄金、比特币暴涨，成为新的隐匿资产的渠道，市场上也开始出现 2000 卢比新钞的假币。在废钞令推出伊始，印度政府预计将有高达 5 万亿卢比的黑钱不会被申报②。事实上，据 2017 年 8 月 30 日印度央行公布年报数据显示，印度银行系统共收到 15.28 万亿卢比（约合 2390 亿美元）的废钞③，占所有被废纸币规模的 99%，相当于几乎所有黑钱已被"洗白"，这恰恰说明"假黑腐"已经寻找了新的绕过政府监管的洗钱策略。与之形成鲜明对比的是，实施废钞令的代价不菲。截至 2017 年 6 月 30日，印度央行印制新钞票的花费达到 796.5 亿卢比，为 17 年来最高水平。换言之，这场旨在打击"假黑腐"的废钞运动基本宣告失败，反而因印钞费用大增，进一步侵蚀了央行的利润，影响到央行向印度政府上缴收入减

① 资料来源：Indian M-Wallet Market Forecast 2022。
② 印度财长贾伊特利（Arun Jaitley）当时曾说"将现金用于犯罪目的的人很明显不会傻到试图冒险把现金还回（银行）系统里，因为他们会受到质询"。
③ 资料来源：印度央行年报 2016~2017。

至一半，进而加大了印度政府实现财政赤字目标的难度。

第五，诸多负面影响拖累印度经济增长。自实施以来，废钞令已对印度经济造成了几轮负面冲击。第一轮是对现金依赖性产业的冲击。在印度，现金交易占整个交易额的78%，与居民消费需求紧密相关的行业也大部分高度依赖现金，比如零售业、运输业、小企业、建筑业、房地产业等受到冲击较大，一些企业因资金链断裂不得不停工停产甚至倒闭。第二轮是对支柱性产业的冲击。印度是农业大国，约一半的人口以种地为生。废钞令实施当月正值印度农业播种期，但因金融基础设施不完善和配套政策未及时出台，多数农民放弃农耕时间去排队换钞而耽误了宝贵的农时。制造业也受到波及，废钞令实施次月，即2016年12月印度制造业采购经理人指数（CPMI）年内首度跌破荣枯线50以下至49.6，创2008年11月以来月度最大跌幅。第三轮是对经济运行和社会稳定的冲击。废钞令带来的严重现金短缺令印度社会陷入混乱，一些地方甚至到了以物易物的地步。民众生活和经济运行受到严重干扰，自实施起2周内，至少已有55人因换钞死亡。废钞令更是加剧了印度政治动荡，多地举行了不同规模的抗议活动。第四轮是对经济发展前景和国家信誉的长期负面冲击。废钞令宣布后，相关国际机构纷纷下调对印度2016年GDP增速的预期，下降0.5~2个百分点不等。贸然的废钞行动摧垮的不仅仅是莫迪在印度民众心中的形象，还有印度政府施政的严肃性和可信度。更为严重的是，废钞令严重打击了国际社会对印度政府信用的信心，这将是莫迪政府乃至此后历届印度政府都无法摆脱的声誉污点，即谁也无法保证此后的印度政府是否会效仿莫迪政府，以打击黑钱之名搞类似废钞令这样的"金融闪电战"。

在数轮负面冲击下，印度经济受到严重拖累。2017年第二季度，印度GDP增速跌至5.7%，为三年来最低值；CPI跌至1.54%，远低于4%的通胀目标值，为1999年亚洲金融风暴之后的最低值，通缩压力加大；私人消费增长降至6.7%，为过去一年半以来最低值；消费信心指数跌至96.8，为三年来最低值；除服务业外，农业、工业、制造业、采矿业均出现不同程度的收缩；进口大幅增长，经常项目逆差不断扩大，6月末经常项目逆差占 GDP 的比例大幅增至 2.4%，为 2013 年 6 月以来的最大值。虽然 2017 年第三季度印度 GDP 增速回升至 6.3%，但受制于制造业增长放缓以及系列改革政策的影响，印度中央统计局于 2018 年 1 月 5 日将 2017~2018 财年的经济增长预期从 7.1% 降至 6.5%，为四年来的最低增幅。此前，2016~2017 财年 GDP 增速为 7.1%，2015~2016 财年 GDP 增速为 8%，2014~2015 财年 GDP 增速为 7.5%。从另一项衡量印度经济的指标总附加值 GVA 增速来看，2016~2017 财年增速为 6.1%，同样为四年来的最低增幅。

更值得一提的是，继废钞令之后，印度政府丝毫没有减缓激进式改革的步伐，于 2017 年 7 月 1 日正式推行商品与服务税改革（GST），旨在建立中央和地方统一税收管理体系。但与此前印度政府乐观预期不同的是，由于存在与废钞令相类似的准备和过渡方案不足等问题，GST 非但没有实现形成印度市场共同体的目标，反而使得企业纳税的申报更为复杂。在 GST 推出半年后，即 2017 年 12 月 GST 收入连续三个月下降。废钞令和 GST 双重影响下，税收收入不及预期，但财政支出却只增不减，政府财政状况堪忧。2017 年 4~11 月，印度政府支出只完成预算的 69%，但财政赤字已达到全年目标的 112%[1]，这意味着在 2017~2018 财年之后的月份里，印度政府支出将会大幅缩减。据测算，即便全财年税收目标实现的情况下，如果需要达到 3.2% 的财政赤字/GDP 目标，仍需要减少约 1445 亿卢比的支出。对此，摩根士丹利预计 2018~2019 财年印度财政赤字占 GDP 比例将进一步扩大至 3.5%。由于废钞影响、GST 改革不及预期、消费低迷和投资疲弱等基本面情况，IMF 和世界银行于 2017 年 10 月分别将印度 2016~2017 财年经济增长预期下调至 6.7% 和 7%，OECD、亚行、惠誉以及印度央行等也相继下调预期值。经济下滑给就业市场带来了冲击，莫迪上任时"每年创造 1000 万就业目标"的誓言恐难以实现。据不完全统计，仅 2017 年 1~4 月，废钞令使 150 万人失去工作，对劳动参与率的冲击至

---

[1] 资料来源：印度财政部网站。

今仍未完全恢复。

（二）从权力配置角度看财政与金融关系失衡是印度废钞令出台的根本原因

面对事与愿违的实施效果，质疑和批评莫迪政府的声音不绝于耳。印度前财长奇丹巴拉姆批评莫迪政府的经济政策成果是"低增长、低投资、没工作"。对此，莫迪政府也多次改变废钞令实施目标的口径，从刚开始的打击腐败和黑钱，到后来的打击假币和切断恐怖主义的资金来源，再到此后的推进支付体系现代化。如此反复多变的表态也从一个侧面反映出废钞令出台背景的复杂性。事实上，印度废钞令可谓是2016年"黑天鹅"事件之一，看似荒唐，却有其必然性。究其原因，既有源自于印度经济发展的深层次问题，也有短期来自于现任政府承受的内外部压力。但从体制根源上看，废钞令实施的背景、方式、过程，都与印度政府长期财政与金融关系失衡密不可分。

从实施背景来看，实则是印度政府在未理顺财政与金融关系和未能有效推行结构性改革的情况下，企图用废钞令这剂猛药以治沉疴。长期以来，印度政治、经济、社会发展沉疴重重。政治上，沿袭英国议会民主制不但没有带来所谓的民主，反而与政治腐败、金钱政治、家族统治、权力寻租等问题相互交织，形成印度独有的复杂政党格局、畸形的分权制衡生态以及低下的政府执行效率。经济上，产业结构中服务业独大，尤其是发达的软件和金融服务业更多吸引的是高素质人才，而能够吸收大量劳动力的制造业发展疲弱，农业长期依赖政府补贴，国际收支长期不平衡，外债占比持续上升。社会上，贫富差距不断拉大，接近七成的印度人特别是低种姓人处于贫困线之下，宗教冲突、民族仇恨、领土争端、恐怖袭击等因素时刻威胁着国家安全和社会安定。复杂的政治、经济、社会环境使得印度政府宏观调控乏力，加剧了财政与金融之间的失衡，加上结构性改革不到位，刺激了地下经济的膨胀，"假黑腐"问题愈演愈烈，逐渐脱离政府管控，进一步导致宏观调控乏力，最终形成恶性循环。所谓地下经济，是指所有逃避政府监管、税收和统计等传统宏观调控范畴的非正规经济活动。因其产生的产值和收入未纳入国民经济核算，被国际社会公认为"经济黑洞"。印度地下经济正是以黑钱、逃税、腐败、黑恶及恐怖势力等为代表的"黑色经济"，因大面额现钞难以被追查资金来源，成为印度"黑色经济"重要的交易方式。据世界银行测算，游离在正规经济之外的"黑色经济"占印度 GDP 的 20% 以上，且有不断恶化的趋势。如果按 2015 年印度 2 万亿美元 GDP 计算，其"黑色经济"高达 4000 亿美元，甚至高于泰国全年 GDP，其中房地产行业贡献较大，年均产出的非法资金为 200 亿~400 亿美元。"黑色经济"加剧了印度经济发展的内部失衡，不断侵蚀国民经济的基础，严重危及经济社会的长期发展，已成为印度实现经济腾飞和强国战略的"绊脚石"。从这一逻辑出发，废钞令真正想废掉的不是大额钞票，而是脱离政府监管之外的地下经济、滋生"假黑腐"的政治经济社会环境以及无法为经济长期发展提供充足财力支持的旧有体制。

从实施方式来看，废钞令仍旧是沿袭过去金融是财政出纳的思维逻辑。一方面，利用货币政策为财政政策"补位"，财政政策和货币政策"名实"不符。在印度，由于政党博弈激烈，财税体制改革和结构性改革掣肘较多，财政政策发力不够，迫使以总量调控为主的货币政策"越位"，承担一些本应财政政策承担的结构调整的职能，如支农支小、强制支持以行政手段确定的"优先部门"、为财政部"总理人民资金项目"开放银行许可等。在多重目标冲突下，货币政策难以权衡取舍，不但管不好货币政策该管的事情，最终也影响了宏观调控的实施效果。与大多数民主国家相类似，印度财政政策的出台同样需要经过议会反复审议，期间往往要遭受多个党派或者多个利益集团的激烈博弈。然而同样作为宏观调控政策的货币政策，其决策部门多为技术官僚机构，决策流程仅止步于央行内部，不需要通过议会或民主程序。尤其是在一些完全利率市场化的国家，市场对于利率变动极其敏感，政策效果立竿见影。即便是美、英、欧等发达经济体，面临换届选举等政治压力时，也不约而同选择对央行施压，倒逼央行降低利率。因此，印度货币政策与财政政策之间的冲突同样体现在政府与储备银行在降息问题的分歧上。废钞令实施后，印度经济增速明显下滑，私人投资持续低迷，因食品价格下跌，2017 年 6 月零售通胀率降至历史最低水平，印度央行承受巨大的降息压力。2017 年 7 月，财政部首席经济顾问认为央行对通胀率的预测出现了大范围的、片面的系统性错误；同月底，印度工商联合会致信央行行长帕特尔，强调央行需要出台专门政策促进中小企业贷款的恢复和发展，同时鉴于高负债给大量企业带来的财务压力，请求央行降低政策利率至少 25 个基点。在多方施压下，印度央行于 2017 年 8 月 2 日召开货币政策委员会，虽然委员会成员在通胀走势判断上分歧较大，但最终以 5∶1 通过降息决定，将基准利率降至 6%，为过去 6 年半以来的最低水平。在之后公布的会议纪要显示，央行对通胀态度极其鹰派，对各邦政府取消农业补贴贷款可能增加金融风险和通胀预期的上行压力表示担忧。2017 年 11 月底，印度总理经济顾问委员会成员瑟吉特·巴拉表示，央行应考虑供给冲击的风险；同时，财政部强烈呼吁央行应尽快降息。然而，2017 年 12 月 6 日央行决议称，由于发达国家货币政策正常化带来全球金融不稳定性以及美国财政扩张带来的通胀影响，决定维持中性货币政策立场，并维持基准利率 6% 不变。

另一方面，各级政府财税关系长期未能理顺，导致政府对经济过度干预，财政对金融资源过度侵蚀。印度政府实行中央、邦与地方三级财政体系，各级政府之间财权与事权不匹配，中央财权较为集中，地方议会财政约束与监督不足，邦与地方政府普遍存在软预算约束问题，加上烦琐的税收体制和严重的政治腐败，激励与约束不匹配，助长了各级政府对经济的过度干预，为国有背景企业"背书"扰乱了市场秩序，也催生了道德风险。长期以来，特别是在英迪拉·甘地执政期间，出于政治等方面的考虑，印度政府对大量的经济活动实行国有化。但与纠正市场失灵、增加可投资盈余和追求更广泛社会目标的初衷相反，印度国有化效果并不理想，其中一个重要的原因就是政府对于国有企业经济活动的过度干预。国有企业的管理人员被赋予多重目标，在获得国家"背书"的同时，却在创新、削减成本、提高生产力和满足消费者需求上缺乏相应的激励约束机制。政府通过"谅解备忘录"、委派调查机构开展大量非生产性审查、任命董事会成员、直接干预企业运营等方式对国有企业进行监督甚至操纵，同时提高私营企业进入市场的成本，不但降低了国有企业经营效率和积极性，而且破坏了市场公平竞争机制，造成了资源配置的低效和无序。据印度政府统计，在过去 10 年里，无论是中央层面，还是邦和地方层面，国有企业的整体盈利能力持续下滑。在 2015~2016 财年里，244 家非金融央企中 1/3 出现亏损，且亏损企业中超过一半已连续三年亏损，包括印度航空和两家公共电信公司在内的一些央企常年亏损，其余像印度煤炭等部分盈利企业也多因垄断地位而非生产经营效率获利。除央企外，还有 1000 多家邦和地方层面的国有企业，其中 2/3 出现亏损，特别是以僵尸配电企业居多。据不完全统计，所有国有企业每年总亏损额约占印度年度 GDP 的 1%。政府过度干预在金融领域也不例外，最为突出的就是印度各级政府利用财政手段干预金融资源配置，正规金融体系低效，国有银行经营效率低下且盈利能力堪忧，普通家庭贷款主要源于高利贷。更为严重的是，近年来国有银行坏账激增，甚至可能引致"经济脱轨"的风险。长期以来，印度国有银行将信贷资金投放财政信用更为偏好的基建领域和其他重大项目，但由于政治阻力、获批受阻、征地困难、能源短缺和交通不便等因素，导致这些项目不断延期，国有银行坏账不断累积，不良贷款率从 2015 年 3 月末的 5.4%飙升至 2017 年 6 月末的 13.7%，22 家国有银行中有 8 家不良率超过 15%，14 家超过 12%。2017 年 12 月，IMF 在一份评估报告中指出，印度国内的公司债务和银行系统不良资产问题令人担忧，一方面印度公司的杠杆率在不断增加，另一方面印度国内银行在不良资产的处置问题上进展较为缓慢，在全球开始新一轮加息周期的背景下，一旦外部流动性减少，印度国内的企业预计可能将迎来一段艰难的阵痛期。对此，印度央行已依据《银行业监管（修订）条例》的授权，预计于 2019 年 3 月前推动银行解决约 8 万亿卢比的不良贷款。作为首批行动，印度央行确定了 12 个贷款余额超过 5 万亿卢比的账户，其不良贷款占整个银行业不良资产的 25%，并转交破产清算部门进行评估。由于国有银行坏账问题根源来自于政府剥夺银行董事会的权力，如果公司治理机制没有根本性改变，政府干扰不能根除，这些问题仍然会卷土重来。更为糟糕的是，国有银行坏账激增制约了银行业放贷能力，经济增长受到拖累，进而导致借款人偿债能力下降，坏账进一步增加，形成恶性循环。《经济学人》杂志称，印度经济已处于25年以来最紧迫最危险的境地。废钞令得以实施，一定程度上也是因为财政收入不足影响了印度政府调控经济的能力，通过废钞变相获取财政收入，以帮助印度政府刺激经济和缓解国有银行不良贷款压力，仍旧是金融是财政的出纳以及货币政策变相为财政政策"补位"思维方式的一种体现。

从实施过程来看，废钞令得以颁布源于印度央行在法律上和行政隶属上缺乏真正意义上的独立性。虽然在强势人物拉詹任职期间，印度央行的独立性曾一度有所提高（比如，坚持将抑制通货膨胀放在首位、对印度政府和财政部呼吁的宽松货币政策持怀疑态度、认为印度经济的长期发展不应靠货币政策，而应通过大幅削减公共补贴来降低预算赤字以及增加基础设施以吸引海外投资等），但迫于各方压力，印度央行最终"让位"于政府政治目标和财政目标，牺牲货币政策的独立性，于2015年接连4次降息，且基准利率一度维持在2011年以来的最低水平。事实上，在印度相关法律法规中，从未明确过央行在制定货币政策方面的独立地位。印度储备银行自1949年被国有化并行使央行职能以来，历任行长均为"经财政部部长推荐并由总理正式任命"，不光是央行行长，包括内部中央董事会成员的提名和任命均由政府决定。《1934年储备银行条例》甚至规定，政府"出于对公共利益的考虑，在与储备银行行长协商的基础上，可以向储备银行直接下达指令"。这一点在废钞令颁布过程中得以充分体现，央行行长帕特尔基本淡出整个过程，印度一些媒体甚至对其发出"通缉令"。事实上，莫迪政府可以直接下达废钞命令，却不被视为越权干预货币政策。然而作为货币政策执行当局，储备银行既不可能单边做出这样的决策，也没有能力擅自否决政府的决策。

（三）印度废钞令对发展中国家的启示

对于包括我国在内的发展中国家而言，印度废钞令具有重要的镜像意义。在面临长期发展困境时，特别是财政与金融失衡矛盾时，究竟采用何种宏观调控政策,才能够避免类似印度废钞令"短痛"和"长痛"共振的教训?

首先,废钞令实施效果不佳再次证明长期结构性改革没有短期"替代品"。印度废钞令充分展示了企图用短期"休克疗法"解决长期财政与金融失衡矛盾乃至政治经济社会发展问题的危害性,甚至在部分地方邦一度出现流动性枯竭,财政风险与金融风险的相互交织影响整个宏观经济的稳定。如果改革政策推行过急过猛或是不符合宏观调控规律,反而会适得其反,无论前期经济增速有多快,整个国家依然会付出沉重的代价。无论是对于包括印度在内的发展中国家,还是对于前期大规模实施非常规货币政策的美欧日发达经济体而言,结构性改革才是治本之法,否则再激进再极端的宏观调控政策也终究治标不治本。

其次,解决结构性问题需要财政与金融"双归位"。印度废钞令失败的一个教训就是企图以金融领域改革替代财政领域改革、以货币政策代行财政政策的职能。总体上,财政是通过政府的力量来实现财政资金乃至社会资源的优化配置,而金融是通过市场的力量来实现金融资源的优化配置。作为两大主渠道,财政与金融在资源配置中的作用既存在差异又互为补充,故财政与金融领域的改革应当彼此独立,不能代劳。财政政策和货币政策都不能"包打天下",厘清彼此边界并相互配合,才是发挥合力的最优方式。尤其是货币政策属于总量调控政策,主要是通过利率和窗口指导等间接调控工具引导资金配置,更侧重于短期总需求调节,长期结构调整并非货币政策所长。从大萧条以来的历次危机应对国际经验来看,但凡完成经济长期增长和结构转型成功的国家,大多遵循"以财政政策为主和货币政策为辅"的方针。

再次,财税体制不健全是财政对金融资源侵蚀的根源所在。从财政领域角度来看,印度废钞令实施的一个重要原因就是通过废钞变相获取财政收入。在印度特有的政治经济社会背景下,现有财税体制不合理,特别是中央与地方财权与事权不匹配问题,进一步演变成中央与地方之间对挤占金融资源的激烈博弈。各级政府为弥补财政资源不足,利用财政手段干预金融资源配置和肆意汲取金融资源，反而制约了正规金融体系的发展，使得高利贷等非正规金融渠道盛行，甚至一些资金渠道涉黑涉腐，不但导致财政收入的漏损，而且加大宏观调控难度，危及国家长期发展与稳定。

最后，根除产生银行业坏账的体制根源是理顺财政与金融关系的关键环节。对于类似印度以间接融资体系为主的国家，化解银行业不良贷款风险是金融领域改革的核心。2017 年 10 月底，印度财政部宣布银行业史上最大注资计划，将在未来两年内向国有银行注资 2.11 万亿卢比（约合 320 亿美元，相当于印度 GDP 的 1.2%），该规模超过了过去 10 年的总和。据披露，注入的资金来源主要有三个：1814 亿卢比来自政府预算拨款，5800 亿卢比来自市场对政府股份的稀释，1.35 万亿卢比来自政府发行的专项债券。印度各方对注资计划充满信心，一些预测分析显示因注资计划的启动，2018~2019 财年内整个银行体系的信贷增速将从 8% 跃升为 12%~15%，进而激发印度经济运行的整体活力，工业、服务业、农业的增速将分别达到 7%、7.5%、4.2%。然而，在财政与金融关系没有理顺的情况下，造成银行业坏账的体制根源不除，国有银行日常经营无法排除行政干预，这种单纯依靠注资的效果注定不会理想，甚至可能超过印度政府规定的财政赤字目标 3.2%，而且会进一步加剧道德风险，影响经济正常运行。

第二节　金融监管权纵向配置的发展历程

一、金融监管权纵向配置演变历程：两条路径

不同于横向和空间两大维度，金融监管权纵向配置从一开始就分为泾渭分明的两条道路，即以美国、加拿大为代表的分权模式以及以德国、日本为代表的集权模式。

（一）分权模式：以美国、加拿大为代表

由于历史原因，美国形成了比较复杂和特殊的监管体制[①]。联邦层面和各州都存在监管机构，这与美国长期以来秉承的分权制衡理念有着密不可分的关系。具体情况将会在后面进行介绍。

加拿大采用的是类似美国双层多头金融监管体系。

（二）集权模式：以德国、日本为代表

与美国、加拿大相反，更多的国家在设计金融监管权纵向配置时采用的是集权模式，即中央或联邦层面是设计者和主导者，地方或州层面是执行者或代理者。虽然国家体制上存在单一制和联邦制的差别，但是只是体现为集权程度稍有不同而已。第一类是直接集权，比如英国、比利时等国不存在所谓的纵向配置，金融监管权直接集中于国家层面；第二类是直接授权或垂直派出，比如印度、法国、俄罗斯等采用的是设立垂直管理的分支机构的方式，这些机构在地方或州层面是具体的执行者或代理者；第三类是委托授权，比如德国，为节约监管成本，联邦金融监管局委托德意志联邦银行各地分支机构进行监管，是一种独特的横向和纵向相协调的模式。在日本，金融厅同样委托各地财务局进行监管。印度央行也同样将一部分监管当地合作银行和农村银行的监管权，委托给印度国家农业与农村发展银行。

值得一提的是，近年来中国金融监管权纵向配置出现了一些混合模式，各地区各类金融办的设立，打破了以往垂直派出模式，开始向分权和集权模式相混合的方向发展。

[①] 金融危机以来，美国双层多头金融监管体系受到广泛批评。美国金融危机调查报告指出，政府允许金融机构选择它们更喜欢的监管者，这就开始了一场寻求最弱监管者的竞赛，又称"监管竞次"或"向底部竞争"。盖特纳（2008）指出，监管竞争是导致监管套利和监管不力的原因之一。"30人集团"（G30）总结美国监管失败教训，指出监管竞争导致监管机构之间的"竞次"是造成监管不力的主要原因之一。

二、美国金融监管权纵向集权化尝试：三次失败和一次小成功

（一）1861~1865 年：第一次集权化尝试失败

1861 年美国内战爆发，战争的持续胶着带来了大规模的融资压力。为缓解融资压力，时任美国财政部部长的 Salmon P. Chase 提议建立自由式联邦银行体系，并由这些联邦银行发行美国国债支持的银行流通票据，提倡鼓励州立银行转而成为联邦银行。根据他的提议，1863 年《全国性货币法案》和 1864 年《国民银行法案》相继出台。这些法案的意义除了众所关注的发行由美国财政部背书、被标记为"美国票据（US Notes）"的 5000 万绿背纸币美元之外，另一个重要的意义在于试图对当时遍地开花的州立银行以及放任自流的银行监管进行统一。根据这些法案，财政部成立货币监理署（OCC），专司准入和监管国民银行。

为了迫使州立银行主动变更为国民银行，这些法案授权国民银行发行有 100%美国国债支持的国民银行纸币，同时国会在 1865 年规定对州立银行发行的纸币征收 10%面值的税费。然而，这个法案存在一定的缺陷，未能很好地起到激励作用。第一是禁止国民银行设立分行；第二是要求这些国民银行一经获批后，必须在名称中出现"国民（national）"或"国民协会（National Association，NA）"，这种做法令很多历史悠久的银行难以接受；第三是战时状态使得一些州立银行对转制持有观望态度；第四是一些州立银行难以接受政府对自己的影响；第五是像纽约州银行认为这些法案严重影响了纽约作为金融中心的地位。

虽然这些法案，特别是 1865 年规定的出台，曾经在一段时间内大大压制州立银行的发展，但是这一势头最终并没有持续下去，反而戛然而止。原因有三：第一是 1863~1970 年银行票据发行上限规定为 3 亿美元，但这个上限在 1867 年就已经达到了。等到国会意识到这个问题并取消上限时，国债价格急剧上涨，银行票据利润被大大压缩。第二是无现金转账

技术的盛行大大降低了银行票据发行的需求，比如支票账户的流行使得州立银行可以进行转账，得以规避监管。第三是国民银行比州立银行的监管更加严格，比如资本和准备金要求更高，对于房地产和证券行业的禁入要求等。

州立银行为了反制和加强自身吸引力，采取了一系列措施用以谋生立足。第一是降低监管要求；第二是引入自由银行制，降低准入要求；第三是没有投资限制。值得一提的是，在本位思想以及当时美国"需要当地银行"政治气氛主导下，州立银行并没有放松开设分支机构等限制。再加上与国民银行的竞争，导致美国银行数量大大增加，甚至供大于求。虽然OCC采用很多办法，但是总体上这一段时间州立银行限制还是要远远少于国民银行。在数量占比上，国民银行在经历80%以上的高峰期后，就开始持续下跌，在1931年的时候已不到40%，低于州立银行的数量；在资产规模占比上，也同样呈现出这样的趋势，只是在1931年的时候，国民银行和州立银行各占半壁江山。

可见，美国第一次纵向集权的尝试是通过强行引入国民银行来实现的，但相关体制机制设计存在严重缺陷，反而激发州立银行的强烈反击，陷入了相互降低监管标准的监管竞次的漩涡，最终走向分裂，形成了美国独有的联邦和州双层监管体系，或者被称为"双轨银行制度"，违背了原本旨在加强监管和统一监管的初衷。

这种天然存在内在不稳定因素的双层银行制度和监管制度，使得这一时期金融稳定变得格外脆弱。大规模的银行危机就有3次，即1873年银行危机、1893年银行危机、1907年银行危机；小一点的就有7次，分别是1884年、1890年、1896年、1899年、1901年、1903年以及1905年。

（二）1913~1917年：第二次集权化尝试失败

1913年，美国联邦储备系统（以下简称美联储）成立。除了履行最后贷款人的职责外，美联储实际上是另一个联邦层面的监管者。所有国民银行必须加入并接受美联储的监管，州立和私人银行可以自主选择是否加入联邦储备系统。显然，美联储的初衷是重新对纵向配置进行集权化，但是反而陷入了"美联储—OCC—州监管当局"的三角竞争之中,美国监管体系再次分裂,而且是纵向和横向双向分裂。由此,美国银行体系分为四类,即第一类是国民银行,需要接受美联储和OCC监管;第二类是州立成员银行,需要接受美联储和当地州监管;第三类是州立非成员银行,只接受当地州监管;第四类是一些私人银行,不接受任何监管。

为了吸引更多银行加入联邦储备系统,1917年修改法案时规定州立银行可以保留原来所有的特权,这使得州立银行反而比国民银行优势更为明显。进入20世纪20年代,国民银行向州立银行转制趋势开始上升。由此,原本OCC和各州监管者之间的竞争,在引入美联储之后,逐渐演变成了三角竞争,特别是美联储和OCC之间的竞争。换言之,在纵向监管权没有完全理顺的情况下,盲目引入任何监管主体,只会加剧原有纷乱的局面,纵向监管冲突彻底变成了纵向和横向双重监管冲突。

多重冲突下,美国银行体系愈发脆弱,迎来了大规模的倒闭浪潮。1921~1929年,超过5000家银行倒闭,既包括国民银行,也包括州立银行。

(三)1933~1935年:第三次集权化尝试失败

1933年,联邦存款保险公司(FDIC)成立,旨在防止类似大萧条中银行挤兑或恐慌现象的发生。为防范道德风险,FDIC也被赋予了对投保银行进行监管的职责。类似美联储当年的做法,FDIC也采取强制加入和自愿加入相结合的方式,即所有加入联邦储备系统的银行,都必须向FDIC投保,其他银行自愿投保。这就导致一个现象产生:大多数州立银行选择加入存款保险,却不加入联邦储备系统。

由此,原来的四类银行演变为新的五类银行:第一类是国民银行,需要接受美联储、OCC以及FDIC的监管;第二类是州立成员银行,需要接受美联储、FDIC和当地州监管;第三类是投保非成员银行,接受FDIC和当地州监管;第四类是非投保非成员银行,只接受当地州监管;第五类是一些私人银行,不接受任何监管。

从监管数量上看,FDIC监管对象也远远超过美联储。此前的三角竞争进一步裂变为四角竞争,美联储、OCC以及FDIC之间的竞争更是持续至今。无论是纵向还是横向，美国监管权配置体系更加分裂了，监管竞次更加严重，监管套利空间也进一步加大。

1936~1939年，美联储试图多次提交议案，用以集中监管权力，但都没有成功。

（四）本次国际金融危机后：第一次集权化小成功

本次国际金融危机前，美国联邦层面没有保险监管机构，州政府负责监管当地保险机构。继1851年美国新罕布什尔州成立第一个州保险监管机构之后，各州陆续成立保险监管机构，为了加强对跨州经营保险业务的监管协调和统一保险公司财务报告标准，1871年各州自愿成立全美保险监理官协会（NAIC）。该协会属于非官方非营利性组织，成员大多为各州保险监管机构负责人，各州可自愿参与跨州协调（钟震，2018）。

危机后，美国保险监管纵向配置有所集中，也是迄今为止第一次集权化小成功，但仍然没有改变双层监管的固有框架。美国财政部下设国家保险办公室，为联邦层面牵头者，与各州共同监管保险业，从而改变过去由州牵头监管保险业的局面（钟震，2018）。

三、金融监管权纵向配置失衡的案例分析：美国州和联邦间监管竞争

财产税是美国各州政府及地方政府的主要税收来源，占地方税收的80%以上；联邦政府征收个人和公司所得税，不征收财产税。房地产市场的掠夺性贷款严重影响了州和地方政府的税收来源。因此，在掠夺性贷款和保护消费者问题上，州政府一级的金融监管机构与储蓄机构监管署（OTS）矛盾重重。1999年，北卡莱罗纳州率先建立了一个5%的高费用贷款触发费率，这一指标大大低于联邦《住宅使用权与权益保护法案》规定的8%。同时，禁止15万美元以下的贷款收取提前还款罚款，禁止频繁再贷款（以贷还贷）。但这招致储蓄机构监管署（OTS）的反对。2004年，储蓄机构监管署（OTS）联合货币监理署（OCC）一起行动，规定联邦金

融监管法律对在州和地方开展业务的联邦注册金融机构及其分支机构优先适用。不久，总资产 1 万亿美元的三家大型银行表示将从州注册银行转为联邦注册银行，为此仅货币监理署（OCC）的年度预算就增加了 15%，而房地产市场上的非优质贷款从 2004 的 7300 亿美元增至 2005 年的 1 万亿美元，增幅近 37%。贷款质量急剧下降，抵押贷款拖欠比例迅速提高。

四、金融监管权纵向和横向配置失衡的案例分析：富兰克林国民银行破产案

1973~1975 年，美国爆发了自"二战"以来最为严重的银行体系破产倒闭危机。其中，最具代表性的是当时第二十大银行富兰克林国民银行破产案。虽然距今已近半个世纪，但此案属于美国早期银行业风险处置的经典案例。从权力配置角度看，此案处置历经波折与美国长期以来纵向和横向配置失衡有着较大关系。正是因为当时美国纵向配置上限制银行跨州经营与并购，再加上横向配置上各监管机构各怀心思，使得此案一度陷入困境。虽然最终富兰克林国民银行处置较为圆满，但其背后的得与失，至今仍值得我们认真汲取并引以为鉴。

（一）重新审视富兰克林国民银行破产案的重要性

1974 年 5 月 12 日（如无特殊说明，以下年份均为 1974 年），美国第二十大银行富兰克林国民银行（以下简称"富行"）突然爆发危机。在经历近 5 个月的救助和处置后，富行最终难以为继，宣布破产倒闭。

从背景上，此案正处于美国银行业面临前所未有的内外压力时期。20世纪 70 年代，美国经济逐渐陷入"滞胀"，特别是 1973 年 10 月至 1975年 4 月，经历了自"二战"以来持续时间最长的一次经济衰退期。与此同时，布雷顿森林体系的瓦解、石油价格的持续攀升、主要货币汇率的波动，大大增加了外部经营环境的不确定性，使得这一时期的美国银行业面临严峻的生存压力。

从时序上，此案属于"二战"至储贷危机前这段时期内一场规模较大

的系统性危机。在内外部压力剧增的背景下，1973~1975 年，美国爆发了自"二战"以来最为严重的银行体系破产倒闭危机。根据美国联邦存款保险公司（FDIC）统计，1934~1972 年，496 家银行倒闭，合计拥有存款 11 亿美元；然而仅 1973~1974 年，包括富行在内共 10 家银行倒闭，合计拥有存款却达到 25 亿美元，相当于此前 39 年总额的两倍还多。其中，富行的资产规模最大，对市场的冲击和影响也最为严重。

从应对上，美国对富行的风险处置属于早期危机处置探索阶段的产物，其得与失可谓是"承前启后"。作为"二战"后美国第一大银行破产案，美国在富行风险处置上有得亦有失，均具有非常重要的参考价值。一方面，对富行的救助和处置成功遏制住了危机的扩散，对稳定市场起到了关键作用；另一方面，一些救助和处置的手段无论规模还是范围都是前所未有的，一定程度上加剧了金融机构的道德风险，助长了其盲目承担风险的意愿，为此后爆发更大的危机埋下了隐患。

（二）美国富兰克林国民银行风险爆发的内外部原因

作为"二战"后美国第一大银行破产案，富行逐步走向末路的原因是多方面的，而这些原因时至今日仍值得我们引以为戒。

国内经济不景气和宏观环境剧烈变化是这一时期美国银行体系风险相继爆发的外部诱因。20 世纪 70 年代，美国经济逐渐陷入"滞胀"，特别是 1973 年 10 月至 1975 年 4 月，经历了自"二战"以来持续时间最长的一次经济衰退期。与此同时，布雷顿森林体系的瓦解、石油价格的持续攀升、主要货币汇率的波动大大增加了外部经营环境的不确定性，使得这一时期的美国银行业面临严峻的生存压力。值得一提的是，《格拉斯-斯蒂格尔法》自 20 世纪 30 年代实施以来，非但没有达到通过严格分业限制来降低风险和提高金融竞争力的初衷，反而因长期束缚给整个美国银行业带来了国际竞争力的下降和脆弱性的增加。

过度承担风险的经营理念俨然成风，是富行铤而走险的时代背景。面对不断走高的通胀压力，美联储持续实施紧缩的货币政策，进而传导到金融市场，导致金融市场的拆借利率大幅攀升。然而，在 Q 条例①的约束下，银行的存款利率上限受到限制，银行存款对投资者的吸引力下降，资金大量从银行体系流失，金融脱媒的现象愈演愈烈。在传统盈利模式受限情况下，一些大银行的经营战略变得越来越激进，把传统恪守谨慎原则抛之脑后，取而代之的是以追求规模扩张和利润快速增长为主要目标，甚至是过度承担风险的经营理念。富行就是其中的一个典型代表。在长达 40 年的早期发展过程中，富行自身定位为长岛本地的零售银行，经营风格相对稳健。但自 20 世纪 60 年代以来，其发展战略定位发生巨变，转而向批发银行和国际化银行发展。期间，与同时期多数大银行成立单一银行控股公司的选择相类似，富行转变成为其母公司富兰克林纽约集团单一控股子银行，以最大限度地规避《1956 年银行控股公司法》相关限制性规定。同时，为实现规模快速扩张的目标，富行银行业务向高风险领域延伸。一方面，富行长期以来执行较为宽松的信贷标准以提高市场份额，贷款大量投向信用评级低且难以从其他银行获得融资的公司或个人，信贷资产质量低于行业平均水平。短短数年内，富行不良资产迅速攀升，不良贷款率从 1969 年 9 月的 5.4% 增至 1974 年 5 月的 11.6%，不良贷款占总资本比重也达到了 62%。另一方面，与同时期很多大银行相似的是，富行自 1969 年起开始涉足外汇交易领域。但不同的是，在激进经营理念的引导下，富行将外汇交易投机盈利视为弥补信贷市场损失的重要途径，这种饮鸩止渴的做法反而成为其灭亡的"导火索"。

期限错配严重、投资决策失误、公司治理失当甚至罔顾法律和道德底线等问题，是促使富行迅速走向失败的重要内因。

第一是期限错配严重，过度依赖短期融资。为了满足快速发展带来的庞大资金需求，富行高度依赖货币市场进行短期融资。从 20 世纪 60 年代中期起，富行就开始利用为期 90 天的大额存单（CDs）和隔夜联邦基金来

---

① Q 条例是指美联储按字母顺序排列的一系列金融条例中的第 Q 项规定。Q 条例已成为对存款利率进行管制的代名词。

支撑期限长达数年的贷款。从资产负债表来看，联邦基金和回购占总负债的比例从 1964 年的 5%升至 1973 年的 16%，而 1973 年大额存单占总负债的比例也达到 13%。与之形成鲜明对比的是，各项存款占总负债的比例大幅下降，从 1964 年的 83.5%降至 1974 年的 51.6%。这种高成本的融资方式不但会加重债务负担，迫使其采取更加激进的投资决策，更为危险的是，一旦市场对其产生信任危机，极易爆发流动性危机。

第二是投资决策失误，对利率和汇率走势出现重大误判。利率判断上，富行认为利率将会下降，购买大量债券，并从欧洲美元市场上大量借入美元以满足其贷款需求。但事实上，利率不断攀至新高，富行国内投资组合损失惨重，更因欧洲美元市场的利差持续收窄，陷入贷款收入甚至低于借贷成本的窘境。在融资方面，因利率持续走高，富行拆借联邦基金的成本与经营总成本的占比从 1972 年的 11.9%飞速上升到 1973 年的 21.3%。在投资方面，富行高成本筹集的资金大量投资于国内市政债券和联邦债券。1970 年对市政债券、联邦债券的投资额为 3.1 亿美元，占总投资债券的 60%；1973 年对市政债券、联邦债券的投资额为 2.8 亿美元，占总投资债券的 40%。然而，这部分债券投资收益率却相对较低。据测算，富行 1974 年投资该类型债券的平均收益为 4%，低于其资金平均成本的 7.5%。与此同时，国外信贷市场同样面临困境。截至 1974 年 4 月 30 日，富行约有 5.8 亿美元外国贷款，99%都是以 LIBOR 为基础的浮动利率贷款，其毛收益实际上就是 LIBOR 的利差。在欧洲同业市场竞争压力下，LIBOR 的利差空间不断收窄。1973~1974 年，富行资金成本逐渐高于其贷款收益。汇率判断上，富行坚信美元会持续上涨，并以此进行大量外汇投机交易。1972 年 11 月，富行持有的外币空头净头寸为 520 万美元，一年后即升至 6260 万美元，到 1974 年 5 月 14 日已高达 2.3 亿美元。但是，1974 年 1~5 月美元对其他主要货币持续贬值，富行外汇交易遭受巨额亏损。

第三是公司治理形同虚设，存在违法违规甚至突破职业道德底线的行为。与其他银行相比，富行风险管理意识薄弱，公司治理机制存在显著漏洞，内部人控制情况严重。从事后披露情况看，富行高级管理层在外汇交易风险管理方面的专业知识和技能匮乏，在逐利冲动下无视风险的存在，盲目支持快速进军外汇市场。其外汇交易员在未获高级管理层许可的情况下，便可进行大量投机操作，所建立的头寸甚至可以超过公司的限额，外汇交易的后台监控体系形同虚设。更为糟糕的是，在面临巨额亏损时，高级管理层铤而走险，丧失职业道德，默许交易员隐瞒交易损失，利用关联交易虚构利润欺骗投资者。自1973年起，在大股东Michele Sindona授意下，富行外汇交易员与其名下的两家银行进行外汇交易，疯狂作假隐瞒亏损，增大银行当期盈利，会计报表公布后再改变合约交易方向进行平仓（见表3-2）。

表3-2 富行1973年以来外汇交易盈利损失

单位：美元

时间	报表数字	实际数字
1973 年 1 月	69000	−436000
1973 年 2 月	83000	−703000
1973 年 3 月	−104000	−420000
1973 年 4 月	144000	693000
1973 年 5 月	241000	−3643000
1973 年 6 月	363000	−791000
1973 年 7 月	193000	193000
1973 年 8 月	732000	3801000
1973 年 9 月	1519000	−244000
1973 年 10 月	−336000	172000
1973 年 11 月	3848000	7165000
1973 年 12 月	423000	593000
1974 年 1 月	3822000	5688000
1974 年 2 月	−2469000	−16936000
1974 年 3 月	1024000	−19390000

资料来源：Edelman S. J., *The failure of the Franklin National Bank: Challenge to the international banking system*, London: Columbia University Press, 1980.

(三) 从权力配置角度看美国应对富行风险处置中的得与失

回顾整个富行的风险处置历程,大致可以分为五个阶段。

第一阶段,即事前信息披露阶段,失大于得。证券监管部门与银行监管部门之间既缺乏沟通合作更无舆情引导意识,尤其是在选择是否进行信息披露时出现目标冲突,最终引发市场恐慌,错失风险处置最佳时机。值得一提的是,富行风险得以引爆,一定程度上与美国证券交易委员会(SEC)突然宣布暂停其证券交易而加剧市场恐慌有关。事实上,此前美国货币监理署(OCC)因担忧向市场披露富行的风险状况,可能会引起公众挤兑,从而影响事后处置,明确反对SEC下达暂停决定。但SEC在接到有关富行可能存在内幕交易的报告之后,认为已触犯证券法,随即下达了为期十天的临时性暂停交易决定,随后又因该行无法提供有效证明材料,直到其破产之时也没有撤销禁令。由于法律上并没有明确如何处理问题金融机构信息披露的优先权选择问题,即究竟是以保护公众和投资者利益为上优先披露风险信息,还是应当以保护存款者利益和维护市场信心为上延缓信息披露,避免发生大量存款流失,以换取时间更好地处置风险。正是由于SEC和OCC之间的目标冲突,错失处置风险的最佳时机,更使得市场对富行丧失信心,证券市场上的危机迅速蔓延至存款市场,富行各项存款在短短5个月内累计流失高达20.6亿美元(见表3-3),严重影响了后续处置计划的实施。

表3-3 1974年5~10月富兰克林国民银行存款外流情况

单位:百万美元

分行名称	活期存款	储蓄存款	其他定期存款	合计
国内分支行	223	126	17	366
纽约公司业务部	46	—	48	94
个人业务部	52	—	14	66
大额可转让定期存单和市政定期存款	—	—	426	426
国际业务部	24	—	14	38
外国分支行	12	—	667	679

续表

分行名称	活期存款	储蓄存款	其他定期存款	合计
信托存款	—	2	—	2
支票存款	390	—	—	390
合计	747	128	1186	2061

资料来源：Edelman S. J., *The failure of the Franklin National Bank: Challenge to the international banking system*, London: Columbia University Press, 1980.

第二阶段，即介入时机选择阶段，失大于得。因权责划分不同，银行监管部门与存款保险部门出现目标冲突，延误处置介入的时机选择。根据美国法律规定，FDIC 不能提前介入问题金融机构的处置过程，只有当 OCC 通知并授权 FDIC 参与时，才能够开始处置工作。以富行为例，虽然 5 月 12 日危机爆发，但直到 7 月 2 日 OCC 才向 FDIC 提出协助要求。在此期间，OCC 作为主监管者，不愿意接受监管失败的事实，并不愿意主动邀请 FDIC 介入处置。在尝试重组管理层、更换外汇交易主管以及寻找并购者等多种常规风险处置手段均宣告失败之后，OCC 才不得不对 FDIC 发出书面协助报告。在前期处置中，FDIC 虽然始终关注富行事件，但受制于权限范围，无法展开有效的处置活动。换言之，FDIC 从正式介入到最终处置的总时长实为 3 个月零 6 天，而非外界普遍认为的 5 个月。

第三阶段，即处置方案确定阶段，得失相当。因多头监管体制缺陷，各监管部门曾一度"画地为牢"，最终达成统一意见。富行处置方案确定过程之所以较为曲折，主要源于当时美国相关法律无法支持跨州并购方案。大萧条之后，美国一度陷入"以限制代替监管"的思维窠臼，误认为通过限制银行跨州经营与并购，便能够守住风险底线，达到"将风险分而治之"的目的。在这种思维的影响下，《1956 年银行控股公司法》《1970 年修正案》以及《1956 年道格拉斯修正案》相继出台，不断扩大对银行控股公司跨州并购活动的限制范围，故原则上只有其所在州或者国外的银行能够满足并购条件。在此情形下，各监管部门意见并不统一，OCC 极力主张由制造商汉诺威信托公司（Manufacturer's Hanover Trust Company）等纽约州大银行参与并购，FDIC 更为关注并购成本问题，而美联储则希望尽快了结危机并积极联系英国、日本等国央行以促成跨国并购。但事实证明，受限于垄断法、自身实力以及富行经营情况不断恶化等方面原因，当时没有一家纽约州大银行能够实现传统意义上的并购。在此期间，富行的董事长 Joseph W. Barr（前美国财政部长）企图利用自己的政治影响力启动对相关法案的修订以扩大并购范围，虽得到 OCC 等的默许，但美联储担忧法案修订时日过长会影响处置效果，最终因无法获得一致意见而不了了之。可见，在种种"画地为牢"的自我束缚之下，富行这家美国本土大银行只剩下被国外银行收购的唯一选择。

第四阶段，即责任分摊确定阶段，得大于失。虽然存款保险部门与最终贷款人之间有所争执，但最终成功处置风险。在处置过程中，涉及责任分摊方面的一些难点问题，相关部门一度因目标不同而难以达成一致意见。这些难点包括：第一是巨额外汇交易敞口如何处置；第二是美联储对其贷款支持以及抵押资产如何处置；第三是伦敦分行如何处置；第四是收购方承接其负债是否有资本支持；第五是大量问题贷款如何处置，包括房地产以及欧洲美元贷款等。

这些争议的难点根源于存款保险部门与最终贷款人之间目标不同。美联储对于富行风险处置的重视，很大程度上源于大洋彼岸的另外一场风波。富行风险爆发的次月，同样遭受巨额外汇损失的西德赫斯塔特银行（以下简称"赫行"）倒闭，由此带来外汇结算市场的信用风险和流动性风险，进而引发西德马克的暴跌和整个西德银行业的不稳定。赫行的前车之鉴，使得美联储在处置富行时更多强调从维护金融体系稳定和保持汇率稳定出发，而非关注"大而不倒"的道德风险问题。危机爆发后，美联储迅速实施贷款紧急救助并将救助范围扩大到海外分支机构。然而，美联储的顾虑并非是 FDIC 之忧，反而如何让处置成本最小化是当务之急。这也是FDIC 没有采取直接赔付、公共资金救助等成本较高处置方式的原因。同时，为了让收购更具吸引力，FDIC 没有同意关于独立出售富行海外分行的方案，也没有采取"好/坏银行"或者打包出售的方式，而是尽量缩减富行的资产负债规模，由一家机构完成"收购与承接"，并给予相应的资本援助。虽然与 FDIC 目标不同，但最终美联储在很多方面做出了让步，并未依据惯例由 FDIC 一次性承担处置成本，而是配合 FDIC 实施一系列创新举措，实现处置成本最小化目标。

结合上述责任分摊难点问题，具体处置措施如下：

第一是巨额外汇交易敞口如何处置。为避免外汇交易预期损失影响收购，由美联储承接并代为履行富行外汇交易合约。由于 FDIC 始终未对富行巨额的外汇交易敞口进行有效处置，9 月 5 日在富行无法履行外汇业务合约时，美联储果断接管了其未到期的外汇合约，并积极寻求外国央行的协助以获得合约对手方的同意，代替富行履行合约。美联储与富行签署相关协议，约定富行同意向美联储提前一次性支付外汇合约预期损失金额，待合约交割完成后视实际损失多退少补，即如果实际履约损失小于预期损失，美联储将差额返还给富行；如果实际履约损失大于预期损失，富行向美联储支付相应的差额；假如富行偿付能力出现问题，FDIC 保证向美联储支付相应资金。截至 10 月 1 日，美联储代为履约金额达到 590.8 万美元。直到 1975 年 8 月 29 日，美联储才将所有的合约交割完成。

第二是美联储对其贷款支持以及抵押资产如何处置。为缓解富行的流动性压力，美联储向其发放大量贴现贷款，累计金额从 5 月 8 日的 1.1 亿美元上升到 10 月 8 日的 17.32 亿美元，创下了当时历史上的新高。为便于收购，美联储接受 FDIC 的建议，出售富行资产负债包时，剔除美联储所有的贴现贷款。同时，为便于自身处置成本的分摊处理，分期支付资金从美联储购买剩余资产负债包。鉴于一次性收购富行剩余资产负债包（主要为美联储贴现贷款）会导致其 60 亿美元的信托基金下降 1/3，FDIC 建议打破惯例，并与美联储于 8 月 12 日达成最终协议，分三年支付，购买价格为富行未偿付美联储的负债总额，美联储则向 FDIC 支付与资产处置相关的管理费用和法律费用。

第三是伦敦分行如何处置。为了让竞价更高，由美联储出面与英格兰银行达成协议，完成富行伦敦分行的资产转移。FDIC 在寻找潜在收购者过程中，发现伦敦分行是富行所有资产中最具吸引力的部分，但转移这部分资产可能会引发当地存款者的抵制以及触发英国外汇交易控制法案。9月20日，在美联储的撮合下，英格兰银行最终同意，一旦富行宣布破产且FDIC宣布收购者时，对其伦敦分行的资产转移将立即生效。

第四是收购方承接其负债是否有资本支持。为了推动富行海外分支行的资产债务收购，FDIC承诺给予成功竞标者总金额1.5亿美元的资本援助。其中1亿美元的资金支持期限为10年，剩下的5000万美元资金支持为8年期限的浮动利率贷款。

第五是大量问题贷款如何处置，包括房地产以及欧洲美元贷款。FDIC承诺并购银行可以选择与富行的资产及金额相匹配的负债，其余资产负债部分由FDIC来承接。

第五阶段，即处置完成阶段，短期内得大于失，长期有待商榷。在近5个月之后，富行风险处置最终有了结果（见表3-4）。10月8日，FDIC宣布了对富行的竞标结果：共有化学银行（Chemical Bank）、欧洲美国银行（European American Bank）、纽约第一国民城市银行（First National City Bank）和制造商汉诺威信托公司参与了竞价，最终欧洲美国银行以1.25亿美元竞标成功。欧洲美国银行从富行36.58亿美元总资产中选择14.87亿美元资产，承接13.69亿美元的存款和2.43亿美元的其他负债，其中包含了伦敦分行的存款。10月9日，富行作为欧洲美国银行的分行重新开业。

表3-4　1974年10月8日富兰克林国民银行风险处置情况

单位：百万美元

富兰克林国民银行资产负债表			
资产		负债	
EAB&T收购资产	1487	存款	1369
EAB&T未收购资产	2171	美联储贴现贷款	1732
		资本及其他负债	557
总计	3658	总计	3658

续表

欧洲美国银行（EAB&T）资产负债表			
资产		负债	
资产收购	1487	存款承接	1369
支付 FDIC	125	其他负债	243
总计	1612	总计	1612

FDIC 资产负债表			
资产		负债	
EAB&T 未收购资产	2171	美联储贴现贷款	1732
EAB&T 支付额	−125	资本及其他负债	314
总计	2046	总计	2046

资料来源：Edelman S. J., *The failure of the Franklin National Bank：Challenge to the international banking system*，London：Columbia University Press，1980.

从短期看，富行风险处置虽然过程曲折，但最终取得较为圆满的结果，有效化解了金融风险，避免波及整个银行业。然而，长期来看，美国相关监管部门却止步于此，只是将富行破产案视为单个风险处置案例，并未从中吸取教训，事后既未对银行业监管体系查漏补缺，也未对风险处置机制补齐短板，更没能从根本上清除诱发风险的体制根源，为后续危机的全面爆发埋下了隐患。

第三节　金融监管权空间配置的发展历程

国际规则的制定历来都是主要经济大国的"兵家必争之地"，制定适合自身金融战略的国际金融监管规则已成为部分发达经济体输出其政策主张的一种方式。对于主要金融强国来说，国内和国际金融监管的发展演变通常以双轨方式进行，通过强大的国际政治地位将国内标准"上传"至国际层面，既能最小化其监管改革的成本，又能避免使其陷入不利的国际竞争地位。在维护金融核心利益的驱动下，美国先后运用四大战略多次成功"上传"国内标准并主导国际金融监管规则变革，给发展中国家带来巨大的挑战。国际金融监管规则变革事关我国长期性、战略性的核心利益，亟须从国家层面布局谋篇和积极应对，把握国际金融监管规则制定和演变的关键窗口期，为未来我国金融业发展赢得时间和空间。

一、金融监管权空间配置演变历程：历史上美国四次成功实现外向型"循环"

（一）20世纪30年代：美国分业原则被动"上传"

20世纪30年代的经济大萧条打破了"市场万能论"神话的同时，也彻底颠覆了西方国家长期以来"自由放任"式的监管理念。美国率先转向严格监管，连续出台了1933年《格拉斯－斯蒂格尔法》、1934年《证券交易法》、1939年《信托契约法》等法案，成立了联邦储贷保险公司、联邦存款保险公司、证券交易委员会，与此前成立的美联储和货币监理署共同构建了影响至今的分业经营和分业监管体制。一时间，美国分业监管理念成为主导思想，被动"上传"到国际社会。英、法、德等发达国家乃至印度等发展中国家纷纷效仿美国，构建了分业监管体制，实施严格的分业经营原则。

（二）20世纪80年代：美英联手"上传"促成《巴塞尔协议Ⅰ》

拉美危机爆发后，美国国内对加大银行资本金监管的呼声日益高涨。美国政府陷入两难，如果提高资本金比例，本国银行将面临严峻的国际挑战，特别是来自日本和德国银行同业的压力；如果维持原状，又无法防止流动性枯竭和避免政府救助风险。为了实现自身利益最大化，避免过严监管标准导致本国银行国际竞争力的丧失，当时的里根政府决定利用美国政治地位在全球范围内推行统一的银行业监管标准。自1983年起，美国在陆续向巴塞尔委员会和其他国家施压未遂之后，毅然改变谈判策略，采取结盟方式，与英国于1986年率先签订双边协议。在此情形下，日本和德国等国担心英、美继续联手制定对本国银行的不利规则，陆续加入协议，最终巴塞尔委员会于 1988 年制定了《巴塞尔协议 I》（以下简称巴 I）。自巴 I 实施后，美国银行业逐步走出低迷，实现了对日本、德国同业的赶超。如果说 20 世纪 30 年代被动上传是美国国际政治地位影响力隐性化外溢，那么 80 年代美、英联手上传促成巴 I 实施则是全球金融监管史上第一个主动通过自身政治地位变革国际规则的成功案例。至此，国际金融战略博弈进入了一个崭新的阶段，主要金融强国主动运用国际金融监管规则的杠杆效应，同步实现国内外一体化双轨制改革，减少自身改革成本，利用各种方式逼迫其他国家不断适应新的监管标准和提高其参与国际竞争的门槛，从而改变国际金融竞争格局，维护自身经济利益。

（三）20 世纪 90 年代：美、英再次联手推出"巴塞尔协议 II + 金融自由化理念"

进入 20 世纪 90 年代，1991 年国际商业信贷银行破产、1995 年巴林银行破产、东南亚金融风暴等一系列危机爆发，使人们开始质疑美国主导的"国际推行巴 I + 国内分业监管"模式。当时美国面临的主要难题是如何给金融创新这匹"烈马"套上缰绳，既不能让其肆意妄为，又不能令其彻底失去活力。基于同样逻辑，美国决定重新主导新一轮国际监管规则变革，再次与英国联手推出"巴塞尔协议 II + 金融自由化理念"，输出适合美国金融战略的监管理念和模式，再现国内外并轨改革的成功。

首先，全面提高发展中国家的实施成本。不同于巴 I 简单易行，巴 II 所推崇的三大支柱（即最低资本充足率、外部监管和市场约束）以及用于衡量信用、市场、操作三大风险的内部评级法、VaR 模型法、高级计量法全部都是美国大银行广泛使用的风控手段。但这些对于当时金融业水平较低的发展中国家来说无疑是全新领域，实施过程中不得不倚仗标普、穆迪、麦肯锡等国际咨询公司，而这些公司大部分又都来自美国。和其他国际贸易中"花钱买技术"面临的问题类似，多数发展中国家为实施巴 II 支付数额庞大的咨询费用，并且由此形成了思维惯式和技术依赖，但真正触及核心的关键性技术、参数乃至方法依旧是个"黑箱"，被这些咨询公司以商业机密等理由不予披露。与此形成鲜明对比的是，由于发展中国家金融业安全意识和维权意识较弱，反而令这些公司几乎无成本地获得大量数据和信息，成为美国政府用以窥视发展中国家金融业情况的主要渠道之一（见表3-5）。

表3-5 《巴塞尔协议 II》的初始提案和最终提案

	初始提案	美国意见	最终提案
内部评级	将外部评级纳入新框架	使大型银行能够使用内部信用评级模型	在高级内部评级法中对大型银行使用内部评级
交易账户	引入对衍生品风险的资本要求	废除 w 因素	于 2001 年 9 月废除 w 因素
	引入标准化方法计量市场风险	使用 VaR 模型	承认使用 1996 年的 VaR 模型
证券化	将信用风险等级与外部信用评级挂钩	降低已定级块的风险权重	降低已定级块的权重

资料来源：Lall（2012）。

其次，借机削弱其他发达国家的竞争优势。整个巴 II 定稿耗时 8 年（1998~2006 年），其间经历了几轮美、英与德、法等欧洲国家之间的激烈博弈。美、英企图通过提高风险权重等方式，共同剑指德国庞大的抵押债券市场以及德国经济发展原动力之一的中小企业，最后仍以双方让步且美国获利较多为结果。虽然整个巴 II 监管逻辑是符合美国大银行利益的，但因中小银行的抵触，作为主导国的美国推行巴 II 进程极其缓慢。与多数欧洲国家如火如荼地实行巴 II 不同，美国于 2005 年 10 月 （即在 2006 年巴 II 正式出台之前）宣布推迟至 2008 年实施巴 II。

再次，积极打压其他国家主导规则的企图。欧盟于 2002 年倡导实施《金融企业集团监管指引》，拟对母公司在欧盟之外且其母国采用与欧盟不同的集团范围监管规则的投资银行实施欧盟标准下的全球并表监管。美国政府随即作出回应，由美国证券交易委员会于 2004 年发布了《受监管投资银行控股公司规则》，允许拥有证券公司的控股公司自愿申请成为 SIBHC，并接受 SEC 在集团范围内的 CSE 监管，从而声称满足欧盟金融集团监管要求，无须接受欧盟的并表监管。

最后，与英国联手全球推广金融自由化理念。基于释放本国金融机构的创新活力和为其全球化活动提供便利的考虑，英、美于20世纪90年代末倡导金融自由化和去管制化的理念，强调金融机构自律和以"原则导向"为主的"轻触式监管"原则，最终形成了以英、美为代表的剥离或淡化央行监管职能的央行与监管机构分设的改革潮流，影响了包括我国在内的多数国家，这些过度强调自由化理念为本轮国际金融危机的爆发埋下了伏笔。与此同时，以澳大利亚、荷兰为代表的"双峰"监管理念也在一些国家研究探索和付诸实践，但因主导国的政治影响力有限，并没有在全球范围内形成主流。

（四）本次危机后：美国主动"分点上传"

国际金融危机使美国金融业遭受重创，花旗银行和美国国际集团因严重的流动性问题而陷入巨额亏损，贝尔斯登、雷曼倒闭，美林被美国银行接管。随着德、法等传统欧洲国家和中国等发展中国家的崛起，美国国际控制力也渐显疲态，特别是德、法两国主导的欧盟在巴塞尔委员会的话语权日益扩大。次贷危机爆发后，美国曾试图效仿历史推行《巴塞尔协议Ⅲ》（以下简称巴Ⅲ），然而在法、德等国的抵触下，巴Ⅲ并未达到巴Ⅰ和巴Ⅱ的效果。相比于巴Ⅱ，巴Ⅲ提高了对核心资本充足率、杠杆比率以及流动性等监管要求。这些要求对于危机后经过数轮去杠杆化和政府注资的美、英银行业而言不难实施，但对于高度依赖短期市场融资和受欧盟救助条件制约的法、德等欧洲银行业影响较大。为制衡巴Ⅲ，法、德不顾英国的反对，于2011年7月力主欧盟委员会通过了《资本要求指令（第四版）》（*Capital Requirement Directive Ⅳ*）草案，大幅放松了巴Ⅲ中核心资本和流动性的监管标准；同时通过法国的施压，迫使巴塞尔委员会放宽了巴Ⅲ流动性覆盖比率中"高质量流动资产"的定义要求。对此，IMF公开批评欧盟"在实施巴Ⅲ的关键条款上'放水'"（见表3-6）。

值此内外交困之际，美国政府果断采取措施，在继续保持对巴塞尔委员会等传统国际组织控制力的同时，另起炉灶打造新的国际平台，主动"分点上传"国内标准，重塑国际金融监管新规则，推进国内外平行改革，

表 3-6　危机以来美国和 FSB 推行有关改革方案对比

美国			FSB		
方案	时间（年）	内容	方案	时间（年）	内容
生前遗嘱	2009	选择 5 家大型银行作为试点	恢复和处置计划（RRP）	2011	发布《金融机构有效处置框架的关键要素》，强制要求 RRP 适用于所有全球系统重要性金融机构
	2010	要求所有大型系统性金融公司向美联储和联邦存款保险公司递交生前遗嘱		2012	要求所有全球系统重要性银行制定 RRP
	2012	与英格兰银行联合发布《全球系统重要性金融机构破产处置方案》		2013	开展全球评估
取消 CRA	2010	完全取消对信用评级机构（CRA）评级的使用	降低 CRA 依赖	2012	继 2010 年发布原则后，2012 正式向 G20 递交路线图
薪酬监管	2009	任命"薪酬沙皇"负责审查接受政府大规模救援企业高管薪酬	稳健薪酬	2009	发布《稳健薪酬实践原则》和《稳健薪酬执行标准》，首次将金融机构薪酬制度从公司自律的层次提升到金融监管的范畴
		众议院通过《公司与金融机构薪酬公平法》			
	2010	美联储等四部门联合发布《薪酬激励指引》		2010	第一次同行评审，检查评估各成员国执行情况
	2011	要求金融机构向监管机构报告具体薪酬安排		2011	第二次同行评审

资料来源：笔者整理。

不断巩固其全球金融体系的领导地位。

首先，另起炉灶打造新的国际平台——FSB。在美国的支持和主导下，2009 年 4 月 G20 伦敦峰会决定，扩充原金融稳定论坛（FSF）成员，即 G7 扩展至包括中国在内的所有 G20 成员以及巴塞尔委员会等国际专业监管委员会，并将其从非正式论坛升级为正式性国际监管合作组织——金融稳定委员会（FSB）。自 FSB 成立后，美国并轨改革的效果更加明显且速度显著加快。

其次，重塑国际金融监管新规则——LEI。美国于 2010 年首次提出在全球范围内推行"从摇篮到坟墓"（Cradle to Grave）式的金融市场法人识别码（LEI）系统的建议。该项建议迅速在发达经济体中达成共识，2012年G20洛斯卡沃斯峰会正式通过了构建全球金融市场LEI系统的决议。LEI的意义在于作为全球性开放式标准化的微观金融数据收集和共享系统，能够为各国宏观审慎管理部门监控和分析系统性风险提供可靠的数据保障。LEI无疑是一场金融数据统计和金融监管标准的革命，有望成为与巴塞尔协议并行的国际金融监管新框架。与巴I有着异曲同工之处，LEI同样是在美国主导下借助G20和国际标准化组织（ISO）等平台，将国内改革诉求"上传"为全球标准的又一成功案例。

再次，提高外资金融机构的合规成本——EPS。近年来，美国以缩短监管差异和维护市场公平性为由，连续出台针对在本国经营的外资金融机构的监管政策，缩小了此前监管互认的范围，通过增加监管合规成本的方式无形中限制了外资金融机构的经营规模，达到遏制竞争对手的目的。从已公布的监管规定来看，美国主要关注的两大类外资金融机构：一是在美国境内设有分支机构、全球合并总资产达500亿美元以上的外国银行集团。最先实施的是银行业，据统计外资银行在美国的资产规模占整个银行业的20%左右，在美资产超过500亿美元的大型外资银行集团有23家。美联储最终于2014年发布《对银行控股公司和外资银行机构的强化审慎监管规则》（EPS），按照经营规模和复杂程度不同对外资银行实施四档监管要求，最为关键的是最后两档。以目前中国银行为例，其在美综合资产超过500亿美元，属于EPS第3档监管，符合监管互认条件。但如果中国银行想继续扩大业务，比如附属机构中银国际取得美国一级证券承销商资格，则按照EPS第4档监管，届时须成立中间控股公司（IHC），管理所有在美非分行机构，比照大型美国银行控股公司（BHC）接受监管，适用更为严格的资本、流动性、风险管理和压力测试要求。一旦美联储认为外资银行面临危机时，可将其IHC进行资本隔离，以保护美国本土利益。二是美国金融稳定监督委员会（FSOC）认定的具有系统重要性的外国非银行金融机构。这部分规定涉及范围灵活、空间很大，美联储根据FSOC的认定名单，制定区别化的监管标准和要求。2016 年 6 月，美联储公布 EPS 压力测试结果，德意志银行和桑坦德银行这两家欧洲大行的美国子公司连续两年未通过测试。当月 IMF 就发布《金融系统稳定性评估》报告认定德意志银行存在"重大系统性风险"，加重投资者担忧，成为市场空头追逐的对象（见表 3-7）。

表 3-7　EPS 对外资银行实施四档监管要求

单位：亿美元

	第 1 档	第 2 档	第 3 档	第 4 档
全球集团并表资产	100~500	≥500		
在美合并资产	<500		≥500	
在美非子行资产	<500			≥500
监管要求	母国监管，采用监管互认			东道国监管

资料来源：笔者整理。

最后，借助司法优势实施长臂监管——反洗钱和直接制裁。长臂监管是指美国长臂管辖权在金融监管领域中的运用，即美国利用其在国际政治中的特殊地位，用一国国内之法去"管辖"他国经济金融实体，借国内法推行国际霸权和强权政治，具有明显治外法权性质。一方面，除了长期主导反洗钱和反恐融资领域国际组织——反洗钱金融行动特别工作组（FATF）的规则制定权以外，美国在"9·11"事件后以反恐为借口颁布《爱国者法案》和本次危机后通过《海外账户税收合规法》（FATCA），反洗钱成为美国施展长臂监管的新武器。近年来，美国接连对外国金融机构开出巨额罚单，对竞争对手的跨国经营活动带来了巨大压力。2012 年美国对英国两大银行汇丰银行和渣打银行分别开出 19.21 亿美元和 6.7 亿美元巨额罚单，特别是前者成为美国历次洗钱案和解金额之首。英国银行业业绩也受此牵连，跨境业务大幅萎缩，2012 年英国前五大银行主营业务实际利润大幅下降 40%，其他同样被指控和处罚的国外银行还有瑞信、劳埃德、巴克莱、巴黎银行等。迫于反洗钱压力，越来越多的外资金融机构与美国政府签署协议，接受更加苛刻的合规要求。2015 年中国建设银行及其纽约分行与纽约联储银行和纽约州金融服务管理局达成反洗钱合规协议，包括反洗钱合规项目、客户尽职调查、可疑行为监控和报告、交易评估、遵守监管要求、内部审计等一系列规定。另一方面，美国出于国家利益需要，直接实施单方面制裁。危机后，美国以卷入操纵伦敦银行间同业拆借率（LIBOR）、操纵汇率以及隐瞒衍生品交易巨亏等理由，对德国第一大银行——德意志银行连续开出罚单，沉重打击了德国乃至整个欧洲银行业。目前，德国银行业平均净资产收益率只有 1.6%，仅为 20 世纪 70 年代水平的 1/4。同时，美国依据《爱国者法案》、FATCA 等国内法逼迫其他国家在制裁问题上按其号令行事，破坏其他国家之间正常合理的经贸往来。2014 年 6 月，美国因法国巴黎银行违反美国法律为其制裁的国家转移资金，处以 89.7 亿美元罚款，创下在美外国银行的最高赔偿纪录，但这一纪录极有可能被正在和解过程的德意志银行处罚金额刷新（目前美国"开价"为 140 亿美元）（见表 3-8）。

表 3-8　金融危机后美国对德意志银行连续罚款情况

时间	事由	罚金
2010 年	1996~2002 年协助美国富人逃税	5.5 亿美元
2015 年 4 月	操纵伦敦银行间同业拆借利率（LIBOR）	25 亿美元，创国际金融史上单笔最大罚单纪录，显著高于同样受罚的 UBS（15 亿美元）、苏格兰皇家银行（11 亿美元）和巴克莱银行（4.5 亿美元）
2015 年	高估其持有衍生品市值至少 150 亿美元	5500 万美元
2015 年 12 月	起诉利用空壳公司逃税	追索 1.9 亿美元税款、罚金和利息
2016 年 9 月	参与危机前违规金融活动（超高风险住房抵押贷款支持证券的投机活动）	虽然德意志银行财报计提 55 亿美元坏账准备，美国仍然开出了 140 亿美元历史最高和解金额

资料来源：笔者总结。

二、美国推动外向型"循环"变革的战略逻辑演绎

长期以来，美国主导和决定着国际金融监管规则变革方向，利用国际

政治地位不断将美国监管标准对外输出并使之成为国际标准,推行"国内外联动"金融监管改革,有效维护自身政治经济利益。反观此前美国推动国际金融监管规则变革的战略逻辑,大体可以总结为以下四大战略。

(一) 以政治地位反哺金融核心利益,不断寻求合作伙伴和输出自我主张的代言平台

自"二战"以来,美国始终是无可争议的国际规则主导国,长达七十多年来游刃有余地推动全球各领域规则的制定和变革。因此,观察和思考美国未来战略的发展方向和实施手段,可以多领域之间相互借鉴。美国推动国际金融监管规则变革和推动 TPP 及 TTIP 的路径类似,一旦其金融核心利益被触及,美国则会努力寻求合作伙伴和输出自我主张的代言平台,千方百计地对外输出符合美国利益的监管标准和措施,逼迫其他国家就范。巴Ⅰ、巴Ⅱ乃至 LEI 等一系列规则的提出,正是美国金融业处于相对国际竞争劣势且不得不彻底革新国内金融监管规则的内外交迫之际。无论是危机前的巴塞尔委员会,还是危机后的 FSB 等国际组织都或多或少成为美国利益的传声筒。

(二) 利用"弯道超速"优势换取时间,消耗其他国家实力

回顾历次美国倡导的国际金融监管规则,不难看出这些规则并不适用于大多数发展中国家的现状,为这些国家履行国际承诺带来了较大的负担和成本。更为严重的是,由于实施过程需要一定的时间,这些国家有可能面临同时履行新旧监管规则,甚至新规则再次回归原点的局面。比如,巴Ⅱ积极推崇的内部评级法,在本次巴Ⅲ改革中受到限制,巴塞尔委员会甚至征求意见,意图在银行批发资产信用风险权重的计量上以标准法取代已在巴Ⅱ成员国银行广泛使用的内评法。与其他发展中国家一样,我国为实施巴Ⅱ投入大量人力、物力和资源,但未来却因为巴Ⅲ监管标准回归而重回起点。反观美国,虽然其主导了历次巴塞尔协议的规则修订工作,并借此约束其他国家金融扩张行为,但是美国自己却没有如约履行国际金融监管合作协议的约束。无论是巴Ⅱ还是巴Ⅲ,美国都以各种理由延缓执行。

（三）多管齐下，全面遏制潜在竞争对手

近年来，美国在孤立和阻碍竞争对手发展方面的欲望越来越强烈，手段越来越丰富，形式越来越多样，主体越来越多元。从运作方式来看，美国先后采用了主动上传、积极拦截以及长臂管辖三大方式。前两种方式较为传统，主要体现为通过巴塞尔委员会、FSB 等平台上传国内标准和拦截德、法等其他发达经济体主导规则的企图，而金融危机后美国全面遏制战略中运用越来越多的手段却是长臂管辖。金融危机以来美国借助反洗钱、直接制裁等监管规则对英、法、德等欧洲银行频频打压，绝非出于纯粹的商业或司法目的，而是美国在后危机时代试图巩固其金融与政治霸权的一种表现。2014 年起，美国对外资银行实施 EPS 的监管模式，由母国监管转为"东道国监管"，要求在美营业的大型跨国外资银行接受其监管。这些行动背后包含着深刻的政治考量，是对美国企图维系全球金融监管规则主导权和维护其金融核心利益的最新诠释。

（四）以退为进，对发展中国家"先予后取"

美国经济实力基础是其采取何种方式来推动国际金融监管规则变革的决定性因素。本轮国际金融危机以来，美国从世界权力顶峰走向下坡路已成为不争的事实，对发展中国家的策略也从过去国力鼎盛时期的强硬遏制转为目前相对缓和的"先予后取，以退为进"。无论是将 G7 扩大为 G20，还是 FSF 升级为 FSB，背后的逻辑均是尽可能把更多的影响力日益显著的国家或地区纳入自己主导的国际话语体系之内（"先予"），再借助 G20、FSB、巴塞尔委员会等国际组织的协助和推广，把美国国内监管标准包装为国际准则，堂而皇之地延伸到了几乎所有美国关注的对手国家，包括其他发达经济体和主要发展中国家（"后取"）。

三、发展中国家被迫承受内向型"循环"的负面影响

尽管历次国际金融监管规则变革的形态不尽相同，但本质上仍是发达经济体向外转嫁内部矛盾的表现，具有一定的历史必然性。发达经济体以

国际组织为输出载体，借助于政治地位优势，将符合自身利益的规则扩展到全世界，企图操纵全球金融资源再分配进程。特别是本次金融危机后，国际金融监管规则进一步加码，包括中国在内的发展中国家受到了以美国为首的发达经济体的全面挑战，国家金融利益受到空前威胁。

(一) 发展中国家金融业整体竞争力受到削弱，与发达国家的金融实力差距进一步扩大

金融危机以来，发展中国家由于全球金融管制的强化，合规成本增加，利润水平较低，与发达国家的金融实力差距将会扩大。首先，发展中国家国际监管合规成本大幅增加。危机后，国际监管规则日益趋严，发展中国家为遵守国际规则而产生的内部费用极为高昂，监管合规成本持续增加。据 2013 年荷兰《财经报》初步估算，金融机构监管合规成本已达金融危机前的 3 倍。资本要求方面，巴Ⅲ、美国 EPS 等一系列宏观审慎监管规则陆续落地，发展中国家银行业面临更为严格的资本和杠杆率监管要求，还有一些发展中国家（如中国）大型银行入选全球系统重要性银行后需满足额外的资本金要求。反洗钱方面，发达国家对这一领域的监管日益严格，发展中国家境外经营稍有不慎就可能触及监管红线。据律商联讯对中国、印度尼西亚、马来西亚、新加坡和泰国五个国家反洗钱合规成本的评估报告显示，五国银行业每年反洗钱合规预算约为 15 亿美元，其中中国最高，过去两年上升了 20%~39%，预计 2016 年将继续上升 20%~39%。其他方面，一系列国际监管新规的实施，发展中国家境外经营的准入壁垒、合规门槛和运营成本显著提高，甚至还要面临欧美监管机构提出的人员和系统本地化等要求，未来相关监管压力将有增无减。其次，发展中国家金融业海外利润水平总体较低。发展中国家的海外金融服务仍以传统的商业银行业务为主，资本和资金来源过度依赖于母国集团，受危机后监管合规压力和自身国际化竞争能力较弱的影响，发展中国家金融业海外利润率总体偏低且难以短期内有所改善。以我国为例，五家大型银行境外业务整体占比不足 10%，国际化程度最高的中国银行的占比也不到 30%，利润占比则更低，不足 5%。最后，发展中国家金融业海外并购成本和风险上升。近年来，发展中国家对发达国家的金融业海外并购难度越来越大，审查过程冗长，环节极不透明，并购成功概率较低。即便并购成功，发展中国家也可能会因为投资时机不当和投资者权益保护不足而面临亏损。比如，民生银行两次投资美国联合银行因其倒闭亏损约 8.24 亿元人民币，平安集团投资富通集团亏损 228 亿元人民币并向比利时政府索赔失败，中投投资黑石接连遭受亏损且亏损幅度曾超过 88%。伴随金融危机的全面爆发，为了防止盲目海外并购而造成更大损失，一些发展中国家曾一度全面叫停本土金融机构的海外并购活动。

（二）发展中国家金融机构跨境经营受阻，对走出去企业的金融支持受限

近年来，以我国为代表的发展中国家走出去步伐加快，但境外机构的金融支持和覆盖面却远远滞后。一些跨国企业由于资信及担保方面的原因难以达到国外银行融资条件，急需本土银行的金融支持。以我国为例，截至 2015 年底我国对外直接投资连续 13 年增长，成为仅次于美国和日本的世界第三大对外投资国。我国与全球近 200 个国家和地区均有贸易往来，在全球 180 多个国家和地区开展直接投资，但我国银行业境外机构的覆盖面仅为 50 多个国家和地区。危机后这种情况不但没有改善，反而发展中国家银行业面临来自发达国家的"监管严冬"，跨境经营活动受到各种各样的约束。一是直接规模约束。现行的美国 EPS 第 4 档监管规定实际上就是变相限制外资银行在美的经营规模，这与历史上美国主导巴 I 通过提高资本金成本，来限制日德银行同业的跨境经营发展规模有着异曲同工之效。二是流动性监管约束。大部分发展中国家的海外机构获取本地资金能力较弱，短借长贷，资产负债期限错配程度较高，尤其在美国逐步退出 QE 的情况下流动性更加趋紧，难以从容面对日渐严格的流动性监管要求。三是声誉风险约束。2016 年 2 月中国工商银行因涉嫌洗钱在西班牙被搜查再次引发关注，给其他中资金融机构及其海外分支机构带来极大的潜在声誉风险，这说明包括我国在内的发展中国家已进入发达国家反洗钱关注范围之内。四是直接制裁约束。2012 年 7 月，美国宣布两项继续制裁伊朗的措施，中国昆仑银行因与伊朗有业务往来被列入制裁名单，与此相关的金融往来也被列入反洗钱名单中。

（三）非公平待遇和不对称开放影响发展中国家利益

现存的国际经济规则主要是由以美国为首的发达国家和其控制的国际经济组织制定的，多数没有考虑到发展中国家的利益，有的还是在发展中国家缺席的时候制定的，甚至一些规则是在发展中国家还没有充分发展此金融活动的时候就制定出来了，如早期巴Ⅱ的内部评级法和目前更多适用于场外衍生金融市场的 LEI 体系等。德国《明镜》杂志两位著名记者马丁和舒曼在《全球化陷阱》中曾直言不讳地写道"在经济政策、贸易政策、社会政策、金融政策和货币政策方面，最终是华盛顿的政治家及其顾问们在为全球一体化制定规则"。德、法等老牌资本主义国家尚且无力挑战美国主导的国际规则，更不用说发展中国家。此次危机后，发展中国家还面临着新旧规则双重并行期，一些规则甚至自身就有冲突和矛盾。比如巴Ⅱ和巴Ⅲ出台时间间隔仅有 4 年，有关内部评级法、退回标准法回归的争论，令前期投入大量成本的发展中国家重回零点。此外，互惠条件不公平，发达国家对发展中国家不对称开放。美国在要求世界推动对己开放的同时，却鲜有对包括中国在内的发展中国家开放。美资银行机构在华远超过 10 家，而在美国本土设立分行的中资银行除了早先的中国银行和交通银行外，近二十多年来只有招商银行一家，工商银行和建设银行经过十多年申设纽约分行的努力仍以失败告终。

四、金融监管权空间配置失衡的案例分析：德意志银行遭受天价罚单事件

2016 年 9 月 17 日，美国司法部以不当出售抵押贷款支持证券并恶意助推次贷危机为由，初步裁定德意志银行（以下简称德银）缴纳 140 亿美元的罚款，极有可能刷新此类案件历史最高金额的纪录。作为德国乃至欧洲第一大银行，德银被罚事件绝不是单一的偶然事件，而是美国在金融危

机后为维护其国际金融霸权，多次运用国际规则开展新一轮金融监管战的必然结果。剖析德银事件背后大国博弈原因和过程，准确把握国际格局新变化，提早谋划应对，防患于未然，对我国防范海外经营风险和维护金融体系稳定具有重要的战略意义。

（一）德银事件是美国对德国实施金融监管战的一个缩影

德银事件是美国对欧洲诸多制裁中的典型案例，本质上是美国为转嫁政治经济压力对外实施金融监管战的一个缩影，揭示出了当前世界经济持续低迷、保护主义和民粹主义势力抬头背景下美欧大国博弈的激烈性与残酷性。

德银是德国乃至欧盟资产最大的全能银行，被视作德国的"国家名片"，连续五次入选全球系统重要性银行。对德银来说，来自美国的天价罚单既不是第一次，未来也不会是最后一次。国际金融危机以来，美国以卷入操纵伦敦银行间同业拆借率（LIBOR）、操纵汇率以及隐瞒衍生品交易巨亏等各种理由，连续向德银开出罚单。在美国接连处罚下，德银经营状况堪忧，甚至被业界称为"僵尸"银行。在德银 2016 年 6 月未通过美联储年度压力测试之后，IMF 随后发布评估报告直言德银是系统性风险最大的全球系统重要性银行。据 2016 年第二季度财报显示，德银总资产为 1.63 万亿欧元，总负债为 1.57 万亿欧元，净资产仅为 600 亿欧元，杠杆率为 3.68%，接近巴 III 规定的 3% 底线。德银短期内面临巨大的资本金补充压力，第二季度末净利润与上年同期相比下降了 98% 至 2000 万欧元，以及 2015 年巨亏 68 亿欧元，德银显然无法通过内生增长来补充资本金。因该行信用评级下调和股价连续暴跌，德银从市场融资的难度进一步上升。此外，2016~2017 年德银分别要偿还 10 亿欧元和 43 亿欧元的 CoCo 债券，未来德银可能出于补充资本金压力被迫出售大部分资产管理业务。鉴于此次罚款金额巨大，德银状况更是"雪上加霜"，被罚消息公布当日，其股价在法兰克福交易所暴跌 8.5%，次日其美股价格再次重挫 9.4%，两日内市值蒸发近 20 亿美元。德银事件沉重打击了整个德国乃至欧洲银行业。由于德国在欧盟的领头地位，受德银牵累，整个欧洲银行股重挫，

2016 年 9 月 17 日德国、苏格兰、瑞士的银行业股价大幅度暴跌高达 3%以上，当周欧洲银行股指数累计下跌 5%。

　　受国际金融危机的冲击，全球贸易显著恶化，世界经济持续低迷，加上美国大选的临近，贸易保护主义和民粹主义势力再次抬头。在此背景下，德银事件的实质是美国对欧洲转嫁政治经济压力的一次角力。近年来，美国选择处罚的欧洲企业均是对方优势产业的领军者，特别是金融业（见表 3-9），反映出美国出于政治经济压力实施金融监管战的意图和决心。德银事件发生后，多数分析报道认为该事件是美国针对欧盟 2016 年8 月底要求苹果公司补缴 145 亿美元税款的报复性措施。此前，美国总统奥巴马就"警告"称欧盟对苹果等美国企业的税收调查会造成非常"不幸"的国际税收先例。随后，美国财政部发布白皮书，声称欧盟正在成为世界税收警察，并警告说如果欧盟宣布苹果"有罪"，美国将考虑实施报复。然而，欧盟之所以对苹果等美国企业下手，与前期美国司法部对法国巴黎银行、德国大众汽车等欧洲企业处以高额罚单有着密切关系。2014年 6 月，美国司法部指控法国巴黎银行在 2002~2009 年协助伊朗、苏丹等国转移资金避开美国经济制裁措施。在法国政府多方斡旋下，最终罚款金额从百亿美元降为 89.7 亿美元，仍为此类案件历史最高金额。2015 年 9月，美国环境保护署指控德国第一大企业——大众汽车公司使用造假软件躲避尾气检测（通称"排放门"丑闻），最终罚款金额高达 102 亿美元。随后，德国宝马公司也被曝出质量问题，享誉全球的"德国制造"神话被打破，德国正在推进的工业 4.0 遭受质疑。据悉，欧盟近日来正酝酿要求亚马逊、麦当劳等美国企业补缴税款，以回应德银事件。从目前情形来看，美欧短期内博弈恐将持续一段时间，双方经贸摩擦态势愈演愈烈。

表 3-9　近年来美国对德银以外的欧洲金融机构的处罚情况

国家	机构	时间	事件	金额（美元）
德国	德国商业银行	2015 年 3 月	通过美国金融体系向伊朗、苏丹等国转移资金	17 亿
		2014 年 12 月	与古巴、伊朗、苏丹及其他美国制裁国家开展金融业务	10 亿

国家	机构	时间	事件	金额（美元）
法国	巴黎银行	2014 年 6 月	2002~2009 年协助伊朗、苏丹等国转移资金避开美国经济制裁措施	89.7 亿
	农业信贷银行	2016 年 1 月	协助美国客户逃税	9900 万
英国	汇丰银行	2012 年 12 月	为墨西哥及哥伦比亚毒枭洗钱	19.21 亿
	渣打银行	2012 年 12 月	违反美国制裁法和阻碍政府调查	6.7 亿
		2014 年 8 月	交易监察系统不达标	3 亿
	苏格兰皇家银行	2013 年 2 月	操纵 LIBOR	6.1 亿
		2015 年 5 月	涉嫌操控汇率市场	3.95 亿
	巴克莱银行	2012 年 6 月	操纵 LIBOR	4.5 亿
		2015 年 5 月	涉嫌操控汇率市场	24 亿
		2016 年 2 月	在暗池交易中误导投资者	7000 万
	劳埃德银行	2014 年 7 月	操纵 LIBOR 和英镑回购利率	3.7 亿
瑞士	UBS	2009 年 2 月	协助美国公民逃税	7.8 亿
		2012 年 12 月	操纵 LIBOR	15.3 亿
		2015 年 5 月	涉嫌操控汇率市场	2.03 亿
	瑞士信贷	2014 年 5 月	协助美国公民逃税	26 亿
		2016 年 2 月	在暗池交易中误导投资者	6000 万罚金 + 美国证券交易委员会追缴 2430 万
	韦格林银行	2013 年 1 月	协助美国公民逃税	5780 万，永久关门

资料来源：笔者总结。

德银事件是美国对欧盟又一次"压力测试"。继英国脱欧之后，德银事件再次向欧盟拉响警报。在德银受罚的当天，德国总理默克尔和法国总理奥朗德纷纷发表演说，告诫欧盟已岌岌可危，如果再不团结，欧盟即将分裂。德银的问题已经跨越单纯的经济账，变成了捍卫德国和欧洲金融稳定的政治账。德银事件考验着德国政府的政治智慧，即如何在谋求本国金融利益和维护欧盟整体大局之间寻求平衡。如果不救助德银，德国经济增长可能持续乏力。目前德国经济增速已连续 4 年低于 2%，而德银营业收入的 31% 来自国内，长期以来对德国经济尤其是制造业提供巨大支持；如果救助德银,其他国家则会效仿,加剧欧盟的财政负担,最终危及欧盟的团结稳定。特别是意大利和西班牙,欧债危机后这两个国家的银行业不良贷款率分别高达18%和9.8%。由此可见,美国选择德银作为打击对象是经过深刻的政治考量的,无论如何处置德银问题,欧洲银行业都会遭到冲击,欧盟的金融稳定和政治联合均会受到威胁。

(二) 新一轮美国金融监管战的特点

金融危机以来,美国政府在维护其金融核心利益的驱动下,主动发起新一轮金融监管战,对象已逐步由关键竞争对手国家及其金融机构向主要经济体及其金融机构扩散,手段也由传统的总量控制向当前的精准打击转变。

从历史上看,全球正在经历着美国主导下的第三轮金融监管战。前两轮分别是20世纪80年代美、英联手促成巴Ⅰ的实施和20世纪90年代"巴塞尔协议Ⅱ+金融自由化理念"的推广。前两轮金融监管战的结果都以美国的全面胜利而告终,对象主要为以德国和日本为代表的竞争对手国银行业;手段主要是通过影响巴塞尔委员会等国际组织对监管规则的制定和修订过程,对资本充足率计算、风险权重赋值以及风险计量方法等标准向符合美国利益靠拢,对竞争对手国家实施无差别的总量控制。

从程序上看,监管处罚是此轮金融监管战最后的"撒手锏"。与前两轮相比,新一轮美国金融监管战的突出特点是"精准打击"。从程序上,依次表现为四大步骤。

第一步,确定打击目标——"定斩首"。此轮"精准打击"之所以杀伤力巨大,源于美国选择打击的目标大多为竞争对手国家金融业的翘首,往往在经济发展中地位越重要、国际名望越高和排名越靠前的大型国际化金融机构越容易成为"斩首"目标,进而彻底动摇该国金融业的根本。这种目标选择的手法与美国军事上多次成功的"斩首"计划异曲同工。比如,德银是和德国战后经济奇迹关系最为紧密的本国企业,支撑了德国经济数十年的稳步增长。同样被罚的巴黎银行、汇丰银行、渣打银行都是法、英等国长期支持实体经济发展的重要金融机构。

第二步，寻找或者制造打击目标的致命弱点——"找死穴"。大体分为两类：第一类是寻找长期打击"穴位"，通常为打击目标长期占有较大市场份额或拥有较高话语权和市场地位的金融业务或活动。德银是欧洲全能银行的代表，多项业务居行业前列，是 LIBOR 和 EURIBOR 等市场利率基准的主要报价行；固定收益业务是其传统优势，其中债券业务净资产收益率曾高达 40%；2005~2013 年外汇交易市场占有率名列第一；投行领域成绩辉煌，曾于 2010 年 12 月获得了《国际金融评论》杂志授予的"年度最佳银行"和"年度最佳衍生品银行"两项殊荣，即便是 2012~2014 年，其投行及资本市场业务平均净收入占比仍为 43%。然而，这些领域恰恰是美国近年来的重点打击对象。在美国接连打压下，德银市场排名跌势连连，自受罚 140 亿美元事件爆发后，其在全球投行排名由此前的第 3 名跌落至目前的第 6 名，而前 5 大投行全部来自美国。第二类是因政治利益需要人为制造的打击"穴位"。出于国家利益需要，美国不仅自己实施单方面制裁，而且直接依据《爱国者法案》《海外账户税收合规法》（FATCA）等国内法逼迫其他国家按其号令行事，破坏其他国家之间正常合理的经贸往来。2012 年美国对英国两大银行汇丰银行和渣打银行分别开出 19.21 亿美元和 6.7 亿美元巨额罚单，特别是前者成为美国历次洗钱案和解金额之首；2014 年 6 月，美国因法国巴黎银行违反美国法律为其制裁的国家转移资金，处以 89.7 亿美元罚款，创下在美外资银行类似案件的最高赔偿纪录；其他同样被指控和处罚的在美外资银行还有德国商业银行、日本三菱东京日联银行、中国昆仑银行等。

第三步，提前做空打击目标的股价——"埋炸弹"。另一个值得关注的现象是，本轮美国金融监管战中再现当年"推波助澜"东南亚金融危机的对冲基金的身影。这些曾被马来西亚前总理马哈蒂尔称为"全球经济的强盗"的对冲基金公司，已经提前做空欧日银行股，在后续事件不断升级过程中，因欧日主要银行股价暴跌而获取暴利。以德银为例，2007 年其股价曾达每股 152.28 美元，2010 年股价跌至 88 美元附近，而德银受罚消息公布当天其股价大跌 8.5% 至 11.99 欧元（合 13.47 美元）。彭博数据显示，从 2016 年 5 月 31 日到 2016 年 6 月 15 日，德银股票空头头寸增加了 3284555 股，增幅达到 18.7%，至 20879531 股，这一规模超过了欧洲债务危机时期水平。其中就有索罗斯在英国退欧公投动荡期间下注 1 亿欧元做空的 700 万股德银流通股，即便以当时接近 14 欧元（合 15.72 美元）的价格做空，索罗斯也已赚得超过 1500 万欧元账面浮盈。

第四步，公布证据实施精准打击——"开罚单"。从前期情况看，美国从掌握证据到公布证据往往历经数年，等待时机成熟，使出"撒手锏"，开出巨额罚单或直接制裁，实施精准打击，收获金融监管战的成果。一方面，对于需要长期打击的对象，美国通常以帮助富人逃税、违规操控市场、助推金融危机等理由对打击目标处以大额罚款；另一方面，对于因政治目的而需要不定期打击的对象，美国则依仗其特殊国际地位，行使备受争议的"长臂管辖"权，直接援引美国国内法制裁他国管辖范围内的金融机构。这种"撒手锏"的运用是危机以来美国惯用的金融监管战手法，具有经济和心理"双重打击"的效果，不但削弱打击目标的经济实力，而且摧毁其数十年乃至数百年来的公众形象和市场声誉，甚至导致其直接倒闭。2013 年初，瑞士历史最悠久的银行——韦格林银行因被美国司法部指控协助美国公民逃税，在受罚 5780 万美元和声誉严重受损之后，被迫永久停业，给瑞士银行业带来巨大冲击。在具体实施过程中，美国司法部作为牵头部门，统筹国内相关监管部门，分层次分阶段实施定向打击，甚至同一对象同一违规事件被"一事多罚"。如德国商业银行因向美国制裁国家提供融资于 2014 年 12 月和 2015 年 3 月先后被罚 10 亿美元和 17 亿美元。在处罚程度上，美国大多区别对待，同一违规事件对外资金融机构动辄开出历史最高额度的罚单，对本国金融机构相对温和。据测算，向制裁国家提供融资的类似案例，美国银行业平均罚款额为 470 万欧元，而欧洲银行业平均罚款额为 3500 万欧元。

从策略上来看，此轮美国金融监管战通常伴随着对实体经济的打击。从整体策略布局的高度来看，美国对待欧洲采取的是"虚拟经济+实体经济"并行的打击策略，且没有先后次序，无论虚拟经济还是实体经济，唯一的共同点是美国打击的对象均是对方经济支柱性产业的优势企业。制造业是德国的传统优势领域，"德国制造"成为高端品质的代名词。美国在处罚德银的同时，利用"排放门"丑闻指控德国大众汽车公司造假并处以102亿美元罚金，短短数日内该公司股价连续大跌，近1/3的市值蒸发，相当于250亿欧元；法国阿尔斯通公司是全球交通运输和电力基础设施领域的先驱企业，是法国引以为傲的高科技的象征，凭借高附加值产品具有较强的全球竞争力。该公司多项技术位居世界第一，据称世界上每4个灯泡中就有1个灯泡的电力来自于该公司的技术。继同年6月处罚法国巴黎银行后，美国司法部于2014年12月指控阿尔斯通公司在2000~2011年大规模跨国贿赂，处罚7.72亿美元，创下在美外资企业海外贿赂的最高罚款纪录；英国作为战略合作伙伴同样逃脱不了美国的"手掌心"，包括前五大银行在内的诸多英国企业均遭受不同程度的美式罚单。2012年7月，全球第一大制药商英国葛兰素史克公司支付30亿美元罚款了结美国司法部提出的非法销售未经核准的药物等指控，远高于类似案件受罚的美国辉瑞公司的23亿美元（2010年）以及美国强生公司的22亿美元（2013年），成为美国历史上罚金最大的医药欺诈和解案；2015年10月，美国最终裁定英国第一大企业——英国石油公司（BP）2010年原油泄漏事故的罚金为208亿美元，创下美国历史上因污染环境罚款的最高纪录。

五、金融监管权空间和横向配置失衡的案例分析：美国金融控股公司"联合监管对象计划"

2002年，欧盟出台《金融企业集团监管指令》，要求美国的金融控股公司必须在2004年前设立一个"统一"监管者，否则不能继续在欧盟各国开展业务。一方面，在空间监管权争夺上，美国政府随即做出回应，由美国证券交易委员会于2004年发布了《受监管投资银行控股公司规则》，允许拥有证券公司的控股公司自愿申请成为SIBHC，并接受SEC在集团范围内的CSE监管，从而声称满足欧盟金融集团监管要求，无须接受欧盟的并表监管。另一方面,在横向监管权争夺上,美国储蓄监督局(OTS)和美国证交委(SEC)竞争激烈,试图借机扩大权利、增加预算。在 OTS 已经对投行实施监管的情况下,SEC 积极介入,建立"联合监管对象计划(Consolidated Supervised Entity Program)",主动降低监管要求,使五大投行的资本要求水平平均降低了 40%,最终获得"监管一切的权力"。但随着时间推移,风险逐渐聚集。除了主动迎合被监管主体、降低监管标准,SEC 由于自身的业务惯性,没有适时调整对路的监管方法,也没有相应加强监管力量。结果,贝尔斯登进入破产的第四天,SEC 才对贝尔斯登进行了第一次现场监管。在发现贝尔斯登流动资金比周一的 180 亿美元减少55 亿美元的情况下,SEC 却得出该公司资本状况良好的结论。第二天,125 亿美元现金耗尽。几天后,摩根大通收购贝尔斯登。随后,雷曼兄弟倒闭,美林被收购,高盛和摩根士丹利转为银行控股公司由美联储监管。同年九月,SEC 的"联合监管对象计划"(CSEP)宣告停止。

第四节　金融监管权配置体系"三维"循环效应

金融监管权配置体系"三维"之间并不是彼此独立的,而是存在循环影响效应。值得一提的是,在金融监管权配置体系演变上,发达经济体和发展中国家"三维"循环方向可能会出现彼此相反的现象。由第三节可以看到,发达经济体呈现"横向/纵向→空间"外向型循环,主导着金融监管国际变革,而包括中国在内的发展中国家则为"空间→横向/纵向"内向型循环,长期以来遭受着来自空间维度上发达经济体外向型循环带来的压力,国家金融利益受到空前威胁。

下面将以特朗普监管新政的影响为例,简要分析一下发达经济体和发展中国家金融监管权配置体系"三维"循环的差异。事实上,我们仍旧处于并且在未来一段时间内长期处于这种差异之中。

一、历史上美国三轮金融监管放松周期

在历史上，美国曾经启动三轮金融监管放松改革，每一轮均源自增强本土金融机构竞争力的初衷，但止步于或大或小的金融危机。

第一轮不彻底监管放松改革，始于 20 世纪 80 年代初，旨在防范金融脱媒和打破利率管制，以 20 世纪 80 年代末储贷危机爆发而告终。20 世纪 60 年代末期，美国经济陷入 "滞胀"，市场利率大幅飙升，受制于 Q 条例的 3% 利率上限，大量资金从银行流向资本市场，"脱媒" 现象日趋严重。此外，20 世纪 70 年代布雷顿森林体系解体带来的冲击，使美国银行业逐渐丧失国际领先优势。截至 20 世纪 80 年代末，全球前十大银行中均没有来自美国的，前五十大银行中仅有两家来自美国。在内外部压力下，美国金融机构相继推出大额可转让定期存单、可转让支付命令账户、自动转账服务等一系列金融创新工具[1]，而司法部门也通过判例方式[2] 默许一些规避监管的创新活动，一场监管放松改革势在必行。1980 年出台的《存款机构放松管制和货币控制法》是美国金融监管史上重要的转折点，虽然加强了美联储对货币管理的宏观控制，但更多是放松了微观管制，比如取消了存贷款利率管制、允许存款机构适当的业务交叉经营等。《1982 年高恩-圣杰曼存款机构法》允许存款机构州际和机构间的合并[3]，扩大存款机

---

[1] 1970 年出现浮动利率票据、联邦住宅抵押贷款；1971 年证券交易商自动报价系统诞生；1972 年出现了外汇期货、NOW 账户、货币市场共同基金（MMMF）和超级可转让支付命令账户（SNOW）；1973 年出现了外汇远期交易；1974 年浮动利率债券产生；1978 年货币市场存款账户以及自动转账服务（ATS）诞生。

[2] 1984 年，为了控制银行控股公司通过设立 "非银行的银行"，规避经营地域限制和分业经营制度，美联储扩大了商业银行的定义，这种做法遭到各金融机构对美联储的控诉，并迫使国会对放松管制这个问题进行更加广泛的讨论。1986 年，最高法院裁决美联储改变商业银行定义的做法超过了它的法定权力，"非银行的银行" 不受联邦管制，但允许获得 FDIC 的保险。这个判决使得美林、普天寿等银行控股公司可以自由地成立 "非银行的银行"，并免受行业和地区的限制。

[3] 以帮助联邦存款保险公司和联邦储蓄贷款保险公司处理陷入困境的储蓄机构，这一规定动摇了美国的单一银行制度。

构特别是储蓄机构的业务范围①，允许其从事商业地产等高风险业务。从实施效果来看，此轮监管放松改革并不成功，更侧重于颁布新法，而且多为针对储蓄机构等特定领域的放松管制立法，对于旧法的废止，特别是20世纪30年代有关业务和地域范围等限制没有实质性的突破。不彻底改革的后果就是，放松管制的领域不足以提高金融业竞争力，而保留管制的领域又无法保障整个金融体系的稳定。最终在20世纪80年代中后期，随着房地产泡沫的破灭，储贷危机爆发。为了解决储贷危机，美国再次进入监管规制阶段，先后通过1989年《金融机构改革、复兴和加强法》和1991年《综合存款保险改革和纳税人保护法》。

第二轮差别化监管放松改革，始于20世纪90年代中期，旨在取消跨州经营和分业经营限制，以2002年"安然事件"华尔街系列丑闻爆发而告终。从20世纪80年代末期开始，欧洲②金融一体化程度不断提高，德国和法国实行全能银行制，银行可以同时经营证券和保险业务。1989年12月，欧共体（现欧盟的前身）《第2号银行指令》颁布，要求各成员国于1992年底前改革本国金融制度，原则上采用全能银行制。然而，对于受制于跨州和分业经营约束的美国而言，欧洲混业经营一体化模式是一个巨大的挑战。自20世纪60年代中期起，代表美国银行利益的华尔街游说集团开始活动，试图废止1933年《格拉斯-斯蒂格尔法》。1991年2月，财政部提出《金融体制现代化：使银行更安全更具竞争力的建议》，被称为自大萧条以来推出的最具突破性的金融改革方案，在加强联邦政府宏观调控的同时，对1927年《麦克法登法》、1933年《格拉斯-斯蒂格尔法》、1956年《银行持股公司法》等一系列旧法进行彻底改革，以重建新的现代化金融体制。虽然存在争议，但该方案大部分建议都相继得以落实。1994年，废除了1927年《麦克法登法》和1970年《道格拉斯修正》中地域经营限

---

① 允许银行从事有限的证券承销和保险业务，允许非银行存款机构从事工商信贷。
② 英国分业限制较严，但银行可建立各种附属机构从事特定的金融业务。1993年，欧盟成立后，各成员国银行被允许在全欧盟范围内自由设立分行和提供金融服务。

制，《里格–尼尔银行跨州经营与跨州设立分行效率法》允许银行在全国范围内经营业务和设立分支行。1999 年，具有里程碑意义的《金融服务现代化法》出台，彻底废止长达 66 年的分业经营制度，美国金融业步入混业经营的新时代。值得注意的是，与国内银行放松监管的态度不同，美国进一步加强了对外资银行的监管。自 1991 年《加强对外国银行监管法》以及 1996 年《K 条例》①修正案颁布后，外资银行反而进入了严格监管的新阶段。不但在准入监管上以"互惠性国民待遇"原则②取代此前"单方面国民待遇"原则③，而且在业务监管上除受美国本土银行相同监管外，在业务活动及收购美国银行等方面都受到严格限制，这无疑改变了在美银行间的竞争格局，变相提升了美国本土银行的竞争力。从实施效果来看，此轮差别化监管放松改革较为成功，不但体现了美国国内金融发展的内在需要，同时提升了美国金融业的国际竞争力，并使之重归世界领先地位。截至 2004 年，全球前四十大银行中已有 10 家来自美国，而全球前 1000 家银行中美国银行达到 211 家。即便是 2001 年安然、世通等财务丑闻事件爆发，并于 2002 年 7 月通过《萨班斯–奥克斯利法》对公司治理、财务会计制度进行修补，也只是短暂中止了此轮监管放松，而放任式监管放松苗头已开始显露。

第三轮放任式监管放松改革，始于 2004 年前后，旨在放松衍生品监管，以 2008 年国际金融危机爆发而告终。进入 21 世纪，美国监管思路已完全转为全面放松甚至是放任式监管，对待大部分金融创新，特别是衍生品交易实施原则监管。在监管放任的刺激下，衍生品交易发展迅速，发行面值由 2001 年的 106 万亿美元攀升至 2008 年的 531 万亿美元。2004 年，在华尔街游说之下，以保护美国资本市场竞争力为由，美国证监会放松了

---

① 《K 条例》是指有关国际银行业运作的法规。
② 1991 年以后，在外国银行的准入管制上，美国以外国银行的母国对美国银行采取同等国民待遇和开放金融市场为先决条件。
③ 1991 年以前，不论其母国政策如何，美国都对其提供"单方面国民待遇"。

净资本监管规则①。从实施效果来看，此轮放任式监管放松改革尤为失败。大多数衍生品风险难以评估且不够透明，逐渐脱离了当时美国监管部门法律和技术框架的控制。最终，在监管放松被推向极致的情况下，衍生品的滥用加上房价的暴跌，使得美国次贷危机最终演变为一场全球性金融危机。

二、从金融监管权配置角度剖析特朗普监管新政

次贷危机十年后，特朗普再次重启监管改革历程。与前三轮改革相比，特朗普此轮改革在战略意图、实施策略、发展方向上有一定的异同之处。

从战略意图上看，特朗普急于启动监管放松的主要动机有四，仅最后一点有异于从前。第一，寻求经济增长的金融助力。无论是废除《多德-弗兰克法》，还是美国财政部的改革方案，根本目的在于试图再现历史上第二轮监管放松的成功。通过大幅减轻各类金融机构的监管负担，修订沃尔克规则、金融消费者权益保护等触及核心利益的关键规则，以恢复中小银行信贷投放的意愿和能力，全面提升美国金融业，特别是大型金融机构的盈利能力，实现以金融反哺经济，进而带动经济进入"快车道"的最终目标。第二，保持美国金融业全球领先地位。以沃尔克规则为例，作为《多德-弗兰克法》的核心条款，被共和党抨击为将业务和客户从美国银行向海外银行转移并弱化美国金融业全球竞争力的罪魁。该规则原本计划于2012年7月21日生效，但在华尔街激烈博弈下，美联储被迫接连三次延长过渡期，即在《多德-弗兰克法》出台七年之后，于2017年7月21日全面实施。然而，特朗普监管改革的启动，意味着类似沃尔克规则的监管要求可能让步于维护"美国优先"的大局，将成为保护美国金融业全球竞争力的政治牺牲品。第三，加速全球资本回流美国。与减税政策的战略意图相类似，监管放松同样是吸引资本回流美国的重要手段之一。值得一提的

---

① 即允许投资银行大规模增加其可承担的债务，鼓励了支持次级抵押贷款的各类衍生品的发展。

是，美联储作为《多德-弗兰克法》下主要牵头监管者，率先转向，不但多次表明放松监管的态度，而且已经着手放宽当年压力测试的标准和范围。考虑到同步推进的加息和缩表进程，美联储已然成为促进资本回流的主要操盘手。第四，谋求平稳执政的政治助力。特朗普执政后，支持率持续走低，近日已降至 70 年以来美国总统支持率的最低位。为谋求政治支持和回馈利益集团①，特朗普接连提出一系列符合共和党主流理念的施政方针，此次监管放松也不例外。

从实施策略上看，"多管齐下"，更为注重实效。当前，美国国内对于未来金融监管取向分为鲜明两派。一派是以共和党为主，坚决支持监管放松，认为《多德-弗兰克法》提高了监管合规成本，特别是加大了中小金融机构的监管负担，危及信贷增长和长期经济复苏。另一派是以民主党为主，认为应当牢记金融危机的教训，反对放松监管，尤其是反对废除《多德-弗兰克法》。鉴于两派的严重分歧，为最大化实现监管放松目标，特朗普采用较为务实的"多管齐下"方式，尽可能抵消来自民主党的影响。首选方案是"以新换旧"，直接废除《多德-弗兰克法》。2017 年 6 月 8 日，美国国会众议院以 233 票对 168 票通过了旨在替代《多德-弗兰克法》的《金融"选择"法案》②，但所有民主党议员都投了反对票。考虑到民主党参议院领袖舒默明确表态强烈反对废除法案，以及其党派在参议院中超过40% 的席位，如果民主党不妥协，《金融"选择"法案》可能重蹈前期奥巴马医改法案难以废除的"覆辙"。第二种方案是"偷梁换柱"，以修改规则取代修改法案，督促相关监管机构放松监管。2017 年 2 月 3 日，特朗普签发第 13772 号行政命令，要求美国财政部对现行金融监管规则进行重新审查，重点评估是否阻碍本届政府施政目标实现，并在 120 天内提交审查报告。6 月 12 日，美国财政部提交了近 150 页的审查报告，提出了 100 多项旨在放松监管的改革建议，其中大部分建议可直接通过现有监管部门修改

---

① 自 1996 年起，除 2008 年金融危机爆发外，美国金融业的政治捐款明显倾向于共和党。

② 选择，即 CHOICE，是 Creating Hope and Opportunity for Investors，Consumers，and Entrepreneurs 的首字母缩写。

规则来实现，不需要国会同意。第三种方案是"走马换将"，通过对主要监管部门负责人的任免，直接实现监管放松。从特朗普现有的提名人选来看，无论是商品期货交易委员会（CFTC）和证券交易委员会（SEC）的主席，还是美联储负责银行业监管的副主席，抑或是目前报道中提及的美联储主席和其他理事的潜在人选，共同点就是与特朗普政见保持高度一致，对监管放松持支持观点。此外，美国财政部的审查报告还提议，要进一步扩大美国总统对消费者金融保护局等监管机构负责人的人事任命权。由此可见，后两种方法更为隐蔽，可以在不修法情况下，绕开民主党的反对，实现对原法案"不废而废"的效果。

从发展方向上来看，内外有别，强调"美国优先"。一方面，与前三轮改革相类似，对内从宽，即对于美国本土金融机构监管一律从宽。美国财政部提出的改革方案，不仅减轻大型银行在年度压力测试、交易业务限制、生前遗嘱等方面的监管成本，而且大幅削减所有金融机构在消费者金融保护、沃克尔规则等方面的监管要求。但与此前改革不同的是，本轮改革以"美国优先"为宗旨，不排除退出国际合作组织的可能性。回顾历届美国政府，无论是共和党还是民主党执政，均支持美国参与国际金融监管合作，甚至多次领导包括巴塞尔协议在内的多个国际监管架构的重建工作。但种种迹象表明，与对待 TPP、巴黎气候协定等国际合作态度相类似，特朗普似乎认为参与国际监管合作同样不符合"美国优先"思想，甚至在此次德国举行的 G20 峰会前夕，曾一度传出美国将单方面退出 G20 金融监管合作的传闻。然而，这种观点似乎已在共和党中达成共识。2017年 1 月，美国众议院金融服务委员会副主席、资深共和党众议员 Patrick McHenry 专门致信给美联储主席耶伦，呼吁美联储不要再参与现行国际金融监管合作框架和规则的制定，包括撤出金融稳定委员会、巴塞尔委员会、国际保险监管协会等对美不利的国际组织。另一方面，对外从严，即对于外资金融机构保持审慎监管的一贯态度，必要时可借助长臂管辖权直接打击。目前美国财政部方案中，对外资金融机构的基本态度是以美国利益至上，以增加投资和刺激经济为目标。该方案仍旧沿用了当前美联储对于外资金融机构全面审慎监管的方式，只是提出对于法规具有足够可比性的外资金融机构，可采用承认其母国监管标准的互认方式。由于长臂管辖权的存在，美国即便没有全球监管合作协定的约束，也可以随时出于政治经济目的，对外资金融机构实现精准打击。从奥巴马政府开始，美国就多次运用长臂管辖权，对德国、法国、瑞士、中国等，甚至英国、日本等战略盟友国的金融机构进行处罚或单方面制裁。2017 年 6 月，美国财政部将我国丹东银行列为"存在重要洗钱问题的外国银行"，并采取制裁措施，以表明美方对朝鲜问题的态度。

三、从"三维循环"角度剖析特朗普监管新政的影响

从历史周期看，特朗普主导的此轮监管改革符合美国"放松—危机—监管—再放松"的周期特征。从规律上看，一旦开启监管放松进程，除非爆发危机，否则难以回头。与此前不同的是，本轮监管改革没有反复探底，而是直接向下寻"锚"，并且存在退出国际合作的可能性。因此，本轮改革更为务实，影响也将更为广泛和彻底。在此情形下，全球正在面临新一轮金融监管寻"锚"风险，究竟是追随美国向下从宽，还是保持原样向上从严？如何在维护金融业国际竞争力与防范金融风险之间做出选择，以谋求未来全球金融版图中的一席之地，各国再一次站在历史抉择的十字路口。

对于全球监管合作组织而言，陷入继续推进还是各自为政的"进退维谷"之中。从目前情形看，无论是出于"美国至上"还是"欧洲一体化"的原因，发达经济体原本强化国际监管合作的基础已经岌岌可危，区域性乃至全球性合作体系均无法排除瓦解的可能性。更重要的是，关键领域国际合作停滞可能诱发新的全球金融风险。近期，网络勒索病毒泛滥、国际间银行结算系统 Swift 频受攻击、比特币等虚拟货币渐有沦为国际恐怖主义融资与洗钱犯罪工具的趋势等一系列事件表明，一旦关键领域国际监管合作破裂，将会对全球金融安全网形成致命打击。特别是对科技基础和金

融基础均相对薄弱的发展中国家冲击更大，极易滋生新的金融风险。

对于其他发达经济体而言，政治压力已逐渐取代防风险诉求，可能引发新一轮监管竞次浪潮，危及全球金融稳定。自英国宣布脱欧后，以德、法为代表的欧盟迫切寻求打造一个替代伦敦的金融市场，而英国试图维持原有国际金融中心的地位。双方竞相出台各种优惠政策，金融监管也不例外，成为笼络金融资本的有力工具。在美国示范效应和自身政治经济利益的诉求下，未来欧洲金融监管大有向底部竞争的态势。再加上贸易保护主义、逆全球化和民粹主义的势力抬头，"以邻为壑"的政策频出，全球政治局势和金融市场的不确定性大大增加。在此情形下，任何一方单方面放松监管举措易引发大范围的监管竞次效应，不但全球金融版图可能面临重新洗牌，而且可能会回归到危机前监管纵容的局面，损害国际金融危机后来之不易的金融稳定成果。

对于包括我国在内的发展中国家而言，将遭遇在去杠杆化与监管放松之间相权衡的两难选择。危机以来，发达经济体长期实施超宽松货币政策，造成了全球特别是发展中国家流动性泛滥和杠杆率抬升的局面。然而，随着发达经济体货币政策逐步正常化，美联储加息和缩表愈发频繁，发展中国家将同时面临两类风险，即前期发达经济体政策遗留下来的资产泡沫"旧风险"和国际资本流动逆转冲击带来的"新风险"。新旧风险交织下，究竟是应当加大监管力度以去杠杆去泡沫，还是应当追随发达经济体监管放松以缓释跨境资本流出的压力？这些无疑进一步加大了发展中国家宏观调控难度。

第五节　小结

国际金融监管体系的演进与变革历程显示，权力配置体系设计是金融监管体制改革的核心内容，历次金融监管体制改革都伴随着金融监管权的重新界定和配置过程。金融监管权力配置应当与具体国情、政治环境和经济发展阶段相适应，监管体制表象上"分"与"合"的根本目的是为了契合金融发展的实际需要和未来趋势。国际金融监管变迁史显示，各国金融监管权力配置体制有利有弊，没有最优的模式，只有最适合的模式，改革成功的关键在于从实际出发、从国情出发。

　　第一，金融监管权力配置体制改革的历程是一个持续的制度演变过程。百年监管理论与实践史就是金融监管的认识史①，金融监管从最初被单纯视为弥补市场失灵的手段，到变为扼杀金融创新和监管失灵的源头，再到抵御个体机构风险和实现消费者与生产者均衡的方式，现今又演变为防范系统性金融风险与维护金融稳定的措施，金融监管的内涵在不断发展变化之中。监管改革持续演变过程有时候也是不断试错和重新认知的过程。"双峰"监管概念最早起源于英国，由英国经济学家迈克·泰勒（Michael Taylor）于1995年提出，但并没有被之后英国新工党政府所采用②，反而被澳大利亚③

---

① 随着经济社会的进步，代表政府力量的监管与市场的行为边界和相互关系逐渐演变，二者之间摩擦和冲突不断，客观上推动了理论创新和制度创新的发展。

② 20世纪90年代，面对国际商业信贷银行破产和巴林银行倒闭等事件引发的加强金融监管的呼声，由刚刚成为执政党不久的新工党组建的英国政府于1997年开始分阶段进行全面金融监管改革。同年10月，将证券与投资委员会（Securities and Investments Board，SIB）重新改组成为金融服务局（Financial Services Authority，FSA）；随后在1998年6月，将英格兰银行的银行监管职能移至FSA；2000年5月，负责监管伦敦证券交易所的英国上市局（UK Listing Authority）被并入FSA。然而最终奠定统一监管模式是在英国皇室2000年6月批准的《2000年金融服务和市场法》（FSMA 2000）生效之后，证券和期货局（Securities and Futures Authority）、投资管理监管组织（Investment Management Regulatory Organisation）、个人投资局（Personal Investment Authority）、建筑资金融资合作社管理委员会（Building Societies Commission）、互助会管理委员会（Friendly Societies Commission）、互助会注册所（Register of Friendly Societies）等机构职责都并入FSA。随后FSA还根据英国财政部的决定，分别于2004年10月和2005年1月接管了对抵押贷款业务和保险业务的监管职责，英国金融监管实现了大统一。

③ 澳大利亚自1998年起开始实行双峰型监管模式：澳大利亚储备银行（Reserve Bank of Australia，RBA）仅负责实施货币政策，而将其原有的审慎监管的职责分离出来，改由新成立的澳大利亚审慎监管局（Australian Prudential Regulation Authority，APRA）对银行、信用联社、房屋协会、保险和再保险公司、友好协会和退休养老金等实施审慎监管。作为"双峰"的另一峰——澳大利亚证券投资委员会（Australian Securities and Investment Commission，ASIC）主要负责对各金融机构商业行为进行监管，维护市场诚信和保护消费者权益。上述三大金融监管机构由一个非正式合作主体——金融监管理事会（Council of Financial Regulators，CFR）进行协调。

和荷兰① 接受并沿用至今。本次危机后，澳大利亚和荷兰率先走出危机的负面影响，"双峰"监管得以认可，英、美等国也将"双峰"理念植入新一轮金融监管改革中。

第二，金融监管权力配置体制改革的特征有一定的"路径依赖"。与其他制度一样，金融监管权力配置体制改革同样具有"路径依赖性"。从长远来看，金融监管改革应当立足于更为长期的、更为系统性的变革视角，但现实中，各国金融监管改革与本国历史背景、时代特征、政治经济环境和特殊国情有关，改革路径也经常受到早期历史制度选择的制约与影响，并非是基于条理清晰、整齐划一的政策框架设计。往往政治和金融结构越复杂的经济体，改革的难度就越大，折中方案的可能性就越大，路径依赖性就越强。从本次金融危机后改革难度来看，像欧盟以条约为基础的超国家机构以及像美国强调三权分立的联邦制国家改革难度要大于英国这种单一制国家。

第三，金融监管权力配置体制改革的难点是寻求促进创新与防范风险的平衡。历次国际金融监管改革都在试图建立一个既有利于促进金融创新，又能够有效防范风险的金融监管权力配置制度安排。由于金融监管权力配置体制发展的每个阶段侧重点和现实约束不同，人们对于监管任务的认识也在不断变化，监管目标难免会在效率与稳定之间迂回反复。金融创新是一把"双刃剑"，在分散转移风险和提高效率的同时，也可能因杠杆效应和过度创新累积风险。对待金融创新的正确态度是"只有管得住，才能放得开"，应当紧密结合本国金融业的现实水平和承受能力，审慎推进

---

① 荷兰金融监管体系主要是通过两次变革形成的：第一次变革是 2002 年由过去的分业监管模式演变为目标监管模式，即荷兰中央银行（De Nederlandsche Bank，DNB）负责稳定金融系统和对银行实施审慎监管，养老金及保险监管局（Pension and Insurance Supervision Authority，荷兰语简称为 PVK）负责保险市场的审慎监管，金融市场管理局（Authority for Financial Markets，AFM）则负责对整个金融体系中的各类主体，包括银行业、证券业、保险业中的行为进行监管（Conduct-of-Business）。在具体操作方面，三家监管机构签订了一份协议，协议规定，由 DNB 和 PVK 共同负责向银行及保险机构发放执照，由 AFM 负责向证券从业机构发放执照。第二次变革是 2004 年将 PVK 并入 DNB，至此改由 DNB 负责对整个金融体系进行监管，而 AFM 继续负责对荷兰金融体系中所有市场主体的商业行为进行监管。

金融创新，持续提高金融体系的整体竞争力。危机以来国际金融改革的一大特点就是将金融创新、风险承受和强化监管三方面联系起来，部分经济体设立了专门负责监督金融创新的部门，比如欧盟新成立的欧洲证券及市场管理局（ESMA）设立一个"金融创新委员会"，负责协调各欧盟成员国金融创新监管活动。

第四，金融监管权力配置体制改革的关键在于恢复信用与信心。金融危机的本质是信用与信心的危机，个体金融机构经营失败或破产并不必然导致金融危机，这中间需要信用和信任作为桥梁。金融危机归根到底是信用和信任的危机，本次金融危机也是因雷曼兄弟的破产引发公众对金融体系偿付能力的担忧和恐慌，金融机构惜贷进而整个金融市场陷入瘫痪，全面金融危机爆发。信用与信心是金融市场顺畅运行的基础，培育信用与信心是金融监管的中心职责所在。此次危机后，审慎监管与行为监管并重的双峰监管理念被各方推崇，通过成立专设机构和出台专项法规以加强对消费者权益保护，重建市场信用与信心成为本次国际改革的重中之重。

第五，要把握好体制改革的时机与方向。改革时机到来宜早不宜迟，错失或者延误时机可能会导致风险底线的突破或是前期改革的失败。即便是澳大利亚和荷兰，在实施"双峰"监管的过程中也并非是一帆风顺的，把握每一次改革的时机与方向至关重要。2001 年当时澳大利亚第二大综合保险公司 HIH 倒闭引发了对于审慎监管局（APRA）监管方式的一系列重大改革，这些改革最终成为澳大利亚审慎监管的基础。荷兰在前期探索实践上，没有采用澳大利亚"央行+双峰监管"的模式，而是最终将负责保险业审慎监管的养老金及保险监管局并入央行，由央行统一对整个金融体系进行监管。然而处于同一时期的美、欧等经济体，在 21 世纪初安然及其他公司倒闭之后，没有把握住时机真正对监管政策和模式进行深刻反思和改革，从而为随后的金融危机埋下了隐患。

第六，金融监管权力配置体制不宜过度碎片化。虽然最理想的金融监管模式目前没有定论，但是国际改革探索历程表明监管结构不能过于复杂，否则会引发寻找"最弱监管者的竞赛"，导致监管套利行为泛滥。美国金融监管体系以复杂而凌乱著称，据统计，美国在金融危机前大约有115个联邦和州层面的机构涉足金融服务业内某些领域的监管。这些机构更多关注的是微观层面标准和细节的制定与实施，监管碎片化和不一致限制了监管有效性，产生了套利空间，混淆了市场的认识，提高了市场参与者的成本。

第七，金融监管权力配置体制特别是空间配置成为部分发达经济体输出其政策主张的一种方式。全球化背景下，金融监管改革目标越来越多承担国际竞争的压力，如何既加强审慎监管以防范国内金融风险，又保持相对监管优势以保持本国跨国金融机构的国际竞争力，成为美、欧等主要经济体推动国际监管标准和规则改革的战略因素。金融强国往往同时是国际金融规则的制定者，国际监管规则也不例外。对于主要金融强国来说，国内和国际金融监管的发展演变通常以双轨方式进行，通过强大的政治地位将国内标准"上传"至国际层面，既能最小化其监管改革的成本，又能避免使其陷入不利竞争地位。历史上，美英两国联手成功推行巴Ⅰ的实施，英国强调金融自由化的"轻触式"监管理念的推出，包括本次危机后美国试图推行的全球金融市场法人识别码（LEI）系统标准化改革，无不是主要金融强国利用国际影响力，修改国际规则，从而实现其利己主义的一种政治安排。

第四章 我国金融监管权"三维配置"体系设计

第一节 我国金融监管权配置的发展历程和现实约束

一、我国金融监管权配置体系的发展历程

近年来，我国金融业发展明显加快，在综合经营趋势和监管套利驱动下，银证保信突破原有的分业经营框架，向传统监管空白地域发展，对现行的分业监管体制带来重大挑战。当前，我国金融体系呈现出一些新的发展特征，诸如保险机构对冲基金化、房地产金融化、银行资产复杂化、信托机构全能化、证券机构银行化等。这些金融交叉业务模式本身蕴含大量风险，本质上都是监管套利行为，现有监管体制存在明显不足。

从发展演变来看，与大多数国家一样，我国金融监管权配置体系的发展历程同样遵循"通道"理论。随着从高度集中的计划经济体制向社会主义市场经济体制的转变，我国金融监管体系也从中央集中管理逐步演变为以中央集中为主、地方参与为辅的双层管理格局（上下"通道"）；从临时性分散式协调机制向正式制度过渡（左右"通道"）；在国务院的领导下，

各部门之间建立了会签制度和磋商机制，金稳会明确对金融政策与相关财政政策、产业政策等协调职责（内外"通道"）；我国在巴塞尔委员会等国际组织中的影响力不断提升，相关监管部门与主要国家陆续签署了金融监管领域的双边合作备忘录（国内外"通道"）。

从近期改革来看，不论是联席会，还是层级更高的金融委以及近期银保合并，这些都显示出近年来我国在完善金融监管权配置体系做出的努力，即不断推动从信息共享（I）向制度建设（S）渐进式转变。近年来，我国金融业发展明显加快，特别是在综合经营趋势和监管套利驱动下，银证保信突破原有的分业经营框架，向传统监管空白地域发展，对现行的分业监管体制带来重大挑战。当前，我国金融体系呈现出一些新的发展特征，诸如保险机构对冲基金化、房地产金融化、银行资产复杂化、信托机构全能化、证券机构银行化等。这些金融交叉业务模式本身蕴含大量风险，本质上都源自监管套利行为，原有"一行三会"监管体制存在明显不足，监管主体责任难以明确乃至互相推诿，联席会作用有限。从"矩阵"评价体系来看，与国际社会相比，这一时期我国金融监管权配置体系运行效率相对较低，属于"第四组"，说明尚不足以有效引导各金融机构、金融产品甚至一些新型金融业态有序发展和稳健运行，不完全适应防范我国系统性风险的迫切需求，还达不到党的十八届三中全会提出"完善金融市场体系，完善监管协调机制"和"加强统筹协调，改革和完善适应现代金融市场发展的监管框架"的要求，更不满足党的十九大进一步强调"健全金融监管体系，守住不发生系统性金融风险的底线"的基础。在此背景下，金融委以及银保会的成立恰逢其时，有助于提高我国金融监管统筹协调性。

二、我国金融监管权配置体系的现实约束

当前，我国金融监管权配置体系存在诸多问题与矛盾，既无法适应我国现代金融市场发展和金融稳定安全的需要，也不能满足在推进供给侧结

构性改革中金融支持实体经济的需求，更因严重滞后于国际改革步伐而难以实现建设金融强国的目标。国际经验表明，没有最优的模式，只有最适合的模式①。未来，我国要在充分借鉴国际经验的基础上，切合我国实际国情，改革并完善适应现代金融市场发展的金融监管框架，健全符合我国国情和国际标准的金融监管权配置体系，全面提升金融治理体系和治理能力，维护宏观金融稳定与安全。

（一）我国金融监管权配置体系的现状与问题

近年来，我国现行金融体系呈现出一些新的特征，金融交叉业务模式蕴含风险，机构监管和功能监管受到较大挑战，原"一行三会"监管体制存在明显不足。下面，以当前我国突出金融乱象为例，逐一分析保险机构对冲基金化、房地产金融化、银行资产复杂化等现象。这些金融乱象背后反映的都是当前我国金融创新与金融监管失衡的问题，因此处理好创新与监管的关系应成为未来我国金融业改革的核心内容。

第一，保险机构对冲基金化。我国保险机构风险偏好发生转变②，从"共同基金"风格变为追求杠杆收益的"对冲基金"，是一种典型的针对监管空白地带的监管套利行为③。此外，我国目前采用的是机构监管和功能监管相结合的思路，保险机构对冲基金化问题引发了监管权限归属的争议④。

第二，房地产金融化。"首付贷"是指房地产开发企业和中介机构违法从事金融业务，自办或者与P2P平台发行金融产品为居民按揭首付提供贷款的乱象。"配资炒房"本质上就是银行理财资金配合保险资金循环加杠

---

① 正如习近平总书记指出的，设计和发展国家政治制度要从国情出发、从实际出发。
② 保险公司通过收购银行快速提高杠杆、扩张资产、循环提高保险资金权益类投资比例上限，不断发行新的保险产品以补充可投保险资金用于下一次扩张收购，达到资产带动负债的滚动式、对冲基金化、超常规增长的效果。
③ 部分研究认为产生保险机构对冲基金化的法律制度原因是：《商业银行法》明确要求，除国家另有规定外，银行不得投资入股非银行机构。但《证券法》《保险法》均未对证券、保险等非银行金融机构投资入股银行做出限制性法律规范。
④ 如果按照机构监管的思路，保险机构作为母公司，是合并银行报表的主体，应当由保险监管部门实施监管；如果按照功能监管的思路，当该类金融业态的银行资产超过一定比例时，主体就应当视为银行，由银行监管部门实施监管。因此，我国长期以来奉行的"谁审批准入谁实施监管"的模式明显滞后。

杆，保险公司用少量资金达到收购目的，银行理财资金得到了优先级收益①。这些现象都是在前期监管空白下，事态逐渐失控以至于消费者权益严重受损时才进行监管介入的，充分反映出当前金融监管信息割裂、反应滞后、前瞻性不足的问题。

第三，银行资产复杂化。我国银行业资产结构发生较大变化②，传统的不良贷款率等监管指标已无法完全反映银行的资产质量，微观数据失真导致货币政策和金融监管完全无效。尤其是银行理财产品，不占用银行的风险资产，使得表内资产表外化，本质是透支银行信用的监管套利行为。我国现行的分业监管体系属于"铁路警察各管一段"的孤立式监管模式，无法对这些跨产品、跨机构、跨市场的理财产品进行有效监管。

（二）国际比较下我国金融监管权配置体系所处的阶段

我国金融监管改革也远远滞后国际改革的步伐。当前，国际上金融监管变革形态依次上升可分为三级。第一级变革针对的是监管细节，即对规则和惯例的技术革新，但不改变监管现状，也与颠覆性创新无关。第二级变革发生在机构结构和干涉行为性质层面，与颠覆性创新有一定的关系。第三级变革是关于监管认知或规范属性的变革，比如调整监管目标、理念、模式的改变以及相应的颠覆效应。这种性质的创新变革会催生出第一级和第二级变革。由此可见，我国金融监管改革处于第一级变革，远远滞后于欧美等发达经济体。

在输出政策主张方面，我国尚不具备运用监管改革提升本国金融机构国家竞争力的意愿和能力。我国经济体量大但金融市场不够成熟，针对复杂的金融市场产生的问题培育本土解决方案的动机有限，对于本轮国际监管改革主要采取被动的跟随策略，目前我国跨国金融机构正在承受来自美

---

① 这种方式吸引了大量散户跟风接盘，一旦股价大幅回撤，最终受损的将是地产公司和跟风接盘的散户。"首付贷"和"配资炒房"等现象是房地产金融化的体现，虽然从单个环节看杠杆不高，但从全局看都是在循环套杠杆，"假股真债"、过度杠杆化问题严重。

② 银行贷款的资产占比逐年下降，从 2007 年的 65% 下降到 2015 年的 54%。在利润扩张的需求下，银行通过低风险资产扩张规模，理财产品占表外资产的比重大于 30%。

国、德国等日益严苛的监管要求，主要经济体监管改革从国际层面对我国的溢出效应越来越大。虽然我国的国际影响力不断提升，但是运用国际规则为己所谋的战略思维和操作方法还处于初级阶段。未来，我国亟须探索出一条适合我国金融业发展的监管体系，从而基于其本国经验向世界提供富有创造力的监管主张，最终能够拥有更大的空间来控制其自身的命运而不是事实上必须遵循他国制定的游戏规则。

（三）基于"通道"理论我国金融监管权配置体系发展情况分析

具体反映到"矩阵"评价体系，表现为上下、左右、内外"通道"上的明显提高，而国内外"通道"变化不大，我国金融监管权配置体系运行水平从原来的"第四组"提高到"第三组"。但由于缺乏统一的金融监管协调法，金融委、银保会、金融业综合统计及跨部门共享初步建立且效果有待观察，监管冲突和空白地带职责分工有待进一步明确，我国目前处于"第三组"的较低水平。

"通道"理论显示，当前我国金融监管权配置体系大多处于 I→S 或是 S 阶段，即从初级向中级过渡的关键环节。如何缓解"上侵下夺"的纵向冲突？如何避免"左挤右占"的横向冲突？如何降低"内外失调"的空间冲突？这些问题都需要从国际改革路径中吸取经验和教训，在遵循国际范式规律的基础上，寻求一条适合我国国情的金融监管权配置体系改革之路。

从认知范围上，对金融监管权配置体系的认知不宜太过于狭隘和局限，应当适度放宽定义的范围，注重前瞻性和动态性。金融监管权配置体系是指为避免监管摩擦和降低监管成本，参与金融监管活动的相关主体在信息共享、工作协商、政策协调、行动配合等方面建立起来的用于协调货币政策与金融监管、审慎监管与行为监管、中央与地方监管、国际监管合作间等领域的一系列正式性或非正式性的制度安排与保障体系。金融监管权配置体系的宗旨在于形成监管合力，提高整体有效性，达成共同监管目标，促进金融监管体系与金融业发展相适应，共同坚守系统性风险底线，维护本国乃至全球金融安全与稳定（见表4-1）。

表 4-1　基于"通道"理论的我国金融监管权配置体系发展情况分析

"通道"	主要问题	典型案例	联席会	金融委 + 银保会
上下	中央和地方金融监管职责和风险处置责任没有清晰界定，权责冲突缺乏协调主体①	小额贷款公司、融资性担保公司、现金贷等监管权冲突，地方政府承担"办金融"和"管理金融"的双重角色	I	I→S
左右	缺乏统一的金融监管协调法，金融委、银保会、金融业综合统计及跨部门共享初步建立且效果有待观察，监管冲突和空白地带职责分工有待进一步明确	金融控股公司、资产管理业务②、产融结合、互联网金融公司、金融市场③等监管权冲突	I→S	S
内外	缺乏统一的金融监管协调法，金融监管机构与发改委、财政部等部门之间协调尚需理顺	债券发行权冲突、国库经理权冲突、国有金融资产监管权冲突等	I→S	S
国内外	对国际监管改革采取被动的跟随策略，主要经济体金融监管改革对我国的溢出效应越来越大	母国监管与东道国监管冲突、跨国经营金融机构的处置权冲突、"一带一路"区域监管冲突④等	I→S	I→S

资料来源：笔者整理。

　　从实施阶段来看，我国金融监管权配置体系改革应分阶段实施。依据本书提出的"通道"理论，未来我国金融监管权配置体系改革应从短期、中期和长期入手，实现从初中级阶段向中高级阶段的飞跃，不断提高金融监管统筹协调性，形成合力，防范系统性风险，有效保障金融安全。短期内，明确四大"通道"的协调主体，尝试构建以金融委为四大"通道"核心的正式化制度安排，进一步落实央行、证监会与新成立的银保会之间的职责分工（S）；中期内，尽快推出金融监管协调法，进一步明确协调机制的法律赋权和权责分工，从促进统筹协调的角度赋予相关主体充分的监管

① 金融稳定发展委员会更强调对地方金融改革发展与监管的指导以及对金融管理部门和地方政府的业务监督和履职问责职能，但对于如何协调中央与地方之间的监管冲突没有做出具体规定。

② 如 2018 年 4 月 27 日《关于规范金融机构资产管理业务的指导意见》予以规范。

③ 如 2015 年股市"踩踏事件"。

④ 2015 年 3 月 28 日，国家发展改革委、外交部、商务部联合发布《推动共建丝绸之路经济带和 21 世纪海上丝绸之路的愿景与行动》，将金融合作与金融监管合作列为"一带一路"建设的合作重点，并提出要建立区域内的金融监管协调机制，并未对如何构建高效金融监管权配置做出具体规定。

手段和工具（L）；长期内，改革和完善适应现代金融市场发展的监管框架，将统筹协调"嵌入"日常监管和危机处理流程之中，对所有跨市场、跨行业、跨地域的金融产品、业务实施统一的穿透式监管，提高监管针对性和有效性（E）。

从改革内容来看，我国金融监管权配置体系改革的关键在于疏通四大"通道"。即"上下"通道注重中央与地方以及监管机构与自律组织之间监管协调；"左右"通道保持货币政策与金融监管、宏观审慎与微观审慎、审慎监管与行为监管三大平衡关系；"内外"通道构建由"一行两会"、发改委、财政部以及地方政府等共同组成的金融风险处置和危机损失管理体系；"国内外"通道应当利用人民币加入SDR的契机，提高参与国际协调合作的积极性，打造"以我为主"的国际金融监管话语体系。

第二节　我国金融监管权"三维配置"体系的整体框架

一、我国金融监管权"三维配置"体系设计的主要内容

（一）横向维度的结构性配置

与本国金融稳定体系完善程度有关，关键在于平衡四大关系，即货币政策与金融监管、宏观审慎与微观审慎、审慎监管与行为监管、监管体系内外四大横向权力关系。

（二）纵向维度的功能性配置

与本国政治体制和经济环境紧密相关，重点在于中央与地方、政府监管部门与行业自律组织之间的监管分权。

（三）空间维度的地域性配置

与本国国际政治经济地位有关，从地域分布上可分为全球性、区域性、双边性三大金融监管合作安排。

二、把握我国金融监管权"三维配置"体系设计的关键点

（一）模式设计上采用"主体+外围"模式

注重防范风险与鼓励创新之间的平衡。主体部分要与金融业发展现状相匹配，立足于防范风险，可采用穿透式监管、立体式监管、"双峰"式监管等方式。外围部分要充分考虑创新，可采用监管沙盒等方式。

（二）"三维配置"改革应当齐头并进

应尽快推进以强调宏观因素（横向/纵向维度）和国际因素（空间维度）为核心的金融监管体制改革，推进我国金融强国战略的实现。

（三）体系设计对空间维度应有相关预案准备

考虑到发展中国家"三维"内向型循环特点，日前特朗普废止《多德–弗兰克法》、英国硬脱欧可能带来的放松监管等，这些主要发达经济体新动态都有可能通过空间维度影响到我国。

第三节　我国金融监管权配置体系改革的基本原则

针对我国现行金融监管体系现状及存在的问题，结合我国国情①，借

---

① 党的十八届五中全会指出，现行监管框架存在着不适应中国金融业发展的体制性矛盾，必须通过改革保障金融安全，有效防范系统性风险。坚持市场化改革方向，加快建立符合现代金融特点、统筹协调监管、有力有效的现代金融监管框架，坚守住不发生系统性风险的底线。

鉴国际经验，未来我国金融监管权配置体系改革的基本原则应包括但不限于以下几点：

一、金融监管权配置体系改革应对内寻求"促进创新与风险防范"的平衡

尽管每次监管改革面临的具体问题有所不同，但归根到底都是寻求促进创新和防范风险的平衡。金融创新是一把"双刃剑"，在分散转移风险和提高效率的同时，也可能造成杠杆的过度使用和资产泡沫，反而给金融稳定带来巨大威胁。众所周知，这次国际金融危机源于美国次贷危机，区区几百亿的次级抵押贷款被层层叠加的所谓分散风险的金融创新放大为数十万亿结构复杂、眼花缭乱的衍生产品，再层层卖给全球上千万的普通投资者。这样的金融创新，就如同在一条既没有限速又没有清晰的交通规则的道路上行驶，事故不可避免。正因如此，危机以来国际金融改革的一大特点就是将金融创新、风险承受和强化监管三方面联系起来，部分经济体设立了专门负责监督金融创新的部门，比如欧盟新成立的欧洲证券及市场管理局（ESMA）设立一个"金融创新委员会"，负责协调各欧盟成员国金融创新监管活动。

我国作为一个发展中国家，更应提倡简单实用、透明度高、直接服务实体经济的金融创新。近年来金融创新中的一些不良倾向，如银行理财产品复杂化、表外化，房地产金融化，保险产品投资化，等等，既在不同程度上偏离为实体经济服务，陷入自我循环，也反映出较为明显的监管套利。需要在鼓励创新的同时，旗帜鲜明、有针对性地加强监管，同时大力推动监管体制改革和监管方式转变，缩短金融产品链条、减少金融服务环节，正本清源，使金融创新真正服务实体经济。

二、金融监管权配置体系改革应对外寻求"防范国内金融风险与保持国际竞争力"的平衡

金融监管权"三维配置"体系的基本原则,即寻求"防范国内金融风险与保持国际竞争力"之间的平衡。发展中国家突破当前被动困境的关键在于,将这一原则的精髓通过"三维配置"体系设计融入到金融监管体制改革中,实现内向型循环的逆转。

与多数发展中国家相类似,我国同样面对新旧风险交织问题。从近期"一行两会"监管政策频出以及国务院金融稳定与发展委员会成立,似乎暗示着我国金融监管正在走向与发达经济体相反的道路。那么,这样的选择是否正确?未来应当如何抉择?对我国而言,如何有效应对内向型循环的挑战?

短期内,宜坚持防风险和去杠杆目标,维持中性偏紧的金融监管环境。一方面,查漏补缺,补齐监管短板。针对前期金融市场暴露的风险点,相关部门宜尽快弥补监管漏洞,抓紧对资产管理业务、金融控股公司、系统重要性金融机构等进行统一规制,密切关注并及时化解各类非法金融活动向线上线下转移隐患。加大对国内企业通过金融渠道非正常转移资产的追查,打击盲目逐利套利和资金外逃等扰乱金融秩序的行为。做好舆论引导和应急预案,警惕国外做空势力恶意扩大金融风险负面影响,及时回击其对我国的围剿行为。另一方面,发挥国务院金融稳定与发展委员会的统筹协调作用,有序去杠杆去泡沫,同时避免政策叠加效应。鉴于我国金融监管体制较为分散化的特点,急需由国务院金融稳定与发展委员会出面,加强中央与地方之间以及"一行两会"之间的沟通协调,从宏观层面统筹安排关于政府融资平台、房地产等领域的政策措施,避免无序去杠杆去泡沫带来的叠加效应和市场波动。

从中长期来看,宜抓住国际监管趋缓的窗口期和"一带一路"推进的机遇期,尽快打造与我国金融业国际竞争力相适应的监管体系。第一,不

急于推进原有国际监管规则与标准。考虑到发达经济体监管放松态势，我国不宜单边冒进，应审慎评估现有国际规则与标准，对于类似总损失吸收能力等不利于我国金融业发展的部分条款应适时缓行，并择机与相关机构和国家进行谈判和磋商，以维护自身利益。第二，尝试推行分层次的国际监管合作。对于美国，宜密切关注特朗普政府监管放松动态，提高在美金融机构合规经营和风险防范意识的同时，主动与美联储等相关监管部门沟通，逐步扩大在压力测试、生前遗嘱、反洗钱等领域监管互认的范围；对于欧洲，宜利用英国和德法等国争夺金融资源的机会，在合理评估风险与成本的基础上，审慎扩大在欧金融业务，签署保护双方金融机构利益的监管合作协议；对于其他发展中国家，应进一步加大反洗钱、反逃税、反恐怖融资等领域风险防范和联合打击力度。第三，借助 "一带一路" 平台，推行与我国金融战略相匹配的监管框架。随着我国更大程度地融入全球化，金融业对外开放将持续深化，金融监管能力必须跟得上国家战略实施的步伐，不但要严防国内外金融风险交叉共振，而且要结合我国实际，借鉴国际成熟经验，形成适应国家战略需要的、松紧适度的金融监管框架。

三、金融监管权配置体系改革应坚持问题导向和实事求是

百年监管理论与实践史告诉我们，监管体制是一个不断试错完善的过程。在经济金融发展的不同阶段，有不同类型的金融结构[①]满足经济发展对金融服务的实际需求，监管改革的目的就是不断从问题导向出发，健全与当时金融结构相适应的、具有本土特色的监管模式。比如分业监管还是混业监管，从 20 世纪初到这次国际金融危机不过百年，就反复讨论过数次，但这种反复并非简单折腾，当时的混业和现在的混业，无论是经济发

---

① 不同的金融结构有着不同的风险结构，金融风险的分布范围、类型、相关关系和风险量级都有所不同。

展阶段还是法律环境、市场环境都有很大不同，风险形成、演变和传导的特征也不同，分分合合都是针对当时危机暴露问题的纠正。

总体来看，我国是社会主义国家，处于新兴加转轨的发展阶段，金融市场不发达，信用体系不健全，这些基本国情和发展阶段决定了金融监管总体上应强于发达国家，对市场自律的依赖要弱于发达国家；也决定了监管体制的集中度、统一性要强一些，不宜简单模仿美国等发达国家多头监管反而有利于促进竞争的做法。以互联网金融为例，发达国家通常并不对非持牌金融机构直接监管，这其中也包括实际提供金融服务的大量互联网企业。但我国信用环境有较大差距，如果简单依靠自律而放松监管，没有统一的从业标准，结果很可能鱼龙混杂，风险丛生，甚至异化为非法集资，反而不利于行业健康发展。再比如此前我国引入所谓的发达市场经济的"最佳做法"——"熔断机制"的失败。此外，在监管机构独立性问题上，也要一分为二地看待。一方面过度行政干预可能影响监管的公正，但另一方面金融稳定尤其是风险处置和救助也离不开政府的有力支持。正如美联储前主席伯南克在其新作《行政的勇气》中，将最大的行动勇气归结为时任总统小布什给予的支持。对我国而言，无论是中央政府集中统一的权威性，还是地方政府在风险处置和维护金融稳定中的作用，都需要在监管体制改革中予以充分重视，在规范地方政府职能基础上建立双层监管体制可能更适合我国国情。相反，20世纪90年代末照搬美国等发达国家实行的央行大区行体制，现在看来也值得重新探讨，一方面这一体制弱化行政干预的效果并不明显，另一方面反而削弱了央行分支机构在维护地方金融稳定中的作用。凡此种种，都说明在借鉴和引入国际经验时，应当牢牢立足于国情和发展阶段，坚持问题导向，切忌照抄照搬。

四、金融监管权配置体系改革应有阶段性目标

美国次贷危机和目前我国金融乱象都是金融创新与金融监管失衡的体

现[1]。过度的金融创新在监管纵容推动下，逐渐演变为脱离实体经济、自我空转的金融活动，产品结构越来越复杂，交易双方信息越来越不对称，市场交易越来越不公平，导致不当欺诈行为频发，消费者权益受到侵害。金融发展需要金融创新作为动力，更需要金融监管维护其安全持续健康的发展（张思颖，2012）。金融监管改革应当更具有针对性，具体表现为"四降一升"，即降低产品复杂性、降低自我空转、降低行为不当、降低监管空白、提升服务实体经济的能力。

（一）短期内更多致力于提升统筹协调性

虽然最理想的金融监管模式并无定论，但总体看，国际上监管改革朝着综合、简明的方向发展，这与金融发展实践的一体化趋势基本吻合。即在金融创新、金融深化不断发展的今天，金融业态的界限变得模糊而更多呈现融合，这一背景下如果监管结构过于复杂，很容易引发寻找"最弱监管者的竞赛"，滋长监管套利。美国金融监管体系以复杂凌乱著称，据统计，美国在金融危机前大约有115个联邦和州层面的机构涉足金融服务业内某些领域的监管。这些机构更多关注的是微观层面标准和细节的制定与实施，监管碎片化和不一致，严重损害了监管有效性，产生了套利空间，混淆了市场的认识。从这次国际金融监管改革看，具体改革内容很多但主线是加强统筹协调。无论是宏观审慎管理框架的提出，还是监管体制的协调机构的增多，抑或监管权向某一部门的适当集中，都体现了监管统筹这一改革主线。

从我国监管实践看，一个突出弊端同样是协调性差。现行分业监管体制过于强调分业，但在创新使金融业日益"无业可分"的状态下，一方面分业监管的正面影响——监管的专业性日渐式微，另一方面其分兵把口、"铁路警察各管一段"的弊端会变得突出，不仅资产管理、同业往来等诸多的"城乡接合部"会陷入监管空白，而且还很容易造成监管主体责任难

---

[1] 一些研究指出，只有正确处理金融创新与金融监管的关系，掌握好金融创新与金融监管的平衡点，在监管中创新，在创新中监管，才能实现金融体系的稳定与安全，促进整个金融业的发展。

以落实，甚至相互推诿。这方面的教训比比皆是。比如 2015 年年中的股灾，高杠杆被认为是"祸首"，那么高杠杆到底是银行监管部门对银行监管不力，致使银行资金变相流入股市，还是证券监管部门对证券机构监管不力，致使不该入市的资金最终入市，这其中的责任难以分清落实。事实上，近年来无论是各类理财、通道业务等影子银行大行其道，还是互联网金融等新兴业态的监管真空，甚至日渐猖獗的非法集资，都表明监管统筹的紧迫性，亟待在监管体制将整个金融业作为一个整体实施穿透式监管，强化货币政策和金融监管、微观监管与宏观审慎管理、风险监管与行为监管、中央监管与地方监管的协调。

（二）中长期应提高金融监管权配置体系的匹配性

以消费者权益保护为例，各国都在努力推进金融监管体系改革，希冀提升其与金融体系发展的匹配性。金融监管的目标是防止金融危机，而金融危机的最大危害，就是严重损害了消费者利益，这种损害不仅体现在危机对整体经济运行的巨大破坏上，更表现为对金融消费者权益的直接损害。从这次国际金融危机看，过去很长一个时期金融监管实际上存在两大误区，一是对买者自负原则的简单化、片面化理解；二是认为只要金融机构不出风险，金融消费者自然就是安全的。就前者而言，在收益和风险对称的基本理念下，消费者或投资者应自行对其金融消费或投资行为负责。监管上要做的，就是要求金融机构落实投资者适当性原则，使投资收益与风险承担能力相当。但从这次危机看，大量高风险的产品被金融机构层层包装成低风险的安全产品，出售给成千上万的普通投资者，最终酿成巨大灾难，所谓投资者适当性原则在监管中成了一句空话，成了放任监管的"挡箭牌"。对后者而言，这次危机同样凸显了金融机构在风险监管指标合格的情况下，仍可能因行为失当而严重损害消费者权益，教训十分深刻。

从我国情况看，目前我国金融市场的深度和广度不足，信用体系不够健全，投资者素质有待提高，"买者自负"缺乏信用基础和信用文化，更有必要加强金融机构的行为监管。特别是对于新兴的业态、产品，在相关风险监管标准未出台时，更应强化行为监管，有效保护消费者权益。"易租宝"等互联网金融机构倒闭、跑路事件频发就是前期监管宽容和行为监管缺失的结果。可尝试采用负面清单方式，加大对金融机构违规行为的处罚力度。同时在体制上也可将三会的消费者保护机构合并为统一的金融行为监管机构。

第四节　我国金融监管权横向配置的制度设计

一、我国金融监管权横向配置的关键环节：四大关系

与国际上大多数国家相类似，我国金融监管权横向维度的结构性配置与本国金融稳定体系完善程度有关，关键在于平衡四大关系。从内到外，依次为宏观审慎与微观审慎、审慎监管与行为监管、货币政策与金融监管、监管体系内外四大横向权力关系。

二、我国金融监管权横向配置的关键环节之一——宏观审慎与微观审慎

（一）产品维度——资产管理业务

我国资产管理业[①]始于 1998 年的公募基金，发展于 2008 年起的银信、银证、银基、银保等合作，兴盛于 2012 年监管松绑后的银行表外理财以

[①] 资产管理业务是指银行、信托、证券、基金、期货、保险等金融机构接受投资者委托，对受托的投资者财产进行投资和管理的金融服务。金融机构为委托人利益履行勤勉尽责义务并收取相应的管理费用，委托人自担投资风险并获得收益。从产品范围来看，资产管理业务包括但不限于银行理财业务，资金信托计划，证券公司、基金公司、基金子公司、期货公司和保险资产管理公司发行的资产管理产品，公募证券投资基金，私募投资基金，等等。

及各类通道业务、非标业务、委外投资等新模式。过去几年,我国资产管理业务规模扩张迅速,一定程度上与金融体系内部资金的自我循环密不可分。截至 2016 年 6 月末,我国金融机构各类资管业务余额约 83 万亿元,同比增长 41%,但来源于金融体系内部的资金占比达 37.8%。

1. 资产管理业务监管权力配置变迁的政策背景

我国资产管理业之所以进入监管从严期,既有历史发展的必然性,也有国际规则的趋向性,更体现出我国现阶段政策考量的特殊性。

从历史发展来看,全球资产管理业的系统重要性日益增强,我国资产管理业也由前期盲目扩张进入规范发展时期。资产管理业最早发端于 18 世纪的瑞士[①]。目前全球资产管理业增长势头良好,已由 2005 年的 53.6 万亿美元增至 2015 年的 76.7 万亿美元,相当于全球金融体系总资产的 40%。以目前全球最大的贝莱德资产管理公司为例,截至 2016 年第三季度末,其规模同比增长 14%,首次突破 5 万亿美元,已超过日本 2015 年的 GDP 总额 4.38 万亿美元。换言之,如果贝莱德公司是一个国家,将仅次于美国和中国,名列全球经济总量排行的第三位。可以预见的是,如此庞大的资产管理公司一旦出现问题,将对全球金融市场带来毁灭性的灾难。相比于其他国家,我国资产管理业起步较晚,但发展速度较快,急需规范。据波士顿咨询公司测算,我国金融机构资管业务规模近三年的复合增长率高达 51%。

从国际趋势来看,全球资产管理业正面临着监管转向,从严监管步伐正在加快。由于流动性错配、投资基金杠杆、在压力条件下转移资管委托的操作风险以及证券借贷活动等方面的结构脆弱性问题日益凸显,资产管理业存在潜在的系统性风险,不利于全球金融体系的稳定。对此,FSB 于 2015 年 3 月开展消除资产管理业务潜在风险的工作,于 2015 年 7 月公布评估办法,2016 年 6 月公布《解决资产管理结构脆弱性问题的咨询文件》,

---

[①] 当时主要为工业革命后财富迅速积累的超级富豪家族提供财富管理服务。在经历漫长的历史演变之后,全球金融机构从传统中介业务向资产管理领域拓展。

2017 年 1 月发布《关于应对资产管理业务结构脆弱性的政策建议》。未来，IOSCO 等国际组织将会进一步完善相关政策指引，我国作为这些国际组织的成员国，自然应当从维护全球金融稳定的高度，强化监管并履行国际承诺。虽然，目前主要国家尚未对资产管理业务制定专门的法律规定，但随着业务规模的扩大和系统重要性的增强，加强监管和防范风险已成为普遍的国际共识①。

　　从我国特殊性来看，部分资产管理业务源自政策制度套利，成为当前防控金融风险的重点之一。资产管理业务爆发式增长与长期以来人为控制的低利率宏观环境密切相关。在享受利率市场化改革红利的同时，也应当清楚地认识到这种渐进式改革带来的弊端，特别是利率双轨制下央行政策利率调整滞后，并且与市场利率之间存在偏差，促使市场主体不断通过"击鼓传花"式加杠杆进行套利，再加上现行分业监管体系造成的监管空白与滞后，使得一些本该投入实体经济的资金要么在金融体系内部自我循环"空转"，要么转借信托等渠道进入房地产、融资平台等市场。伴随着资产管理业的快速发展，各类金融业态和创新层出不穷，金融风险的产生和传导机制发生了较大变化，从以往集中于银行体系向整个金融体系蔓延。2013 年的"钱荒"、2015 年的股灾、2016 年险资频繁举牌以及股市、汇市、期市、票据市场的风险联动，2016 年底的债市波动，背后都有资产管理业务的身影。

　　2. 资产管理业务监管权力配置变迁的历程分析

　　中央经济工作会议和中央财经小组 15 次会议都明确指出，目前我国金融风险进入敏感期、脆弱期、多发期，防控金融风险应放在更加突出的位置。与此同时，与资产管理业务有关的一系列监管措施频繁出台（见表4-2）。

---

① 2013 年 9 月，美国财政部金融研究办公室发布研究报告称，资产管理行业高度集中且易遭受类似贝尔斯登和雷曼兄弟那样的银行式压力冲击，进而波及整个金融体系。2014 年 10 月，英格兰银行行长在 IMF 秋季年会上提示到，资产管理业最大风险来自于高杠杆下流动性风险问题，这可能会和银行业危机一样，带来系统性风险，应当引起全球金融监管者的重视。

表 4–2 与资产管理业务有关的一系列监管措

时间	内容	文件名	部门
2016 年 4 月	规范信贷资产收益权转让行为	《信贷资产收益权转让业务规则和信息披露细则》	银登中心
2016 年 7 月	要求分类监管财业务、禁止发行分级产品等	《商业银行理财业务监督管理办法》内部意见征询	银监会
2016 年 12 月	正式将银行表外理财纳入广义信贷范围，以合理引导金融机构加强对表外业务风险的管理	2017 年第一季度 MPA 评估	中国人民银行
2017 年 11 月 17 日	征求意见	《关于规范金融机构资产管理业务的指导意见（征求意见稿）》（以下简称《征求稿》）	中国人民银行会同银监会、证监会、保监会、外汇局等
2018 年 4 月 27 日	正式落地	《关于规范金融机构资产管理业务的指导意见》（以下简称《意见》）	

资料来源：笔者整理。

3. 资产管理业务监管权力配置变迁的核心主线

总体来看，针对资产管理业务的监管权力配置变迁主要秉承三条主线。

第一条主线就是"统一监管标准，减少监管套利"。目前我国资产管理混业运作模式与分业监管体制相冲突，这也是内审稿得以酝酿制定以及将银行表外理财纳入 MPA 评估的根本原因。长期以来，资产管理业务膨胀得益于制度套利。原"一行三会"监管框架下，每个监管机构只负责监管所辖行业的金融机构，监管资源分割严重，没有形成合力，并可能导致监管空白和监管割据，容易造成"铁路警察各管一段"的局面[①]。为减少监管套利，包括银行、券商、私募、保险、公募、私募等机构在内的整个资产管理业将迎来统一的监管标准，"穿透式"监管势在必行。

[①] 现行分业监管体制既不能阻止资产管理跨行业资金运用与配置，也难以有效防范资产管理业务相关风险。然而，我国商业银行理财业务已完全摆脱分业监管限制，借助信托计划、定向资管计划等载体广泛参与资本市场业务、贷款业务。证券公司资管计划可以为上市公司大股东提供商业银行股票质押贷款融资服务。保险公司资管计划不仅可以投资于资本市场，也可以为基础设施项目提供融资支持。从当前我国银、证、保资产管理业务资金运用范围看，几乎没有实质性差异，基本具备了"全能银行"特征，与现行金融分业监管存在一定冲突，易引发监管套利活动。

第二条主线就是"三去",即"去杠杆、去通道、去嵌套"。资产管理业务顺周期较强,并打穿银、证、保之间的防火墙,使得资金能够绕开产业政策和信贷政策的约束,大量投向地方融资平台、房地产、产能过剩等融资受限领域。在利率市场化不断深入和传统存贷款业务增长乏力的背景下,一些金融机构为规避监管,借助通道服务、做大杠杆、期限错配、层层嵌套等手法追逐利润。这些都在一定程度上延长了融资链条和资金在金融体系内部滞留的时间。金融风险不仅没有被分散,反而因整个资金流转链条的拉长,加大了整个金融体系的系统性风险。从防范风险角度,"去杠杆、去通道、去嵌套"有助于防范资金在金融系统空转,引导资金向实体经济流动,将成为重要监管的主线之一。

第三条主线就是"两回归",即"回归信托本质、回归服务实体经济"。一方面,"回归信托本质"就是促使资产管理业务归于本源[1]。当前资产管理业务普遍存在风险兜底和刚性兑付问题,未真正实现风险隔离。有序打破刚性兑付,收益和风险均由投资者享有和承担,金融机构不得承诺任何形式的保本保收益。另一方面,"回归服务实体经济"旨在有序发展,切实服务实体经济的投融资需求[2]。

上述三条主线将贯穿于未来一段时期内出台的一系列监管政策之中,资产管理业务已步入事实上的监管从严期。从影响范围上,尚未出台的内审稿立足于整个金融机构,影响范围最大,而其余原"一行三会"出台的法律法规次之。从实施力度上,除非内审稿能够在短期内迅速出台实施,现行相关规定中当属 MPA 评估[3]为最。MPA 覆盖七大方面、14 个指标[4]。

---

[1] 资产管理业务本质上是基于"受人之托、代人理财"的信托业务。

[2] 充分发挥资产管理业务的积极作用。严格规范引导资产管理业务健康有序发展,避免资金脱实向虚在金融体系内部自我循环,防止产品过于复杂加剧风险联动。

[3] 自 2016 年起,中国人民银行将差别准备金率动态调整和合意贷款管理机制"升级"为"宏观审慎评估体系",即 MPA。

[4] MPA 包括资本和杠杆情况、资产负债情况、流动性、定价行为、资产质量、外债风险、信贷政策执行等。其中,宏观审慎资本充足率是评估体系的核心,是对原有合意贷款管理模式的继承;利率定价行为是重要考察方面,以促进金融机构提高自主定价能力和风险管理水平。

自 2016 年第三季度起，中国人民银行开始就银行表外理财纳入 MPA 广义信贷指标开展模拟测算，并于 2017 年第一季度 MPA 评估时，正式将银行表外理财纳入广义信贷范围，以更全面地对银行体系实施宏观审慎管理，从宏观层面防范系统性风险。

4. 资产管理业务监管权力配置变迁的影响分析

下面拟从短期、中期、长期三个不同阶段入手，全面剖析资管新规影响。

根据《意见》关于过渡期的设计，从当前到未来一段时间内，资管新规的影响将会大致经历三个阶段：第一阶段为短期，即从当前到过渡期截止日（2020 年底）；第二阶段为中期，即过渡期之后一两年内；第三阶段为长期，即中期之后若干年。从影响范围来看，短期内对资管行业更多为导向作用，中期对于银行理财和债券市场的影响较大，长期主要体现在整个金融生态的影响。

（1）资管新规的短期影响分析。与此前《征求稿》保持一致的是，此次《意见》仍是对"一行两会"的指导意见，依旧保持资产管理行业监管规则的纲领性文件的定位不变，未来"一行两会"将在统一规则的框架下，出台相关监管细则。但与之不同的是，此次《意见》存在一些调整和未调整的地方，这些也正是当前及未来一段时期内监管层监管逻辑的集中体现。短期内，考虑到《意见》的落地以及未来"一行两会"相关细则的密集出台，期间不排除市场异常波动的情况。

第一，《意见》调整内容的影响分析。《意见》的核心原则和宗旨没有变化，但一些内容做出了较大的调整。然而，这些调整背后，仍旧是监管逻辑持之以恒的体现，可视为监管机构在前期博弈过程中做出的有原则让步，并不影响整个资管行业的规制方向。

监管逻辑之一：平稳过渡存量风险，避免因处置存量风险而产生新的风险（以利好为主）。

1）防无序退出风险，放宽过渡期时限。《意见》相比《征求稿》延长了一年半的时间。一般来说，做出延长过渡期的重大决策，需要基于定量测算结果[①]。据有关部门估计，从资产端看，截至 2019 年 6 月 30 日现有银行理财产品约有 40%到期，而 2020 年底约有 71%到期。可见，《意见》并非简单叫停业务，而是从平稳处置存量风险的角度出发，给予金融机构更为充足的整改和转型时间。

2）防断崖效应，新增新老接续安排。《征求稿》并没有充分考虑到新老产品、新老资产接续问题，《意见》对此进行了补充，规定"过渡期内，金融机构发行新产品应当符合资管新规，但是，为接续存量产品所投资的未到期资产，可以在合适的存量规模内发行老产品。过渡期结束后，则不得再发行或存续违反新规的资产管理产品"。与《征求稿》相比，《意见》将在一定程度上缓解存量风险爆发的可能性[②]。针对目前银行理财产品端普遍以 1 年以内的短期限产品为主，而资产端普遍期限较长的问题，《意见》充分体现了原则性和灵活性相结合。一方面，坚持"新老划断"不动摇，规定老产品于 2020 年底前全部清零；另一方面，有原则性地允许一部分老产品对接老资产，并从量上分三年进行压降[③]。这相当于给予金融机构"在线修复与替换"新老产品的时间和空间，最终达到促使资管产品转型的目的。

3）防市场冲击，适度放松分级产品发行限制。《意见》[④] 删掉了《征求稿》中限制对其他私募产品分级设计的相关规定[⑤]。这一改变主要是源于

[①] 从测算范围来看，大致可以有五点能够影响到过渡期的设置，其中前两点为重中之重：一是过渡期后未到期银行理财因转为"盯市"估值、净值化发行而导致的浮亏情况；二是非标债权资产、非上市公司股权等大量长期资产未到期，但其对应的理财产品持到期情况；三是银行需要在产品研发、投资运作、管理架构、会计制度、系统建设、销售组织等方面进行转型的情况；四是债券市场、股票市场等多层次资本市场可能遭受冲击的情况；五是投资者"风险自担、收益自享"环境的培育情况。

[②] 以银行理财产品为例，根据银行业协会发布的《2016 年中国银行业理财业务发展报告》统计数据，2016 年，一年（含）以内期限的银行理财产品余额，占全部理财产品余额的比重超过 90%。然而在资产端，根据测算，银行理财存量资产的平均剩余期限为 3~4 年。

[③] 要求"应当严格控制在存量产品整体规模内，并有序压缩递减，要求金融机构制定过渡期内的资产管理业务整改计划，明确时间进度安排"。

[④] 《意见》仅要求公募产品和开放式私募产品不得进行份额分级。

[⑤] 即《征求稿》关于分级产品的两点规定被删除，"投资于单一投资标的私募产品，投资比例超过 50%即视为单一"以及"投资债券、股票等标准化资产比例超过 50%的私募产品"。

避免因强行结束分级产品带来的市场冲击，转而通过对分级产品的杠杆比例限制，来规制此类风险。以银行理财产品为例，截至 2017 年末，约 2.8 万亿元通过资管计划投向股市，而银行理财在其中通常为优先级。对分级的产品范围放宽，一定程度上缓解了资管机构的抛售压力。

4）防"一刀切"，适度放宽估值方法限制。不同于《征求稿》"一刀切"做法①，《意见》考虑得更为周全，在坚持原则不变的同时，既"坚持公允价值计量原则，鼓励使用市值计量"，又兼顾灵活性，明确了可以使用摊余成本法计量的例外情况②。但同时要求托管核算、定期提供报告以及外部审核确认。同时，提出两个 5% 的限制③，这意味着目前非标现有的计价方式还可以持续使用，但使用范围和数量受到了严格的约束。

监管逻辑之二：监管标准一致性，意在严格控制增量风险（以利空为主）。

1）统一资管定义，明确监管范畴。相较于《征求稿》，《意见》对于此前一直争论不清的资管定义与监管范畴作了明确，首次将金融资产投资公司作为主体金融机构纳入了监管④。

2）统一认定条件，明确"标"与"非标"。《意见》对标准化债权定义更加完善，提出了五条认定条件⑤。与此前不同的是，只有全国性资产交易平台才会被认可⑥。换而言之，《意见》对"标"与"非标"范围⑦更加

---

① 即对所有资管产品均"应当实行净值化管理，净值生成应当符合公允价值原则"。

② 即"一是产品封闭式运作，且所投金融资产以收取合同现金流量为目的并持有到期；二是产品封闭式运作，且所投金融资产暂不具备活跃交易市场，或者在活跃市场中没有报价，也不能采用估值技术可靠计量公允价值。

③ 即"金融机构前期以摊余成本计量的金融资产的加权平均价格，与资产管理产品实际兑付时金融资产的价值的偏离度不得达到 5% 或以上，如果偏离 5% 或以上的产品数超过所发行产品总数的 5%，金融机构不得再发行以摊余成本计量金融资产的资产管理产品"。

④ 即提出"依据金融管理部门颁布规则开展的资产证券化业务，依据人力资源社会保障部门颁布规则发行的养老金产品"不适用本《意见》，同时明确私募投资基金、创业投资基金、政府出资产业投资基金不适用本规定，将由其他相关规定另行制定。

⑤ 在此基础上，明确标准化债权类资产之外的债权类资产，均为非标准化债权类资产。

⑥ 特别强调需在银行间市场、证券交易所市场等经国务院同意设立的交易市场进行交易。

⑦ 将"标"与"非标"区别开来，提出期限匹配、限额管理等监管措施，有利于引导金融机构有序压缩非标存量规模，确保《意见》实施的可操作性。

严格、具体。

3）统一合格投资者认定要求，明确认定标准和使用资金来源。《意见》新增合格投资者认定要求，强调净资产的概念，即"家庭金融净资产不低于 300 万元"；投资金额要求标准上略有放松[①]；但对举债资金投资产品的限制，强调使用自有资金[②]，不再像《征求稿》区分个人、企业和机构投资者[③]。关于合格投资者的门槛和资金来源限制，一定程度上源于防止打破刚兑后，合格投资者在资管产品上过度加杠杆的行为。

4）统一交易结构，明确"去嵌套、去通道"标准。《意见》保留《征求稿》这部分要求[④]。在此基础上，还增加受托管理机构的要求，即"公募资产管理产品的受托机构应当为金融机构，私募资产管理产品的受托机构可以为私募基金管理人"；完善对投顾的职能表述，即"投资顾问提供投资建议指导委托机构操作"；为从根源上消除多层嵌套和通道的动机[⑤]，要求监管部门实行平等准入。由此可见，以往银证信或银基信等通过跨部门嵌套钻监管协调困难空子的老路要走不通了，产品交易结构将会更加简单透明化。

对委外而言，部分由于资质问题不得已嵌套一层资管产品的做法，将被禁止。比如银行理财投信托产品，然后再投券商资管。同时在当前的严监管下，很多中小银行的资金不让出省，产品模式的委外预计会大幅萎缩，而资管新规中明确的投顾模式，将可能成为未来委外的重要模式，在中小券商与中小银行之间发挥着更为重要的作用。

5）其他统一规定。《意见》出于统一审慎要求起见，对《征求稿》中

---

① 删除《征求稿》中"合格投资者同时投资多只不同产品的，投资金额按照其中最高标准执行"。

② 即"投资者不得使用贷款、发行债券等筹集的非自有资金投资资产管理产品"。

③ 删除《征求稿》中"个人不得使用银行贷款等非自有资金投资资产管理产品，资产负债率达到或者超出警戒线的企业不得投资资产管理产品，警戒线的具体标准，由人民银行会同相关部门另行规定"。

④ 关于"不得为其他金融机构的资产管理产品提供规避投资范围、杠杆约束等监管要求的通道服务"以及资管产品仅可嵌套一层等要求。

⑤ 通过增加"资产管理产品应当在账户开立、产权登记、法律诉讼等方面享有平等的地位"。

一些文字内容进行了修订。第一是删除了非标资产应符合风险准备金要求，由第十七条关于风险准备金的专项要求来统一规定；第二是删除了金融机构不得将资产管理产品资金间接投资银行信贷资产，但实际上结合对通道业务的限制并未放松；第三是较《征求稿》更为全面，同时鼓励"支持市场化、法治化债转股"①；第四是放松对银行公募产品发行限制，增加鼓励私募产品投资债转股②。

监管逻辑之三：激励与约束相结合（以利空为主）。

1）完善刚兑处罚规定。删除《征求稿》中部分规定③，改由第二十八条的处罚原则来执行④。

2）完善受理举报对象。《意见》对刚兑行为的举报奖励原则没有变化，但受理举报的部门由"人民银行和金融监督管理部门消费者权益保护机构"改为"金融管理部门"。

3）完善信息披露与报送要求。《意见》进一步完善了信息披露要求，对于公募产品，"开放式产品按照开放频率披露，封闭式产品至少每周披露一次"。与此同时，强化金融机构信息报送要求⑤。

4）明确外审义务。《意见》强化了外部审计机构的勤勉责任，建立惩戒机制⑥。

---

① 删除了"支持国家重点领域和重大工程建设、科技创新和战略性新兴产业、'一带一路'建设、京津冀协同发展等领域"，改为"投向符合国家战略和产业政策要求、符合国家供给侧结构性改革政策要求的领域"。

② 删除了"银行的公募产品以固定收益类产品为主。如发行权益类产品和其他产品，须经银行业监管部门批准，但用于支持市场化、法治化债转股的产品除外"。

③ 非存款类持牌金融机构发生刚性兑付的具体罚款措施，即"由人民银行纠正并追缴罚款，具体标准由人民银行制定，最低标准为漏缴的存款准备金以及存款保险基金相应的2倍利益对价"。

④ 即"金融监督管理部门应当根据本意见规定，对违规行为制定和完善处罚规则，依法实施处罚，并确保处罚标准一致。资产管理业务违反宏观审慎管理要求的，由中国人民银行按照法律法规实施处罚"。

⑤ 即增加"金融机构应当将含债权投资的资产管理产品信息报送至金融信用信息基础数据库""金融机构应当制定过渡期内的资产管理业务整改计划，明确时间进度安排，并报送相关金融监督管理部门，由其认可并监督实施，同时报备中国人民银行""金融机构应当定期将风险准备金的使用情况报告金融管理部门"。

⑥ 即增加"外部审计机构在审计过程中未能勤勉尽责，依法追究相应责任或依法依规给予行政处罚，并将相关信息纳入全国信用信息共享平台，建立联合惩戒机制"。

5）完善激励措施。与《征求稿》不同的是，《意见》考虑正向激励效应，增加"对提前完成整改的机构，给予适当监管激励"的表述。该项措施足见监管层为避免金融机构心存侥幸，正确引导市场预期的苦心。

监管逻辑之四：能够交给市场决定的就交给市场（以利好为主）。

1）不再对管理费率进行细节性规定。《意见》予以删除①，增加了原则性要求②。

2）公允价值计量方法选择。《征求稿》公布后，一些观点曾一度影响到舆论导向，即错误地将估值方法简单"二分法"为摊余成本计量和市值计量，并据此对资管新规进行抨击。但事实上，市值计量并不完全等同于公允价值计量，符合公允价值计量原则的有三种计量方法，市值计量只是其中一种方法。根据国际会计准则和财政部《企业会计准则》，金融工具存在两类计量方式，即"以摊余成本计量"和"以公允价值计量"。"以公允价值计量"又进一步可分为三种计量方法：第一种是市值计量法，指存在活跃市场情况下，以活跃市场上未经调整的报价作为计价的基础来算的公允价值，这也是《意见》鼓励使用的方法；第二种是在活跃市场上的报价，不能代表计量日公允价值情况下，对市场的报价进行一定程度的调整来计

---

① 《征求稿》规定，"金融机构应当根据资产管理产品的期限设定不同的管理费率，产品期限越长，年化管理费率越低。"此条规定的初衷是让投资者明晰风险和收益。但事实上，管理费率主要取决于产品类别、管理难度等方面，通过市场化机制进行定价，与期限没有必然关系。如若一味对管理费率进行强制性规定，甚至禁止收取业绩报酬，可能会导致管理人的唯一目标是"做大资管规模"，而投资者的目标为"提高投资收益"，则管理人和投资者利益不一致，进而诱使管理人倾向于将更多的精力放在拉资金而不是做投资上，反而事与愿违。从国际上看，收取业绩报酬符合资管行业惯例，管理费也均由市场决定。主流私募基金对超过业绩基准部分可收取20%的业绩报酬，公募基金也多有收取浮动管理费的做法。从法规上，收取服务报酬（含管理费及业绩报酬）符合国内外会计准则要求。金融机构作为SPV的管理人，履行产品购买人通过合同约定的管理责任，获取相应的服务报酬。根据企业会计准则第33号（CAS33）和国际会计准则第10号（IFRS10），当管理人的权利和权力仅限定于合同规定的范围内，且其收益占资产整体收益小于30%，产品的管理人应当被判定为产品的代理人，不需进行并表处理，且作为代理人被允许根据合同约定收取相应的服务报酬。在符合前述条件下，CAS33和IFRS10认可金融机构作为产品管理人收取相应的服务报酬。

② 即"金融机构可以与委托人在合同中事先约定收取合理的业绩报酬，业绩报酬计入管理费，须与产品一一对应并逐个结算，不同产品之间不得相互串用"。

算公允价值；第三种是指不存在市场活动或者是市场活动很少的情况下，采用估值的技术来确定公允价值。由此可见，除了《意见》明确规定可以使用摊余成本法的条件之外，其余情况必须使用公允价值计量且优先鼓励使用市值计量法。

3）新老产品并行期引导方式。由于《意见》允许过渡期内新老产品并存，由此带来了一个新的问题，即如何提高新产品的市场吸引力。考虑到监管有关每年压降老产品的硬性比例要求，通过适度降低老产品的预期收益率，以避免新产品缺乏市场吸引力等价格引导方式，将会成为未来一段时期内金融机构的选择之一。

第二，《意见》未调整内容的影响分析：以利空为主。虽然《意见》对《征求稿》进行了一些修改，但总体上或属于技术性修改，或属于有原则性的让步。结合《意见》和《征求稿》未修改内容来看，《意见》在"破刚兑、控分级、降杠杆、禁资金池、除嵌套、去通道、净值管理"等核心原则上，没有丝毫改变或弱化迹象，甚至部分原则上还有从严的趋势。由此可见，监管层引导资管业回归本源的决心未变，从严监管的大方向并未动摇。在此情况下，资管业唯有看清形势，顺势而为，越早进行调整，才能够越早立于不败之地。

第三，"一行两会"出台的相关细则：不确定。由于《意见》属于纲领性文件，一些较为细节性的或是带有争议性的规定将会由"一行两会"相继制定。期间，随着细则的出台，对市场的影响并不能确定，有可能会引起市场波动。一是标准化债权资产的认定规则问题，将由人民银行会同金融监督管理部门另行制定；二是商业银行信贷资产受（收）益权的投资限制问题，将由人民银行、金融监督管理部门另行制定；三是流动性风险管理问题，将由金融监督管理部门制定；四是按照公允价值原则确定净值的具体规则，将由人民银行会同金融监督管理部门另行制定；五是资产管理产品统计制度，将由人民银行会同相关部门另行制定；六是市场准入、日常监管、投资者保护，实施细则将由金融监督管理部门同人民银行制定出台；七是违规行为处罚规则，将由金融监督管理部门根据本意见规定进行制定和完善；八是其他配套细则，将由金融监督管理部门在《意见》框架内研究制定。

从《意见》发布以来，相关细则已开始陆续出台。比如，银保监会于2018年5月25日出台的《商业银行流动性风险管理办法》[①]。从目前市场反应来看，尚属平稳。

（2）资管新规的中期影响分析。《意见》过渡期结束后，整个资管行业将接受真正的"洗礼"，特别是银行理财和债券市场，受到的影响相对较大。

第一，对银行理财的影响：负面影响较大。截至2017年底，全国共有562家银行业金融机构有存续的理财产品，理财产品数9.35万只；理财产品存续余额29.54万亿元，较年初增加0.49万亿元，比2016年的增加额减少了5.06万亿元。其中，非保本产品的存续余额为22.17万亿元，占全部理财产品存续余额的75.05%，全年净减少1万亿元；保本产品的存续余额为7.37万亿元，占全部理财产品存续余额的24.95%。从资金投向来看，主要投向债券、存款、货币市场工具等标准化资产，占比约68%；非标债权资产投资基本保持稳定，占比约16%，与历史最高值（2013年3月末的36%）相比，已下降了20个百分点；股票投资余额为1.2万亿元，占沪深两市流通市值的比例为2.6%。

从目前看，中期影响主要集中在三个方面：一是流动性风险，即新产品接续不上的风险；二是信用风险，即"非标"本身爆发的违约风险；三是估值风险，即在估值方法转变后面临的风险。

1）流动性风险：未到期理财资产将面临无产品可续接的困境，资产处置将加剧金融市场波动。过渡期结束后，银行需发行或续期完全符合《意见》要求的新产品。但新产品可能会因其期限长、净值波动大等原因，再加上现有银行理财客户风险偏好低、对新产品接受程度低，从而导致新

①　较2014年试行版引入了新的量化监管指标，进一步完善流动性风险监测体系，并细化了流动性风险管理相关要求。

产品发行难度大，客户购买意愿低，甚至赎回理财产品，造成未到期理财资产面临无产品可续接的困境，很可能触发流动性风险。同时，为兑付到期产品本金及收益，银行理财可能提前处置资产，包括折价卖出债券、股票等流动性较好的资产，要求客户提前偿还融资、配资款项，等等。考虑到银行理财的规模体量，无论采取何种资产处置措施，都将会进一步加剧金融市场波动。

2）信用风险：因产品无法接续，"非标"本身爆发的违约风险。如果市场规模过快压缩，可能会导致一些企业的资金链出现问题。据统计，《意见》过渡期结束后，仍有29%的银行理财产品没有到期，而这部分产品投向大多数为"非标"。一旦项目到期后，无法续做，一些企业资金链就会断裂，将会使银行理财未到期资产成为不良资产。在这种情形下，可能会形成尽早退出的预期，大范围退出可能会引发更多的风险暴露，使得对资管产品端的冲击进而演变为对企业端的冲击。

3）估值风险：在估值方法转变后面临的风险。虽然《意见》对于"摊余成本法"有所保留，设置两个5%的约束，预计这一约束上限，将会在中期被各类银行理财产品相继达到。无论是"标"还是"非标"，抑或是"非标转标"，都会有相当一部分的产品估值方法，将面临从"摊余成本法"到"公允价值法"的转变，这有可能带来大范围浮亏。因此，包括银行理财产品在内资管产品的估值风险需要关注。

第二，对债券市场的影响：负面影响较大。《意见》可能会通过多种渠道影响债券市场，尤其是净值管理和非标受限这两个渠道，利空利好因素并存。一方面，净值管理的要求，将增加收益的不确定性，从而降低债券型本身的产品吸引力；同时，因非标受限导致理财产品吸引力和规模下降，也会影响到债市资金供给。另一方面，非标投资受到限制，会增加标准化债券的相对优势显现。

从规模[①]来看，涉及债券的资金较为庞大，不过这些投资并非全部不合规，且新规过渡期设置较长，相关机构可以较为从容地进行调整。与此同时，截至 2017 年底，银行理财投向非标准化债权类资产的占比为16.22%，约为 4.79 万亿元。新规执行后，未来这些资金可能会有一大部分转向配置债券，成为债券市场的有利因素，但也有可能因非标受限导致银行理财的萎缩，利空债券市场。综合来看，考虑到债券系理财资金最大的投资标的，资管新规在体量上，对债市供求的影响不容忽视。

第三，对股票市场的影响：以积极为主。《意见》对股市的影响同样是双方面的，既有积极影响，也有消极影响。其一，银行理财产品现有的投资和管理模式变化，将利好股市，尤其是高分红的蓝筹股。打破刚性兑付和规范资金池以及非标配置期限的规范、净值化管理、通道和嵌套被限制等一系列规定，使得银行理财产品现有的投资和管理模式将被打破。要么理财产品调整资产配置结构，增加风险资产的配置，要么投资者将理财产品的资金撤出，投向其他标准化资产管理产品，两种情况都会对风险资产的代表——股票产生积极的影响。由于理财产品的现有投资者和管理者风险偏好水平相对股票类产品投资者低，《意见》实施后，股票资产尤其是高分红低波动的优质蓝筹股的需求将有明显的提升。其二，去通道、去嵌套将提高直接融资资金配置效率。过去资管产品在通道和多层嵌套下，一部分资金会被以通道费或是管理费的模式被中间机构抽走，《意见》实施后，通道和多层嵌套将被限制，一部分原有属于中间机构的利益消失，整个存量资金会增大，一定程度上可以提高投资者的收益率，增加了存量资产的配置资金，进一步激发投资的热情，理论上自然也利好股市。其三，投资

[①] 从规模上看，债券作为一种标准化的固定收益资产，是银行理财产品重点配置资产。截至 2017 年底，银行理财规模 29.54 万亿元，其中债券约占 42.19%，即 12.46 万亿元。由于银行理财的资金主要委托给了基金、券商资管和信托等进行管理，以及出于避免交叉重复计算，主要是从资金来源方，即银行理财的投向，来看涉及的利率债和信用债规模。其中，国债、地方政府债、央票、政府支持机构债券、政策性金融债占银行理财投资资产余额的 8.11%，即 2.40 万亿元；商业性金融债、企业债券、公司债券、企业债务融资工具、资产支持证券、外国债券和其他债券占银行理财投资资产余额的 34.08%，即 10.07 万亿元。

的规范化、理性化制度有助于改变我国居民大类资产配置比例。从目前看，各金融机构的监管治理工作的最终目的是实现金融机构透明化、诚信化、理性化运营，《意见》实施后，未来银行专门的资产管理子公司将陆续成立，其他合规且符合资质的金融机构的各项产品的投资资质也会陆续完善。此外，良好的市场投资氛围和环境、利率市场化变革、居民财富所有者年龄结构的变化，都会在中长期推动居民资产的多元配置。

第四，对保险市场的影响：重大利好。与《意见》相比，保监会2016年6月22日发布《关于加强组合类险资产管理品业务通知》，在消除多层嵌套和把控风险方面反而更加严格①。与此同时，《意见》提出，鼓励金融机构通过发行资产管理产品募集资金，投向符合国家战略和产业政策要求以及供给侧结构性改革领域②。对此，保险资金特别是寿险资金负债期限长、资金量大，因此很适合长期投资，所以在对接实体经济方面具有天然优势③。与此同时，日前银保监会下发《个人税收递延型商业养老保险业务管理暂行办法》，并宣布包括中国人寿、太平洋人寿、平安养老、新华人寿、太平养老、太平人寿、泰康养老、泰康人寿、阳光人寿、中信保诚、中意人寿、英大人寿在内的12家入选，成为第一批经营税延养老保险业

---

① 如《关于加强组合类险资产管理品业务通知》限定具体的投资范围（集合产品或涉及保险资金的）：境内流动性资产，主要包括现金、货币市场基金、银行活期存款、银行通知存款和剩余期限不超过1年的政府债券、准政府债券、逆回购协议；境内固定收益类资产，主要包括银行定期存款、银行协议存款、债券型基金、金融企业（公司）债券、非金融企业（公司）债券和剩余期限在1年以上的政府债券、准政府债券；境内权益类资产，主要包括公开发行并上市的股票（不含新三板股票）、股权投资计划、股票型基金、混合型基金；保险资产管理公司发行的基础设施投资计划等。产品为定向产品且产品投资人为非保险机构的，产品的投资品种可以按照与投资人约定的产品契约及相关法律文件执行。

② 鼓励金融机构通过发行资产管理产品募集资金支持经济结构转型，支持市场化、法制化债转股以及降低企业杠杆率。

③ 从目前的情况来看，保险资金服务国家战略和实体经济的主要渠道有购买债券、债权投资计划（房地产和基础设施）、股权投资计划、资产支持计划和私募股权基金等。同时保险机构存放的银行存款，可视为对实体经济间接融资的资金来源。当前，保险资金累计通过债权计划、股权计划等方式，直接投资国家重大基础设施建设、养老社区和棚户区改造等民生工程，累计金额超过5万亿元。2017年1~12月，24家保险资产管理公司注册债权投资计划和股权投资计划共216项，合计注册规模5075.47亿元。截至12月末，累计发起设立债权投资计划和股权投资计划843项，合计备案（注册）规模20754.14亿元。

务的保险公司，保险资金作为长期投资来源的作用将得到进一步发挥。

第五，对券商的影响：负面影响较小。相对于对银行的冲击而言，《意见》对券商的负面影响较小，将进一步推动券商资管向主动管理转型[1]。首先，通道业务规模逐步收缩，行业资管规模增速下降。截至 2017 年底，券商定向资管规模达到 14.39 万亿元，较 2016 年末降低 2.00%。从分布看，以通道为主的定向资管计划规模，仍占最大比例，占资管总规模的80%，较 2016 年底的 84% 已有所降低，据此估算的通道业务规模约 11.51 万亿元，按万分之四的通道费率计算，通道业务收入约为 46 亿元。根据《意见》规定，这部分通道业务收入将会受到影响，券商资管去通道化势在必行，过去依靠牌照优势冲规模、获得收入的时代难以为继。相应地，券商资管应逐渐从通道业务转移到主动管理，公募牌照价值越发凸显。自 2013 年东证资管拿到第一张公募牌照，目前已有 13 家证券公司获准开展公募业务。2017 年，中泰资管获得第 13 张公募牌照，成为当年证监会唯一批准的券商公募牌照以来。截至 2018 年 3 月 13 日，13 家证券公司中只有高华证券、中泰证券尚未发行公募基金。最早获得公募牌照的东证资管管理 31 只基金，规模 819.52 亿元，位列第一。中银国际和长江资管分别管理公募基金 709.51 亿元和 129.03 亿元，排名第二和第三。其次，准备金计提加速券商资管去通道，提高资金使用效率。按照修订后的《证券公司风险控制指标管理办法》，根据券商分类评级结果执行风险准备金计算，连续三年 A 类券商通道业务所需计提的风险资本准备比例从 0.2% 提高到0.63%，A 类券商从 0.3% 提高到 0.72%，B 类券商从 0.4% 提高到 0.81%。《意见》也明确从管理费收入的 10% 计提风险准备金。最后，资金池业务受限，但因行业已经开展资金池整治，对此已有所预期。早在 2017 年 5月，监管层就已经叫停券商资金池业务，券商开展自查，预计行业已对

---

[1] 预计到中期，虽然通道业务受禁将减缓券商受托管理资产规模的增速，但由于主动管理型资管业务约 1% 的管理费率要远高于通道业务的万分之四，只要业务转型到位，完全能够弥补通道业务消失给券商营收带来的负面影响。

《意见》资金池业务受限有所预期，对业务冲击较小。

第六，对信托的影响：相对有限。《意见》对信托的影响相对有限，主要是通道业务受到影响。但这些负面影响反而会促使信托业加快发展主动管理能力，拓展资产证券化、家族信托等业务。这一点已经在近期信托业发展中有所体现。自 2016 年第三季度开始，信托行业资产规模、营业收入、净利润增速触底回升，2017 年全国 68 家信托公司管理的信托资产规模突破 26 万亿元，同比增长 29.81%，环比增长 7.54%，较 2017 年第三季度的 5.47% 上升了 2.07 个百分点。值得一提的是，在本轮信托资产增加过程中，主动管理型业务占主导地位，代表通道业务的单一类资金信托整体呈下降趋势，同比增长 18.56%，远低于行业总体增速水平，占比也由 2016 年末的 50.07% 降至 45.73%，下降幅度为 4.34 个百分点。可见，《意见》去通道要求并不会大幅冲击信托公司资产管理规模增速，目前信托业已按照较高标准计提赔偿准备金。但是，信托"刚兑"是行业潜规则，未来能否完全打破，仍待观察。

第七，对基金公司的影响：利好。与银行、信托、券商相比，过去基金公司监管严格，《意见》新增约束较少，业务影响主要来自于银行负债端收缩对基金本身业务量的影响[1]。

（3）资管新规的长期影响分析。《意见》过渡期结束后，资管行业将迎来真正意义上的洗礼。银行业首当其冲，原来以银行理财为主的行业格局将会面临新一轮调整。长期来看，整个行业发展方向大致有以下几个特征：

1）银行资管业转型。第一是以表内资金接续回表，代表为结构性存款。原有保本型理财产品可与结构性存款[2] 对接，近期结构性存款快速上涨也反映了这一态势。未来，随着压降目标的临近，一些原本非保本型理

---

[1] 有些观点甚至认为基金公司是《意见》的"相对受益"者，严格的监管约束从"劣势"变为"优势"。

[2] 结构性存款相当于通过在普通存款中嵌入金融衍生工具，与利率、汇率、指数、商品等相联系，使得投资者有机会在满足特定条件时获得高于一般存款的收益率；如果条件未满足，投资者可能获得相对较低的利息率。因衍生品覆盖范围与种类极为丰富，可嵌入普通存款的衍生品结构也可多种多样，从而满足各类风险偏好投资者的理财需求。

财产品，不排除出于保留负债资源和客户资源等目的，通过发行结构性存款产品来接续的可能性。结构性存款的特点，是纳入银行表内核算，视同存款管理[①]，并要求银行销售结构性存款严格执行理财产品销售的相关规定，充分披露信息、揭示风险，做好投资者保护。未来，相关监管部门有很大的可能，会对结构性存款的具体监管要求进行规定。

第二是继续发行表外资管产品，代表为类货基产品。《意见》提出两个5%约束，一定程度上为继续发行使用摊余成本法的表外资管产品留下了空间。但考虑到相关限制，这部分规模相对有限。以货币基金为例，近年来依靠互联网销售平台极速、便捷但风险揭示缺失的投资体验，以及本质为垫支的"T+0快速赎回"业务，货币基金规模[②]近年来一直保持高速增长，在公募基金中的占比也不断提升。

第三是向独立法人主体转型，代表为成立银行资管子公司[③]。未来一段时期，成立子公司深耕资管业务，从制度上实现表内表外风险的隔离，乃大势所趋。目前，银行业已开始行动，继光大银行、浦发银行、招商银行、华夏银行、北京银行之后，近期交通银行成为第6家设立资管子公司的银行，也是第一家宣布设立资管子公司的国有大型商业银行。

2）非银资管业转型。以券商资管和信托为代表的非银资管，正积极转型为主动管理。一方面，相比银行，非银资管投资渠道更加广泛，在保证风控的前提下，通过对全球大类资产的合理配置，可获得结构多变、风格多样的产品，比如 FOF、海外结构化产品、另类投资等，从而满足更为

[①] 相应纳入存款准备金和存款保险基金的缴纳范围，相关资产应按规定计提资本和拨备。

[②] 据 Wind 数据，2018 年第一季度末，货币基金净值余额接近 8 万亿元，在公募基金中占比约为64.68%。值得一提的是，监管层已开始注意这一漏洞，相继出台了《货币市场基金监督管理办法》《公开募集开放式证券投资基金流动性风险管理规定》等文件，规范货币市场基金的募集、投资运作等相关活动，加强流动性风险管控，保护投资者及相关当事人的合法权益。6月1日，中国证监会与中国人民银行联合发布的《关于进一步规范货币市场基金互联网销售、赎回相关服务的指导意见》，要求严格落实"三强化、六严禁"的原则，对"T+0赎回提现"实施限额管理。即"对单个投资者持有的单只货币市场基金，设定在单一基金销售机构单日不高于1万元的'T+0赎回提现'额度上限。投资者按合同约定的正常赎回不受影响"。

[③]《意见》提出"过渡期后，具有证券投资基金托管业务资质的商业银行，应当设立具有独立法人地位的资产管理公司开展业务"。

丰富的投资需求。另一方面，在资管行业回归"受人之托，代人理财"属性后，一些拥有投研体系的非银机构尤其是券商，可依托出色的投研能力，与银行机构重新竞争市场份额。即便是在银行发行结构性存款的情况下，一些商业银行（以农商行为主）由于不具备衍生品交易资质，或具备交易资质但缺乏与高风险衍生品投资要求相匹配的投研能力，需要与非银机构合作，才能完成。这对于投研能力、产品开发能力强、能妥善平衡收益风险比的非银机构来说，此类业务有望带来新的增长点。

3）非标转标。第一是将资产端"非标"做资产证券化处理，代表为公募 ABS①。对此，在银行间和交易所发行公募 ABS，成为规避上述监管限制的一个重要选择。再加上此前银监会 4 号文件将私募 ABS 非洁净出表模式认定违规，发行公募 ABS 逐渐成为正规出表的长期途径。虽然理论上利用公募 ABS 转标、出表可行，但实际上仍存在一些障碍：首先是银行间和交易所监管标准不统一，如何规避违规风险成为主要顾虑之一。其次是针对出表问题，根据会计认定，出表必然涉及项目劣后档的销售问题，目前投资者对 ABS 产品劣后档认识程度较低，再加上发起机构往往不愿让渡次级高收益，也间接影响了投资者的投资热情。再次是 ABS 所对接资产需要有稳定现金流，并非所有非标资产都能简单直接证券化。2018 年 1 月 5 日，原中国银监会发布《商业银行委托贷款管理办法》后，针对此类现金流不符要求资产的"委贷+专项计划"双 SPV 模式的 ABS 也被限制，虽可以改用"信托+专项计划"等模式，但费用明显提高，且监管层对此类业务态度尚不明确。最后是现有规模较小，市场存量仅有 2 万亿，能否承担几十万亿非标转标，仍需继续观望。第二是直接将"非标"资产重组，或协议转让。目前此类非标转标相关案例较少，一些项目资产重组或协议转让的操作较为复杂，可复制性较低，需要进一步观察效果。

---

① 根据《意见》要求，公募产品将无法借由私募产品（包括信托计划、证券公司资管计划）对接非标资产，再加上禁止期限错配的要求，相当一部分期限较长的非标资产，也将难以找到期限匹配的对接资金。

4）宏观调控影响。第一，对银行利润影响较大，不良化解与资本补充压力进一步加大。假设所有银行理财产品都面临估值风险（最严峻的情况，即不考虑使用摊余成本法情况），则以目前29.54万亿元的银行理财产品进行初步估算，假设预期收益率统一为4.5%，目前银行一年期定期存款利率（无风险利率）为2%左右，则银行实际承担的风险敞口为29.54万亿元×（4.5%−2%）=7385亿元。若严格执行《意见》要求，到期后该部分资金无法接续，则全部为银行实际承担损失。假设《意见》过渡期结束后，只有未到期的银行理财产品面临估值风险（较宽松的情况），则以20%~25%的比例估算，有5.9万亿~7.4万亿元，则银行实际承担的部分为1475亿~1850亿元。截至2017年末，商业银行不良贷款余额为17057亿元，不良率为1.74%，净利润为17477亿元。可见，最严峻的情况下7385亿元损失，几乎等于商业银行净利润的42%，即便是较宽松的情况下也占到商业银行净利润的8%~11%，都将在一定程度上影响银行盈利能力，进一步加大不良化解压力。与此同时，银行理财产品回表将会对银行的资本金补充带来较大压力，结合MPA考核关于广义信贷增速的限制以及新资本管理办法过渡期将于2018年底结束，未来一段时期内，银行以各种方式补充资本金或成为普遍现象，加之海外科技股回归（CDR存托凭证大量发行），资本市场面临的扩容压力不可忽视。

第二，对社会融资规模和M2的影响不确定。对社会融资规模而言，债券市场的萎缩，可能会带来社融收缩。但由于资金出现分流，利好股市和保险行业推动券商、信托、基金公司向主动管理模式转型，这些可能会扩大社融。因此，对社融的最终影响不确定。近年来，M2和社融分化的主要原因来自同业业务，随着资管业务的规范，同业业务会萎缩，M2可能会进一步回升，但也可能由于直接融资体系的完善而进一步下滑。

第三，对杠杆率的影响需要分项分析，居民部门的杠杆率可能进一步抬升。首先是金融部门的杠杆率会下降。《意见》有利于降低资金在金融体系内部空转，实现金融部门去杠杆。其次是房地产和基建部门杠杆率会下降。由于非标投资受限，影响房地产和基建部门融资渠道，虽然这些非标融资会部分转为标准化债券融资，但这些都会降低房地产和基建部门的杠杆率。再次是政府部门杠杆率也会下降。但这与地方政府隐性负债清理有一定关联。最后是居民部门加杠杆将会加剧。类似现金贷、网络小额贷款等非法民间金融行为可能会层出不穷，对补齐这部分的监管短板将提出更为迫切的要求。

（二）市场维度——债券市场

经过多年的努力，中国目前拥有全球第三大债券市场和全球第二大信用债券市场，债券市场的自由化和国际化也取得了重大进展。私募企业债券、同业存单、短期融资券和中期票据等债券品种的发行已接近注册制；公开发行的债券，核准要求和程序的透明度相当高；银行间债券市场已在很大程度上实现了对境外金融机构的开放，国外机构投资者能够通过"债券通"进入银行间债券市场，境外投资者可以通过 QFII 和 RQFII 计划进入交易所债券市场。但与此同时，债券市场的监管割裂长期以来并没有得到解决，严重影响了债券市场长期稳健发展。

债券市场的法律监管框架是以《中华人民共和国中国人民银行法》《证券法》《公司法》为基础的。这些法律规定了监管机构的监管责任、投资者的适用性和债券公开发行的资格。中国人民银行和证监会等监管机构也分别对其管辖的债券市场的部分发布了详细的指南和通告。对投资者、债券和交易平台的监管框架涉及多个监管机构。经过多年的历史沿革，现今债券市场的监管机构主要有三个——中国人民银行、发展改革委以及证监会。中国人民银行是银行间债券市场的主要监管机构，监管政府债券、政策性银行债券、短期融资券、中期票据和同业存单的交易。证监会对在交易所交易的公司债券进行监管，包括公募债券和私募债券。发展改革委对大型国有企业和非上市公司（主要为地方政府融资平台）发行的企业债进行审批（见表4-3）。

企业债和公司债的公开发行核准要求是以净资产和利率覆盖率为依据。根据证券法的规定，信用债券公开发行的核准要求是累计债项余额不

表4-3　各债券品种的发行要求

债券类型	核准制或注册制	交易平台	存管机构
中央/地方政府债券	全国人大批准	大部分在银行间市场，少数在交易所	中央结算公司、中国证券登记结算有限公司
政策性银行债券	中国人民银行批准	大部分在银行间市场，少数在交易所	中央结算公司、中国证券登记结算有限公司
金融债	中国人民银行批准	银行间市场	中央结算公司
短期融资券、中期票据和同业存单	NAFMII 注册	银行间市场	银行间市场清算所股份有限公司
企业债	国家发改委批准	大部分在银行间市场，少数在交易所	中央结算公司、中国证券登记结算有限公司
公司债	公开发行的债券由证监会批准、私募债实行注册制	交易所	中国证券登记结算有限公司

资料来源：笔者整理。

超过资产总额的40%[1]。筹集资金投向也有相应要求。如，产能过剩行业可能会面临更严格的审查标准。公开发行债券的披露要求很高，通常需要披露年报，信用评级要高于 AA。

投资者准入和产品挂单方面仍存在明显的分割。除了基于发行人类型的不同监管要求外，投资者对不同产品和平台的准入也有不同的监管规定。首先，不同交易平台的投资者类型有所差异。银行间市场占债券市场的90%，主要是银行投资者。虽然合格的非银金融机构也有一定程度的参与，但由于对手风险，银行不太愿意与非银金融机构交易。相比之下，交易所债券市场主要面向非银金融机构、公司财务和个人投资者，银行面临监管限制。例如，银行无法进入交易所的固定收益交易平台（如大宗交易系统）。2010 年，作为一个试验计划，16 家具有良好治理结构的上市商业银行获准参与交易所债券市场。境外投资者获准进入银行间市场，但是交易所的公司债券市场只对 QFII 和 RQFII 开放。其次，交易某些金融产品受到实体类型的限制。例如，银行不能交易债券期货。很少有政策性银行

---

[1] 即最近三年平均可分配利润足以支付企业债券一年利息。

债和金融债在交易所上市和交易。再次，由于投资者类型和交易机制的不同，同一发行人（如国开债）在银行间市场和交易所债券市场交易的收益率差别相当大。最后，银行间市场和交易所债券市场的一级交易商制度和做市商安排有所不同（见表4-4）。

表4-4　产品、投资者基于交易平台的准入

	银行间市场	交易所市场	中金所
正式监管机构	中国人民银行	证监会	证监会
前端监管机构	NAFMII	交易所及中国证券业协会	交易所
存管机构	中央结算公司、银行间市场清算所股份有限公司	中国证券登记结算有限公司	中金所
交易方法	场外	竞价	竞价
主要投资者	主要是银行，有一些非银金融机构	主要是非银金融机构和个人	非银金融机构
最受欢迎的产品	债券、中期票据、短期融资券、同业存单、金融债	公司债、企业债	5年期、10年期的国债期货
准入限制	所有合格的专业投资者	银行受到限制	银行和保险公司不能参与
对境外投资者开放	对离岸投资者基本开放，与香港通过"债券通"连接	限于QFII和RQFII	无

资料来源：笔者整理。

银行间债券市场和交易所债券市场的基础设施和自律监管机构不同。NAFMII是银行间债券市场的自律监管机构，而中国证券业协会和交易所是交易所债券市场的前端监管机构。它们关于市场行为、财务披露和产品开发的规定可能有所不同。有三家登记结算机构：中央结算公司结算银行间市场的公开发行债和企业债，银行间市场清算所股份有限公司结算同业存单、短期融资券和中期票据，中国证券登记结算有限公司作为中央对手方结算在交易所交易的公司债。不同存管机构之间产品的转移是被允许的，但是实际上它很少发生，可能是由于管理成本。所有这些制度障碍可能会增加交易成本，从而降低市场流动性。

投资工具和投资者类型的不同是对债券投资施行差异化税收的基础。

国内投资者在投资国债或地方政府债券时对利息收入免于征税，但国内公司投资者需就资本利得的部分缴纳增值税（6%）和所得税（25%）。在投资公司债券时，除金融企业对金融债券的投资将对利息收入免征增值税外，利息收入和资本所得均需征收增值税（6%）和所得税（25%）。作为政府提高海外投资者参与债券市场程度的一项举措，海外投资者投资在岸债券市场可享受优惠税收，除金融债和信用债的利息收入将按所得税（10%）和增值税（6%）征税外，其余交易收益免税。企业投资者应每季提交一次包括债券相关税收的法人所得税回报，同时每年应提交一次调节差额的报告。由于无法完全掌握投资者的成本基础信息，托管银行或经纪人通常不会扣押需缴纳的税款。

税收制度可能阻碍了政府债券的交易。大多数银行的债券投资均被计为持有至到期，并因此免于"逐日盯市"要求。政府债券由于近年来收益率的持续下降而存在交易溢价。因此，政府债券的出售可能需要缴纳资本利得税。在此情况下，银行可能会选择用现金回购债券而非在需要流动性的场景下出售债券。政府债券的利息收入免税状况是银行持有至到期的另一动机。相较而言，国开行债券交易更为频繁，部分原因在于其较大的债券发行规模和较小的税收扭曲。国开行债券的利息收入和资本利得按同一所得税和增值税征税。

共同基金大部分免征债券投资税。为促进国内资本市场的机构投资者参与交易，目前共同基金免予征收利息收入和资本利得税。同时，共同基金的股息收入和投资收益在回馈投资者时也可免税。因此，一些银行通过将债券投资外包给共同基金来减轻税收负担。在过去几年中，小银行通过从批发资金（例如发行同业存单）融资投向共同基金管理的外包投资。银行资金上年成为共同基金流入的主要来源。然而，银行通常会在短期利率急剧上涨或者投资遭受债券市场波动的损失时全额撤回委托投资。对这种机构投资共同基金进行的税收优惠值得重新考虑，或许只有散户可以享受这样的优惠税收。

(三) 机构维度之一——系统重要性金融机构

系统重要性金融机构 (Systemically Important Financial Institutions, SIFIs) 是指在金融市场中居于重要地位、承担关键功能, 其倒闭可能给金融体系造成损害并对实体经济产生严重负面影响的金融机构。与以往历次金融危机有着实质性不同, 系统重要性金融机构在本轮金融危机中并非起到了"金融稳定器"作用, 反而成为系统性风险和金融危机的制造者、传递者和受害者[①]。

本轮国际金融危机充分暴露出国际组织和一些国家在认识和监管上的缺陷: 第一是缺乏统一认识。第二是普遍存在监管主体不清、监管手段和工具不足、风险限制和责任追究力度不够、跨境协调合作不畅等问题。第三是侧重对系统重要性金融机构微观层面的监管而忽视对宏观系统性风险的关注。第四是处置系统重要性金融机构机制失灵, 部分临时国有化等手段依赖政府资金, 增加纳税人负担, 易引发道德风险。第五是不同国家法律环境差异较大, 对跨境系统重要性金融机构的监管安排、金融消费者利益保护、跨境处置责任分担等问题存有分歧。

吸取国际危机教训, 有效的系统重要性金融机构监管框架应当包括以下方面: 第一, 统一监管范围。对于金融体系中具有系统重要性地位的金融机构, 不但要从金融机构的属性 (如银行、保险、证券公司、金融集团等) 加以区分并纳入监管, 而且要从规模性、替代性、关联性、对交易对手和市场产生影响性等要素对系统重要性的大小进行评估并采取针对性监管措施。第二, 明确监管主体。无论系统重要性金融机构监管主体是一个或者是多个, 该监管主体都应该获得法定授权、赋予独立性和预算自主权、配备相适应的监管资源。对于存在多个监管主体的, 还应确定牵头部

---

① 考虑到其巨大的负外部性, 主要国家不得不斥巨资对这些金融机构进行救助, 造成了巨大的财政负担, 也助长了金融机构的道德风险。危机后, 国际社会达成共识, 应当加强对系统重要性金融机构的监管, 降低道德风险及其倒闭造成的负面冲击, 减少纳税人负担和维护市场公平竞争。

门，负责不同部门之间的协调工作①。第三，赋予监管主体充分的监管手段和工具。提高监管强度和有效性，同时坚持微观审慎监管与宏观审慎管理相结合，包括提高监管技术、注重集团和并表监管、增加监管的持续性和全面性、实施前瞻性监管、运用独立第三方机构等。第四，建立有效处置机制，包括明确恢复与处置计划、有效处置制度和工具、可处置性评估安排、跨境处置协调机制，完善存款保险制度或以私人部门为主要资金来源的处置基金制度，减少对公共救助资金的依赖。第五，加强跨境合作。完善跨境信息共享机制，并在考虑母国或东道国监管者意见的基础上提高监管联席会议的有效性。建立监管当局之间信息交换和保密的安排，针对全球系统重要性金融机构设立特别监管安排，包括组建危机管理小组、跨境处置协调、同行评议等。

本轮国际金融危机以来，国际社会和各国金融监管者开始重新审视系统重要性金融机构作为宏观审慎管理的空间维度以及其系统性风险传导途径，结合自身实际情况和改革目标，积极推动系统重要性金融机构的监管改革不断深入。2015年11月3日，金融稳定理事会② 更新全球系统重要性银行名单，中国建设银行首次被列入，至此我国前四大银行全部跻身全球系统重要性银行之列，接受来自国内外双重监管压力。由此可见，我国系统重要性金融机构监管任务任重而道远。但与发达经济体相比，我国在系统重要性金融机构监管上还存在一定的差距，从现实需要和发展趋势上看，都有必要加快建设我国系统重要性金融机构的监管框架。

借鉴国际经验，结合基本特征，我国系统重要性金融机构监管应当注重以下方面：首先，强化事前结构化限制，降低负外部性。鉴于系统重要性金融机构的负外部性不仅仅来源于规模，采取事前结构化限制措施来加

---

① 监管主体可由现有机构或者新设独立机构承担，其监管目的至少包括：减少系统重要性金融机构倒闭的可能性、减少负外部性的规模和冲击程度、减少危机救助时公共资金的投入和纳税人负担、维护公平的市场竞争以防止其利用"太大而不能倒"的地位获得不公平利益。

② 2013年7月19日，金融稳定理事会公布了首批9家全球系统重要性保险机构名单，中国平安保险集团是发展中国家中唯一入选的保险机构。

强对系统重要性金融机构的监管就显得尤为重要，也就是说，既要防止系统重要性金融机构过大，又要防止其过于复杂以及风险关联程度过高。具体而言，就是要根据风险水平高低，有层次地、有针对性地对高风险业务和过度金融创新进行限制性监管，使系统重要性金融机构的关联程度和复杂性得到有效控制。其次，构建风险处置机制，减少道德风险和竞争的不公平性。允许系统重要性金融机构在经营失败、经营不审慎时可以倒闭、破产、退出市场是防止道德风险、维护优胜劣汰机制、发挥市场约束作用的现实需要。风险处置机制旨在提高监管机构的处置能力，确保系统重要性金融机构恢复正常经营或顺利退出市场，降低对整个金融市场的冲击，实现优胜劣汰，保护存款者和纳税人的利益，降低道德风险。最后，加大过程监管和违规成本，降低成本收益不对称性。强化过程监管主要是通过风险监管和资本要求，进一步加大系统重要性金融机构的违规成本。考虑到系统重要性金融机构的复杂性和关联程度，第一是要有针对性的措施来提高其风险抵御和抵补能力，比如，实施更为严格的流动性、资本和大额风险暴露监管要求，最终使其风险控制在可承受水平之内；第二是主动加强非现场监测和预警，及时识别并处置风险；第三是提高现场检查频率，使监管政策得到有效贯彻落实，从而使金融机构潜在的风险得到有效化解；第四是进一步完善系统重要性金融机构的并表管理监管评估框架，并表监管继续强化。

2008年11月27日，一行两会联会发布《关于完善系统重要性金融机构监管的指导意见》。2019年11月26日，中国人民银行和银保监会（简称"一行一会"）就《系统重要性银行评估办法（征求意见稿）》公开征求意见。该评估办法作为指导意见的实施细则之一，既是认定依据，也是未来强化监管的前提。

2020年12月3日，一行一会发布《系统重要性银行评估办法》（银发〔2020〕289号），正式建立我国系统重要性银行评估与识别机制。

（四）机构维度之二——金融控股公司

2017年7月，习近平总书记在全国金融工作会议强调"防止发生系统性金融风险是金融工作的永恒主题",并明确指出要"规范金融综合经营和产融结合"。在新时代新征程的大环境下[①],转型与创新将成为金融综合经营的主要发展方向。

1. 现状：四种发展模式与三个新特点

从业务发展模式上,我国大致有四种：第一种是非银金融控股的金融集团（融→融）。主要分为两大类：一类是以中信集团、光大集团、平安集团等为代表,特点是主业为金融且牌照基本齐全,综合化经营优势较为明显；另一类是以保险系、券商系、基金系、创投系等为代表,特点是牌照数量相对较少,但横向拓展的空间较大。第二种是银行系的金控平台（融→融）。以四大资管公司、建银投资、中银国际等为代表,特点是主业为银行,具有丰富的渠道和客户资源,横向拓展的空间较大,单一牌照衍生能力较强。第三种是产业资本控股的金控平台（产→融）。以招商局集团、广州友谊、中航资本等为代表,特点是实体企业通过自己设立或者入股的方式进入金融领域,主业为非金融产业,金融牌照逐渐齐备。第四种是国有资产投资平台,主要由地方政府组建（产→融）。以浙江省金融控股有限公司、江苏省国信资产管理集团、天津泰达集团等为代表,特点是"地方财政＋金融资本"[②]。

从业务功能来看,除了传统意义上的整合资源、客户、技术、服务、渠道等优势之外,我国金融综合经营和产融结合呈现出一些新的特点,值得关注。第一,渐有脱离服务主业的趋势。部分实业法人成立金融控股公司或准金融控股公司（产→融）,战略原本定位于产业和金融互相配合,实现产业资源与金融资源有效对接,以内部金融单位或金融平台为依托,充分利用金融市场的融资功能或便利条件,最终实现提升企业主业竞争力的目标。比如,汽车集团旗下的财务公司,向符合条件的客户提供借款优

---

① 党的十九大报告进一步指出,当前我国经济已由高速增长阶段转向高质量发展阶段,正处在转变发展方式、优化经济结构、转化增长动力的攻关期。

② 即对分散的地方财政性质股份进行整合,吸引各类金融要素资源区域化聚集。

惠，其目的仍旧是为企业主业做大做强服务的。但是近年来，随着实体经济进入深度调整期，一些产融结合类控股机构开始脱离服务主业的目标，逐渐由过去的以提升企业主业竞争力为主，演变为目前的以提升企业整个集团尤其是金融领域竞争力的态势。第二，对金融领域的介入过快过深。实业经营与金融经营毕竟性质不同，如果产业资本介入金融领域过快过深，由产到融过程中所累积的风险不容忽视[1]。一些国企背景控股公司纯粹出于短期盈利目的，利用监管空白和法律漏洞，大量投资入股乃至控股金融机构，更有甚者大量参与金融市场投资炒作，乃至参与风险较大的期货等金融衍生品市场的炒作，人为制造资本运作泡沫。第三，公司治理机制不够完善，未能有效防控风险。对于多数由融到融类（即"融→融"）的金融控股公司（以下简称金融集团）来说，除了常见的信息披露风险、关联交易风险、双重财务杠杆风险、资本金不足风险、利益冲突风险以外，还有一些公司治理方面的问题[2]。由产到融类控股公司同样也有一些特有的风险[3]。

2. 背景：渐行渐近的强监管周期

种种迹象表明，继资产管理业之后，加强对金融控股公司的监管已渐成共识，并大有成为此轮强监管周期"下一站"的势头。

（1）前车之鉴——整治金融乱象和重建市场纪律的需要。随着中国经济持续增长，居民财富管理需求不断攀升，各类资产管理业务迅猛发展，整个行业也经历了从无到有、从小到大、从弱到强的发展历程。我国资产管理业始于1998年的公募基金，发展于2008年起的银信、银证、银基、

---

[1] 一旦政府宏观调控或自身产业出现问题时，整个集团将会陷入资金链断裂的危机，甚至引起金融风险。

[2] 一些具有国有资本背景的金融集团公司治理存在先天缺陷，即国有产权所有者缺位，董事会和监事会的职能不能得到正常的发挥，存在着政企不分，高管由各级组织部任命、考核和管理等问题。

[3] 由产到融类控股公司普遍存在高层从业人员资历不足、金融知识缺乏等问题，不能真正理解金融体系的经营文化与风险所在，容易将实业界的成功经验复制到金融领域。为满足自身扩张冲动，一些控股公司依赖大量的内部银行贷款或借助其他金融机构的资金，维持集团的资金链条；在实务操作中以短期融资资金去投资长期相关产业，投资结构搭配失当；监管套利严重者往往会故意违规操作、制造大量不当关联交易，从而产生重大的金融风险。

银保等合作,兴盛于 2012 年监管松绑后的银行表外理财以及各类通道业务、非标业务、委外投资等新模式。过去几年,我国资产管理业务规模扩张迅速,一定程度上与金融体系内部资金的自我循环密不可分。由于监管标准不统一,现行分业监管体制不利于防范和处置跨市场、跨行业风险,导致前段时期金融市场波动,系统性风险隐患较大。为规范资产管理业务有序发展,资管新规出台,资产管理业将迎来前所未有的监管从严期。"前车不忘,后事之师",为了不重蹈资产管理业"一松就乱"的覆辙,有关产融结合与金融控股公司的监管也将提上日程。

(2)回归本源——行业规范发展和转型升级的内在需求。回顾美欧主要国家的金融控股公司和产融结合发展历程,不难发现"放松—监管"周期循环往复。回归本源不但是强监管环境下的理性选择,更是行业规范发展和转型升级的内在需求。本次国际金融危机后,无论是由融到融的花旗集团,还是由产到融的通用电气公司(以下简称 GE),抑或是采用全能银行制的德意志银行,都在经历危机洗礼之后,不约而同地走向主动收缩和回归主业的道路。以 GE 为例,数十年来作为全球楷模,长期引领着世界产融结合的发展方向。GE 产融结合始于 1905 年[①],后来逐渐扩大,融开始脱离产,走向独立发展[②]。危机后,融遭受巨额损失,甚至严重影响了产[③]。2015 年 4 月 10 日,GE 宣布将剥离旗下 90% 的金融资产,融开始回归服务产的轨道[④]。

---

① 最初的金融业务服务于零星的商业信贷。随后开始涉足消费信贷、设备租赁、商业地产、工业贷款等领域,并逐步发展成为可承办除个人存款业务之外的所有其他金融业务的非银行金融机构。

② 随着金融业务不断扩大,GE 金融从最初推动集团产品销售服务转变为专业金融服务,服务对象也从集团内部扩展到集团外部,成为独立运作的 GE 金融资本公司(GECC)。在鼎盛时期,金融业务甚至被视为 GE 的主营业务,通过 GECC 进行并购是 GE 国际化经营的重要手段。

③ 但从 2008 年起,受危机导致的资产减值影响,GE 金融业绩下滑明显,为了挽救 GECC,GE 采取了一系列措施,但都收效甚微。最终,GE 选择通过对金融资产剥离、重组,回归制造业来实现战略转型。

④ GE 通过一系列的金融资产剥离、重组、成立新公司、减少投资等方式,实现了金融业务的"瘦身"。至此,独立的金融板块已不复存在,仅保留与之相关的医疗、航空服务、能源服务部分,使 GE 业务板块拓展更专注于实业。GE 的这一战略转型对于近年来积极拓展金融混业经营、探索产融结合诸多领域的中国企业来说,无疑提供了经验和借鉴。

（3）强化监管——守住不发生系统性风险底线的外部要求。与快速发展形成鲜明对比的是，我国对于金融综合经营和产融结合的相关立法和监管实践却相对滞后。从金融监管覆盖面上，形成了事实上的监管真空地带①，对党的十九大提出的"守住不发生系统性风险底线"形成极大挑战。一方面，金融监管主体不明确，难以形成合力。目前，金融控股平台事实上由国资委监管，但作为央企主管的国资委并非金融业监管的专业部门②。另一方面，金融体系的系统性风险加大。这类风险③若处置不当，就可能形成金融体系风险。

3. 趋势："一二三四五"监管逻辑

以资产管理业务为鉴，我们大体可以描绘出对金融控股公司的监管逻辑。

首先，"一个统一"。从资产管理业务前车之鉴来看，未来在国务院金融稳定发展委员会（以下简称"金稳委"）框架下，很大可能会以统筹监管方式④来监管金融控股公司。从前期暴露的风险来看，不排除强制设立金融控股公司并实施法人隔离的可能性，特别是央企只能作为金控公司的股东，参股不控股，金控公司和央企实业之间厘清关系，隔离风险，并接受严格的监管等。在立法层面，为组建标准、运作模式、审慎管理要求、风险处置程序等实现"有法可依"，未来一段时间内，《金融控股公司法》将会作为金稳委的一项重要工作，有序推进并择机颁布。

---

① 除了银行控股模式中作为母公司的商业银行以及已经改制的金融资产管理公司明确接受银监会监管外，其他金融集团式和产业控股式的母公司大多游离于金融监管之外。

② 银监会、证监会、保监会只能分别监管金融控股平台下的各个具体的金融机构，难以对跨市场、跨行业的经营行为实行有效监管。金融控股公司市场主体身份没有得到明确，监管机构无法依照法律按金融机构的标准对其进行监管。由于无法将控股母公司归入某类金融机构，监管主体也无法全面落实，使本来需要进行严格监管的机构游离于监管体系之外，风险外溢问题严重。

③ 央企通过直接或间接方式控股、参股多家银行、证券公司以及信托投资公司，并通过资本运作方式，在各金融机构和非金融机构间频繁转移资金。通过资金链和大量关联交易，央企将不同金融机构之间、金融机构与非金融机构间的风险联结在一起，一旦某个金融机构或实业企业出现问题，集团内部资金链断裂，个别机构的个体风险就会相互传染并影响到整个集团。

④ 无论是采用纯粹型金融控股模式，还是采用经营型金融控股模式，将金融控股机构或平台视为金融机构纳入监管已成定论。

其次，"双层监管"。考虑到现有分业监管体制，未来可能会实施事实上的"双层监管"模式。经金稳委授权，由央行牵头负责金融控股公司在集团层面的全面监管，并负责统筹与国务院国有资产监督管理委员会、国家发展和改革委员会等部门的监管协调工作。与此同时，按照金融控股公司下属各机构性质，按照银、证、保的类型实施分业监管。

再次，"三个层次"。即内控机制、政府监督以及外部市场监督。三个层次① 不可或缺，相辅相成。

复次，"四大关键性问题"。第一是对金融控股公司尤其母公司是一般实体企业的金融控股公司的监管是否存在真空；第二是金融控股公司及下属各独立法人之间的"防火墙"建设、关联交易风险防范和对股东行为的监管情况如何；第三是金融控股公司是否存在资本重复计算和过度负债问题；第四是是否存在金融控股公司对同一客户的多头授信问题。

最后，"五道防火墙"。建立信息②、业务③、资金④、人事⑤、机构⑥ 五道防火墙，防止金融控股公司经营风险的交叉、传染和扩大。

（五）机构维度之三——产融结合

自 19 世纪末起，随着自由资本主义向垄断资本主义过渡，现代意义上的产融结合逐步发展起来，大致经历了"自由结合—政府干预—加速融

---

① 据风险资本要求、监督管理、市场纪律所关注的目标和要求，构筑一个完整高效的金融控股公司监管框架，至少应包括三个层次：第一是金融控股公司具备完善的内控机制；第二是健全的法律体系下政府部门实施有效的监管；第三是外部市场必要的监督补充。

② 即信息防火墙，杜绝银行子公司将存贷业务中获悉对于客户的有价证券价格具有重大影响的信息传递于证券子公司，使之凭借信息优势进行内幕交易，实现不正当利益。

③ 即业务防火墙，在实现混业经营的综合效益的同时，防止在公众中形成保险公司、证券公司、银行一体化的印象，导致经营风险的相互感染。

④ 即资金防火墙，从事不同金融业务经营的关联机构之间非常规交易的禁止或限制性规范，要区别授信交易或授信以外的交易，并予以不同的规制。

⑤ 即人事防火墙，从事不同金融业务经营的关联机构之间高级管理人员在准入和任职上的规范要求。从实际运作情况看，高级管理人员掌握着资金的调度权和日常经营决策权，如果没有完善的防火墙机制，会使实体企业的经营风险在金融市场中一一体现并被放大。

⑥ 即机构防火墙，完善集团化的公司治理架构，实现集团子公司在法人层面上相互隔离，在母公司、子公司两个层面均构建起神形兼备的"三会一层"治理架构，明确各方职责分工与激励约束机制，防范风险的传递与蔓延。

合—回归本源"四个阶段。相比之下，我国产融结合呈现多阶段杂糅性特征，从而也带来特殊的风险和挑战①。结合国际趋势以及我国产融结合风险的特殊性，未来监管思路将从方向端、准入端、业务端、监管端四个方面展开，弥补监管短板，促进非金融企业和金融机构良性互动。

1. 主要经济体产融结合的发展历程

虽然主要经济体的产融结合演变过程大相径庭，但总体上仍具有一定的共性规律可循，可以大致分为四大阶段。

第一阶段：自由结合期（20 世纪 30 年代大萧条之前）。在这一阶段，发达经济体大多推崇自由竞争理念，政府对市场基本持有放任不管的态度，并未对非金融企业和金融机构相互持股或跨业经营进行限制。在当时，普遍认为发行股票和债券属于工商企业的自主行为，与金融资本融通无关，不需要进行监管。即便此后股票交易从自发逐渐走向集中的过程中，其管理也多遵循自律原则。正是在此背景下，主要发达经济体产业资本和金融资本的融合不断加速，甚至资本日趋集中形成垄断，出现了产业资本和金融资本的融合体，即类似美国摩根、英国巴克莱、日本三菱、德国德意志等"金融资本"和"金融寡头"。

第二阶段：政府干预期（20 世纪 30~70 年代）。在此期间，有两个历史事件至关重要，对产融结合模式的分化具有关键性意义，其影响至今犹在。一个历史事件是 20 世纪 30 年代美国经济大萧条。出于对经济危机的反思，美国相继出台了一系列旨在限制混业经营和产融过度结合的法案，比如 1933 年《格拉斯-斯蒂格尔法案》、1934 年《证券交易法》、1935 年的银行条例等。值得一提的是，在此期间，部分美国商业银行试图通过成立银行持股公司或控股集团②。直到 1956 年③，才有效遏制住金融业对非金融部门渗透控制的冲动。至此，在政府的干预和引导下，美国的产融结合

---

① 对此，"一行两会"联合发布《关于加强非金融企业投资金融机构监管的指导意见》，以规范非金融企业投资金融机构行为，未来也将对金融控股公司监管进行统一规范。

② 以便实现对一些工商企业或小规模金融机构的控制。

③ 1956 年颁布《银行持股公司法》。

开始走向以发达的资本市场为依托的道路，即允许产业资本自由进入金融市场融资（产→融），但金融机构直接投资工商企业会受到市场准入、持股渗透等严格限制（融→产）。另一个历史事件是"二战"。"二战"后，德国和日本作为战败国，经济处于崩溃的边缘，劳动力大大削弱，金融市场在内的基础设施薄弱。为短期内实现快速提振经济的目的，德国、日本两国不约而同地走向了以银行主导的产融结合道路。无论是德国的全能银行制还是日本的主银行制，其核心产融结合是在银行主导下进行的，即银行资本通过债权股权相结合的方式渗透到产业资本中，必要时能够对企业治理结构产生直接的影响，甚至掌握企业的控制权。

第三阶段：加速融合期（20世纪80年代至本次国际金融危机前）。随着主要西方国家经济陷入滞胀，打破分业经营和产融结合的限制渐成共识，以美国为首的发达经济体陆续放松监管，产融结合也迎来了新一轮高峰期。与此前自由结合期不同的是，经济发展的金融化和金融活动的复杂化成为这一时期产融结合的主要特征。自20世纪80年代以来，金融创新活动迅速兴起，各类复杂化的衍生产品不断涌现，在监管刻意放纵下，发达经济体金融部门迅速膨胀，非金融部门甚至居民部门深度涉足金融领域，金融与实体经济的关系日趋复杂，一些国家甚至出现由制造业驱动向金融导向的趋势，经济的重心从产业部门转向金融部门，经济发展走向金融化。这种趋势在微观层面体现为非金融企业金融活动明显增多，其获取利润的模式从贸易和商品生产转为金融交易渠道，企业经营重心也由产品市场转向金融市场，经营战略也更多受到金融领域的影响。在这一时期，类似GE[1]这种产融结合模式甚至数十年来引为全球楷模，一度引领过全球产融结合的发展方向。

---

[1] 以美国通用电气公司（以下简称GE）为例，最初的金融业务服务于零星的商业信贷。随后开始涉足消费信贷、设备租赁、商业地产、工业贷款等领域，并逐步发展成为可承办除个人存款业务之外的所有其他金融业务的非银行金融机构。随着金融业务不断扩大，GE金融从最初推动集团产品销售服务转变为专业金融服务，服务对象也从集团内部扩展到集团外部，成为独立运作的GE金融资本公司（GECC）。在鼎盛时期，金融业务甚至被视为GE的主营业务，通过GECC进行并购是GE国际化经营的重要手段。

第四阶段：回归本源期（本次国际金融危机至今）。本次国际金融危机后，无论是由融到融的花旗集团，还是由产到融的 GE①，抑或是采用全能银行制的德意志银行，都在经历危机洗礼之后，不约而同地走向主动收缩和回归主业的道路。同样以 GE 为例，2015 年 4 月 10 日，GE 宣布将剥离旗下 90% 的金融资产②，2018 年 7 月，GE 宣布年内退出祖业照明业务，将在医疗器械和运输等 7 个主要业务中分拆和销售 4 个，未来主要集中于电力、航空和再生能源 3 个部门，从此彻底告别过去产融综合经营模式③。由此可见，回归本源不但是强监管环境下的理性选择，更是产融结合规范发展和转型升级的内在需求。

2. 我国产融结合的阶段性特征

通过回顾主要经济体发展历程，不难发现我国产融结合呈现多阶段杂糅的特征，即既有政府干预下的资本整合，也有利益驱动下的快速扩张，更有监管缺位下的无序发展。

第一种是政府干预式，主要分为两大类：一类是地方政府组建的国有资产投资平台，以浙江省金融控股有限公司、江苏省国信资产管理集团、天津泰达集团等为代表，特点是"地方财政＋金融资本"④；另一类是国务院批准的支持国家经济发展战略的大型企业集团产融平台，以中信集团、光大集团、平安集团等为代表，特点是主业为金融且牌照基本齐全，综合化经营优势较为明显。

第二种是加速融合式，主要分为两大类：一类是产业资本控股的金控平台，大多以央企为主，以招商局集团、广州友谊、中航资本等为代表，

---

① 从 2008 年起，受危机导致的资产减值影响，GE 金融业绩下滑明显，为了挽救 GECC，GE 采取了一系列措施，但都收效甚微。最终，GE 选择通过对金融资产剥离、重组，回归制造业来实现战略转型。

② GE 通过一系列的金融资产剥离、重组、成立新公司、减少投资等方式，实现了金融业务的"瘦身"。至此，独立的金融板块已不复存在，仅保留与之相关的医疗、航空服务、能源服务部分，使 GE 业务板块拓展更专注于实业。

③ GE 的这一战略转型对于近年来积极拓展金融混业经营、探索产融结合诸多领域的中国企业来说，无疑提供了经验和借鉴。

④ 即对分散的地方财政性质股份进行整合，吸引各类金融要素资源区域化聚集。

特点是实体企业通过自己设立或者入股的方式进入金融领域，主业为非金融产业，金融牌照逐渐齐备；另一类是民营资本控股的金控平台，以明天系、海航系、复星系、恒大集团等为代表，特点是大多以投资、并购等方式控股多家、多类金融机构，股权结构"隐蔽 + 分散"。

第三种是自由结合式。部分互联网企业在非金融领域（如电商）取得市场优势和原始资本后，采用各种方式获取金融牌照进入金融领域，如阿里巴巴、腾讯、苏宁云商、京东等，特点是运用大数据等互联网科技手段，建立综合化金融平台，方式自由化，易游离于监管的灰色地带。

3. 当前我国产融结合风险的特殊性

总体来看，我国产融结合呈现多阶段杂糅性特征，这一特征自然会导致我国产融结合风险特点的多样性，也给我国金融稳定与发展带来了特殊的挑战。

第一，信用结构不均衡加剧脱实向虚的风险。长期以来，我国信用结构并不均衡，资源配置也大多向政府信用背景倾斜。在金融牌照稀缺、股权转让溢价高的背景下，一些原本与实体经济结合最紧密的政府背景企业，反而一味地追逐金融投资回报，以钱炒钱，投机获利，成为资金二道贩子。值得一提的是，与国际趋势相同的是，我国产融结构已有脱离服务主业的势头，不同的是我国更多体现为政府信用背景的企业脱离服务主业的势头[①]更为猛烈。比如，汽车集团旗下的财务公司，向符合条件的客户提供借款优惠，其目的仍旧是为企业主业做大做强服务的。但是近年来，随着实体经济进入深度调整期，一些政府背景的产融结合类控股机构开始脱离服务主业的目标，逐渐由过去的以提升企业主业竞争力为主，演变为目前的以提升企业整个集团尤其是金融领域竞争力的态势。

第二，监管结构不匹配带来对金融领域过快过深介入的风险。现行分业监管体制对产融结合有漏洞可钻，主监管者长期以来不明确，对于非金

---

① 原本战略定位于产业和金融互相配合，实现产业资源与金融资源有效对接，以内部金融单位或金融平台为依托，充分利用金融市场的融资功能或便利条件，最终实现提升企业主业竞争力的目标。

融企业作为大股东的金融机构也没有额外监管，对于股东行为没有额外强制约束。然而，实业经营与金融经营毕竟性质不同，如果产业资本介入金融领域过快过深，由产到融过程中所累积的风险不容忽视①。一些国企背景控股公司纯粹出于短期盈利目的，利用监管空白和法律漏洞，大量投资入股乃至控股金融机构，更有甚者大量参与金融市场投资炒作，乃至参与风险较大的期货等金融衍生品市场的炒作，人为制造资本运作泡沫。

4. 未来防范化解产融结合风险的监管思路

下一步，根据相关部署②，"一行两会"将会对金融控股公司监管进行统一规范，补齐监管短板，弥补监管空白。结合国际趋势以及我国产融结合风险的特殊性，未来监管思路将从以下几个方面展开。

第一，推动非金融企业回归主业，扭转方向端错误③。无论是顺应国际潮流，还是助力风险攻坚战，回归主业已成为国内外非金融企业的重要发展方向，某种程度上也代表着政策层面的指导意图。从政策环境来看，以美、欧为首的发达经济体在汲取 2008 年国际金融危机教训之后，试图扭转脱实向虚的错误方向，强化监管的同时，推出一系列旨在促进实业发展的财税优惠政策，以促使非金融企业和金融机构聚焦自身主业。可以说，近年来 GE 剥离金融业务正是主动适应这种政策转向的产物。

第二，强化股东资质管理，严控准入端风险。《意见》有别于此前规定之处有三：一是强调识别穿透性④；二是强调监管差异化⑤；三是强调资金

---

① 一旦政府宏观调控或自身产业出现问题时，整个集团将会陷入资金链断裂的危机，甚至引起金融风险。

② 2018 年 4 月，"一行两会"联合发布《关于加强非金融企业投资金融机构监管的指导意见》（以下简称《意见》），以规范非金融企业投资金融机构行为，有效隔离实业和金融业风险，促使非金融企业和金融机构良性互动发展。

③《意见》指出，立足主业，服务实体经济。企业投资金融机构应当以服务实体经济为目标，紧密围绕企业自身主业发展需要，科学布局对金融机构投资，避免脱实向虚。

④ 即穿透识别实际控制人和最终受益人，加强对股权结构的持续管理，强化资金来源真实性、合规性监管。

⑤ 即对金融机构股东按重要性不同实施差异化监管，明确准入和资质要求。《意见》主要规范作为金融机构主要股东或控股股东的非金融企业，对一般性财务投资不作过多限制。对于主要股东特别是控股股东，要求其核心主业突出、资本实力雄厚、公司治理规范、股权结构清晰、管理能力达标、财务状况良好、资产负债和杠杆水平适度，并制定合理明晰的投资金融业的商业计划。

真实性①。

第三，加强公司治理，严控业务端风险。《意见》致力于激励与约束相匹配，树立正向激励，严肃市场纪律，促进非金融企业和金融机构良性互动，从以下四个方面提出了监管措施：一是简化股权结构②；二是规范关联交易③；三是强调制衡机制④；四是强化风险隔离⑤。

第四，加强监管协调，严控监管端风险。《意见》坚持穿透原则和实质重于形式原则，注重监管协调，加强宏观审慎管理，以补齐以往监管短板。一是加强对企业和金融机构的穿透监管⑥；二是明确协调主体框架⑦；三是建立制度保障⑧。

2020 年 9 月 13 日，《金融控股公司监督管理试行办法》正式发布，弥

---

① 即 2017 年全国金融工作会议提出"非金融企业投资参股金融机构必须使用自有资金"。《意见》强调企业投资金融机构的资金应当真实合法，不得以委托资金、负债资金、"名股实债"等非自有资金投资金融机构；严格审查入股资金来源、性质与流向，严禁虚假注资、循环注资和抽逃资本。

② 即《意见》明确要求非金融企业投资金融机构应当具有简明、清晰的股权结构，简化投资层级，提高组织架构的透明度。同时，通过对金融机构股权质押、转让和拍卖的管理要求，以避免企业违规恶意质押、转让所持有金融机构股权。

③ 即严格规范和监管企业与所投资金融机构之间的关联交易。金融机构应当遵循穿透原则要求，将主要股东及其控股股东、实际控制人、关联方、一致行动人、最终受益人作为自身的关联方进行管理。严禁通过授信、担保、资产购买和转让等方式开展不当关联交易，不得通过多层嵌套等手段隐匿关联交易和资金真实去向，不得通过"抽屉协议""阴阳合同"等形式规避监管。

④ 即《意见》要求金融机构应当建立有效的决策、执行、监督相互制衡机制，强化董事会决策机制，避免大股东或实际控制人滥用控制权。对董监高的任职和兼任、企业股东履职等亦有要求，以防不当干预。

⑤ 即为有效隔离实业风险和金融风险，《意见》规定成为金融机构控股股东的非金融企业，应当建立法人、资金、财务等方面的防火墙，从制度上隔离实业板块与金融板块，对企业与金融机构之间的业务往来、信息共享等行为进行有效规范。

⑥ 即《意见》将金融机构股东资质、入股资金来源、治理结构、关联交易等作为监管重点，特别是强化治理结构和关联交易监管，要求金融机构说明并定期更新股权结构相关信息，包括持股比例、关联方及关联关系等，穿透至实际控制人、最终受益人，以及其他关联人和一致行动人；未按规定如实报告的，依法从重给予处罚。

⑦ 即《意见》提出在国务院金融稳定发展委员会指导和协调下，人民银行、金融监督管理部门与发展改革部门、财政部门、企业国有资产管理部门等之间加强协作与配合，强化信息共享，提高监管实效。

⑧ 即《意见》提出建立金融机构股权结构信息报告制度，并加强金融管理部门与发展改革部门、财政部门、企业国有资产管理部门等之间的协作配合和信息共享；金融监督管理部门创新监管方式，运用大数据监管、信用监管等手段，加强事中事后监管；企业投资金融机构的相关信息纳入金融业综合统计体系。企业应当严格执行企业会计准则，加强信息披露。

补了之前的监管空白，细化了金融控股公司准入的条件和程序，进一步完善了我国金融监管权横向配置。

三、我国金融监管权横向配置的关键环节之二——审慎监管与行为监管

金融危机后，继宏观审慎管理和微观审慎监管之后，如何有效维护金融消费者权益① 已日益成为当下国际金融监管改革的第三条主线。

"双峰"（Twin Peaks）理论由英国经济学家迈克·泰勒（Michael Taylor）于 1995 年提出，认为金融监管目标应是"双峰"的：维护金融体系安全稳健（审慎监管）和保护金融消费者权益（行为监管）。审慎监管主要采取的是过程监控与事后处理方式，注重指标管控、综合评价和类别监管等方面，工作重心集中在机构风险损失与危机事件。行为监管主要采取的是前瞻式干预方式②，侧重行为管控与问题评价，工作重心集中在应对金融机构治理行为失效以及个人消费信用欺诈。

正确认识和运用两者之间的辩证关系③，最大限度地发挥彼此相互促进和相互补充的作用。以美国次贷危机为例，起因是银行向收入极低或资产额很少的公民发放住房贷款。从审慎监管上，各项指标表现良好，此类贷款并没有影响金融机构的稳健经营④。但实际上，从行为监管上，却隐藏着消费者权益被侵害的事实⑤。

"双峰"监管模式的最大优势在于，其监督强化的领域恰恰就是最易于各方合作的领域。审慎监管关注风险监测和风险管理，而行为监管则重

---

① 国际社会逐渐认识到金融消费者权益保护不足也是金融危机的根源之一，强调行为监管与审慎监管并重的"双峰"监管理论开始得到认可。

② 相对于审慎监管，跨产品、跨机构、跨市场的协调性在行为监管中有所体现，行为监管还可以推动风险监管关口前移，从而深化审慎监管的层次。

③ 审慎监管与行为监管是金融监管的两大支柱，两者之间应当寻求一种有机平衡。

④ 按照审慎监管的观点，消费者资产负债也应当是安全的。

⑤ 这些短期稳健的审慎监管指标背后，却是大规模侵害消费者权益的行为，行为监管缺失最终威胁到了审慎监管指标的长期表现。

在监督行为的披露，相得益彰，形成天然的合作。但是正如硬币的两面性，实施"双峰"监管模式既有较为明显的优势①，同时又有不可忽略的劣势②。

金融危机前，澳大利亚和荷兰采取的就是"左眼金融安全"和"右眼金融服务"的"双峰"监管模式，成功抵御了危机的冲击，并迅速从危机中复苏过来。美国财政部公布的蓝皮书中对"双峰"监管模式寄予了极大的信心，认为其"可能会是未来最理想的监管结构"。在主要经济体的新一轮金融改革方案里都不难捕捉到"双峰"监管模式的"身影"，其中以英、美两国最具代表性。

英国："准双峰"式。2011 年 6 月，英国政府宣告了原有三方监管体制的结束③，采用"准双峰"式监管架构④。

美国："伞+双峰"式。2010 年，美国吸收了"双峰"理念⑤，对原有

---

① 其"三大"优势在于：一是缓和两大监管目标的内在矛盾。通过有效隔离审慎监管与行为监管两大职能，使两个目标的矛盾最小化，既确保金融体系的稳健性，又给予消费者保护足够重要的地位。二是监管机构各司其职，不存在功能重叠。"双峰"监管机构可以雇用各自领域的专家，审慎监管机构雇用金融业务和经济方面的专家，行为监管机构则主要雇用实施监管规则方面的专业人员，充分发挥各自职能。三是可以给予消费者特别是零售消费者充分的保护，同时确保信息透明度和市场操守。行为监管机构不仅有权制定监管规则，还有权设立仲裁调解机构和开展机构巡查项目，制定各种形式的消费者利益补救措施。

② 其"三大"局限性在于：一是在目标优先性上的选择难题。从金融体系整体来看，当两个目标存在矛盾时，仍无法同时兼顾两者。从实践来看，当审慎监管与保护消费者的目标发生冲突时，一般更强调金融系统稳健性，会以前者为重。二是与功能监管类似，"双峰"模式使一个金融机构需要同时接受几个监管部门的监管，容易造成金融机构管理成本的上升和监管效率的下降。三是过分强调系统性风险防范和消费者保护两个目标之间的区别，事实上这两个目标联系密切，长期上具有很强的一致性。正是因为实施"双峰"模式的监管成本较大，对监管人员的专业素质要求较高，世界银行（2013 年）认为低收入和小国家的"双峰"监管可以由一个机构负责，但需要强调审慎监管与行为监管的内在独立性。

③ 英国正式发布包括立法草案在内的《金融监管新方法：改革蓝图》白皮书，对英国金融监管体制进行全面改革。

④ 具体架构为：英格兰银行下新设金融政策委员会（FPC），实施宏观审慎监管，负责监控和应对系统风险。然而原来 FSA 的审慎监管职能和行为监管职能将分别由新设立的两个机构承继：一是审慎监管局（PRA），作为英格兰银行的子公司，负责对各类金融机构进行审慎监管；二是金融行为监管局（FCA），负责监管各类金融机构的业务行为，促进金融市场竞争，并保护消费者。同时，PRA 和 FCA 在与宏观审慎监管有关的方面都将接受 FPC 的指导。

⑤ 2010 年美国出台了《多德-弗兰克法》。

的"伞"式金融监管模式进行改革，由市场稳定监管者（美联储）充当"伞+双峰"的"伞骨"，在美联储下设独立的消费金融保护局（CFPB）[1]，美国保留了大部分的审慎监管机构，如联邦存款保险公司（FDIC）、证券交易委员会（SEC）和商品期货交易委员会（CFTC）等。

南非：正在转变中的"双峰"模式。截至2017年底，南非的金融监管框架大致如下：南非储备银行（South African Reserve Bank，SARB）根据《银行法》负责银行监管；金融服务委员会（Financial Services Board，FSB）负责监管所有其他的金融服务业，包括保险、养老基金、集合投资计划、中介机构等。金融服务委员会根据不同的行业法律（如《长期和短期保险法》《退休基金法》《集合投资计划法》）来监管相关行业以及中介机构。金融服务委员会负责对其监管的机构实施审慎监管。国家信贷监管局（National Credit Regulator，NCR）负责监管所有的消费信贷行为。提供消费信贷的任何机构都必须在NCR注册，包括银行、保险公司或任何其他机构。消费信贷的含义非常广泛，基本囊括所有类型的信贷，不论发放贷款的主体是何种类型。但是一些信贷（如股东提供的贷款以及一些保险贷款）被排除在外。

从2017年开始南非的金融监管框架发生变化（2018年4月1日生效），建立了"双峰"监管模式，具体内容如下：《金融业监管法》(Financial Sector Regulation Act)解散了金融服务委员会（FSB），设立专门机构负责监管金融领域的所有行为（包括消费者保护），即金融行为局（Financial Sector Conduct Authority，FSCA）。同时，还设立了专门机构负责审慎监管所有银行、保险公司、养老基金等，即审慎局，该审慎局[2]设在央行内部。NCR仍然是独立的一个机构，相关职能并未被转移至FSCA。目前在NCR和FSCA之间已建立一系列的合作协调机制和委员会。

---

[1] 美国对原有监管机构的相关金融消费者保护职能进行整合，但此次改革的目标模式并不是"双峰"结构。

[2] 此前FSB的审慎监管职能移至目前的审慎局。

目前，我国采取的是"内双峰"模式，主体是 2011 年获批的由原"一行三会"各自成立的四个金融消费者保护机构。从广义的职能上看，还应当包括外汇管理局和工商行政管理总局"消费者保护局"的相关金融消费者保护职能。近年来，我国金融市场侵害消费者权益的风险案件增多，理财产品销售中误导消费者、场外配资失控、e 租宝等公司打着互联网金融旗号非法集资、首付贷隐匿不明资金来源等现象层出不穷。这些不断暴露的非法金融行为风险表明，我国金融市场不够成熟但发展速度较快，亟须借鉴国际经验，研究与设计符合我国国情且与审慎监管相协调的行为监管体系，有效保护金融消费者权益，维护市场公平竞争秩序，保障金融消费者信心。

继央行最后贷款人、审慎监管以及存款保险制度之后，将行为监管作为金融安全网的第四支柱，这一理念成为国际社会实施"双峰"监管模式的共同初衷。从国际实践看，各国总体框架和运行方式存在较大差异。这些差异不但来自各国不同的历史背景、时代特征、政治经济环境和特殊国情，更源于各国如何认识"双峰"[①]、与消费者权益保护的区别以及如何对以科技金融为代表的非传统金融进行有效监管等问题。从演变历程看，"双峰"监管模式国际实践已呈现出明显的阶段性，即第一阶段（1998~2007 年）的独立模式、第二阶段（2008~2012 年）的叠加模式、第三阶段（2013 年至今）的并存模式。

第一阶段（1998~2007 年），更多强调行为监管与审慎监管的区别，更倾向于采取独立的"双峰"监管模式。理论上，行为监管与审慎监管存在明显差异，具体体现在监管目标、监管方式、对监管者监管能力的要求等方面。一是监管目标的差异。审慎监管重在金融市场的供给方，行为监管重在金融市场的需求方[②]。二是监管方式的差异。审慎监管主要采取的是

---

① 即行为监管与审慎监管之间的辩证关系。
② 行为监管以确保市场公正透明、监督金融机构对待金融消费者的行为、维护金融消费者信心为目标，重点在金融市场的需求方。

过程监控与事后处理方式，注重指标管控、综合评价和类别监管等方面，工作重心集中在机构风险损失与危机事件。行为监管主要采取的是前瞻式干预方式，侧重行为管控与问题评价，工作重心集中在应对金融机构治理行为失效以及个人消费信用欺诈。三是对监管者监管能力的要求也存在着差异。正是源自这些差异①，在危机前实施"双峰"监管的两个国家，即澳大利亚和荷兰，均采取行为监管和审慎监管相独立的模式，且"双峰"机构之间通过两两备忘录进行监管协调。为促成高效的合作机制，避免职能重叠或真空，澳大利亚甚至成立了一个非正式合作主体——金融监管理事会进行协调②。

第二阶段（2008~2012年），重视行为监管与审慎监管的区别，而忽视行为监管与金融消费者保护之间的区别，实践中因受制于各方掣肘，采取叠加式引入"双峰"。理论上，行为监管与金融消费者保护不是等价概念③。实践上，美国财政部于2008年3月31日公布了《金融监管体制改革蓝图》，提出了一系列改进建议，其中包括长期向"双峰"监管模式转变的设计④。危机后强调金融消费者保护的声音更多于加强行为监管的声音，再加上此次改革的目标模式并不是"双峰"结构，美国保留了大部分的审慎监管机构，如联邦存款保险公司（FDIC）、证券交易委员会（SEC）和商品期货交易委员会（CFTC）等。这种叠加式引入"双峰"的后果是显而易见的，行为监管者与多个审慎监管者之间的冲突不断。以共和党为代

---

① Taylor曾将审慎监管和行为监管之间的差异形象地描述为审慎监管类似于医生，其职业习惯促使他们在发现病因后努力加以医治，而不是对当事人严肃问责；然而行为监管更像是警察，倾向于对违纪行为立即处罚。

② 澳大利亚还明确财政部对行为监管、审慎监管等监管机构的主要负责人的任命权，协助其他监管机构共同推动相关监管政策的实施。

③ 从工作内容上，金融消费者保护是行为监管工作的一部分，行为监管外延更宽，既包括规范金融机构和自然人消费者之间交易时的行为，也规范金融机构之间、金融机构与非金融企业之间交易时的行为。比如，操纵同业拆借市场利率、操纵汇率、反洗钱等属于行为监管的内容，但超出了消费者保护的范畴。

④ 美国于2010年出台《多德-弗兰克华尔街改革与消费者保护法案》，对金融消费者权益保护做了全面规定，并整合原本四分五裂的个人消费者保护体系，在美联储内部设立了一个专业性消费者保护机构，即金融消费者保护局（CFPB）。

表的反对派多次试图修改法案以限制 CFPB 权力范围、经费来源、决策机制等，相关议题仍在争论之中。2017 年 11 月，CFPB 局长科德雷在遭共和党集体炮轰之后请辞，并指定代理局长，而美国总统特朗普也同时指定人选，两方在谁有选择权上争执不下。

第三阶段（2013 年至今），重视行为监管与审慎监管之间内在独立性的同时，更关注两者的联系，引入"双峰"与多种方式并存。理论上，审慎监管与行为监管是金融监管的两大支柱，虽然两者存在一定的冲突，但从长期来看两者相互促进且相互补充。一方面，有效的审慎监管能确保金融机构稳健经营，不去承担过高的风险，有利于改善金融机构的资产质量，提振金融消费者对金融市场的信心，切实维护金融消费者权益；另一方面，行为监管是否有效，最终可以体现到审慎监管的各项监管指标之中。审慎监管与行为监管之间应当寻求一种有机平衡，正确认识和运用两者之间的辩证关系，才能够最大限度地发挥两者合力作用。基于此逻辑，危机后一些专家甚至国际组织认为没有必要设立独立的行为监管部门，甚至世界银行（2012 年）也认为低收入和小国家的"双峰"监管可以由一个机构负责，但需要强调行为监管与审慎监管的内在独立性，类似观点也曾出现在 FSB、OECD 文件中。实践上，在具体引入"双峰"监管模式上，由于对行为监管与审慎监管的统一性认识程度不同，既有两者相独立模式（南非计划效仿荷兰实施"外双峰"模式），也有行为监管机构负责部分审慎监管职能（英国"准双峰"模式），更为流行的是行为监管和审慎监管职能集于一体的模式（新加坡、印度、日本等）。值得注意的是，随着科技金融的快速发展，一些国家在加强行为监管的基础上，开始尝试"监管沙箱"方式，鼓励以消费者受益为中心的金融创新。

2007 年 9 月 14 日，北岩银行挤兑危机爆发，成为英国 1866 年以来首次大规模银行挤兑事件，既是美国次贷危机向欧洲蔓延最终演变成全球金融危机过程中的标志性事件，更是引发英国金融监管改革的关键性事件。吸取北岩银行的教训，英国通过一系列改革重构金融监管框架，其中引入"双峰"以及相关协调机制的设计是一个重要的亮点。

英国废弃了原有三方监管体系,撤销 FSA,在英格兰银行内部设立负责宏观审慎管理的金融政策委员会(FPC),新设隶属于英格兰银行的审慎监管局(PRA)和隶属于财政部的金融行为监管局(FCA),分别负责微观审慎监管和行为监管。与此同时,英国相继出台《2012 年金融服务法草案》等一系列法案,确立了以央行及其附属机构 FPC 为核心的协调机制,涉及"双峰"的协调内容主要包括:PRA 与 FCA 之间[①]、FPC 与 PRA 和 FCA 之间[②]、英格兰银行与 FCA 之间[③]的协调。

在人员任命上,MPC、FPC 和 PRA 董事会成员交叉任职,每个委员会的委员可列席其他委员会会议,三个委员会还会经常就共同关心的问题召开联合会议,这极大地促进了不同职能部门之间的信息共享和合作。另外,FCA 总裁为 PRA 董事会成员,英格兰银行主管审慎监管的副行长和

---

① 即审慎监管局与金融行为监管局之间的协调。从监管内容来看,PRA 与 FCA 存在一定的重叠,都是针对具体的金融服务机构,但两者监管侧重点和范围有所区别。PRA 负责对吸收存款机构(包括银行、建筑互助协会和信用合作社)、保险公司及大型或复杂投资公司(证券公司)进行审慎监管,而 FCA 除对上述机构主体进行行为监管外,还负责对一般投资公司、投资交易所(证券交易所)及其他金融机构(如保险经纪公司、基金管理公司等)进行审慎和行为监管。法案明确规定了两部门之间的协调义务和方式。a. 一般协调机制。根据法案规定,PRA 和 FCA 必须签订备忘录,说明其在行使与监管被许可机构或具有共同监管利益的事项有关的限定职能时各自扮演的角色,及其在行使此种职能时如何履行上述协调职责。备忘录还规定特殊情况下,PRA 可对 FCA 发出指示,要求 FCA 不对某些监管对象采取行动。例如,当 FCA 惩罚某个企业,可能导致该企业无序倒闭,造成整个金融系统不稳定时,PRA 可行使否决权。b. 具体监管领域内的协调机制、经营许可事宜。对于受到 PRA 和 FCA 双重监管的机构,PRA 在向该机构颁发金融业务经营许可之前必须征得 FCA 同意监管规则的制定和豁免。法案规定,PRA 和 FCA 在制定任何监管规则之前都必须相互协商,以确保监管的连贯和协调,特别是涉及双重监管机时。PRA 和 FCA 在做出监管规则豁免或修改决定之前也必须相互协商。若无法取得一致,可选择咨询 FPC 行为处罚事宜。PRA 和 FCA 都可施以处罚,也可以单独吊销金融机构的牌照。

② 即 FPC 与 PRA 及 FCA 之间的协调。作为微观监管者的 PRA 和 FCA 与作为宏观审慎管理者的 FPC 之间的关系主要表现为事关金融稳定的信息、建议和专业知识的双向交流。FPC 需要充分了解 PRA 和 FCA 各自监管领域内可能影响金融稳定的情况。反过来,FPC 可以就事关金融系统稳定及其风险的所有问题向 PRA 和 FCA 提供建议和专业知识。在必要时,FPC 还可以向两家微观监管机构发出有约束力的指令权和具有准约束力的"或履行或解释"的建议权。FPC 可以作为 PRA 和 FCA 之间分歧的仲裁员,但对单个企业的具体监管并无发言权。

③ 即英格兰银行与 FCA 之间的协调,主要体现在对清算所的监管。由于新的监管体制下,英格兰银行直接全面负责清算所的监管,在一些关键领域需要与 FCA 密切合作。例如,某一清算所与 FCA 监管的其他清算所和交易平台之间的连接;自我清算的交易所和复杂交易所集团的监管;英国在欧洲证券与市场监管局中的代表权问题(FCA 将在其代表英国)。

FCA 总裁均为 FPC 委员，英格兰银行行长同时担任 FPC、MPC 和 PRA 董事会主席。

在我国，原"一行三会"相关法规对金融消费者权益保护也是"各扫门前雪"，缺少统一的消费者权益保护以及行为监管体系，这在近年来交叉性金融、互联网金融等带有混业经营性质的金融产品迅速发展下，问题更加突出。习近平总书记在全国金融工作会议上指示做好金融工作时，专门指出要"更加重视行为监管"。对此，如何借鉴国际经验，结合我国实际，实施行为监管，并研究、设计与我国金融体系发展相适应的"双峰"监管框架，将成为未来金融监管体制改革中的重点"补短板"领域。

第一，"双峰"监管的成功运行需要有效的协调机制作为制度保障。从目前采用"双峰"架构的国家来看，无论是早期的澳大利亚、荷兰，还是危机后的美国、英国，一个不可忽视的共同点就是在推行"双峰"的同时，设计出一整套协调机制。从协调机制运行情况来看，对协调内容、冲突处理、磋商机制等环节设计越完善的国家，在实际运行中越顺畅，遭遇的阻碍越少。英国就是一个较为成功的例子，"双峰"运行效率明显高于美国，甚至在科技金融等领域的监管大有后起直追的态势。

第二，在当前形势下，我国应更注重行为监管和审慎监管的关联性，可以尝试外管局模式，在央行下设相对独立的行为监管局。危机后，国际社会对于"双峰"关系的界定以及如何平衡问题加强了研究和实践力度，我国也不例外。从国际经验看，尚无必须将"双峰"独立分设的定论。此外，在我国推行"双峰"，尤其是需要关注在提高消费者权益保护、防止滋生道德风险以及鼓励金融创新和发展之间寻求平衡。考虑到央行专业能力以及基层机构设置的优势，建议可以尝试外管局模式，在央行下设相对独立的行为监管局。同时，鉴于行为监管是金融安全网的重要组成部分，关系到国家金融安全，与央行最后贷款人职责存在天然的关联，应当统一纳入国务院金融发展与稳定委员会进行统筹协调。

第三，应避免监管割据和盲区，行为监管权应当在中央层面进行统筹安排。即便是监管碎片化严重的美国，也未将行为监管权下放到地方。在实践中，不宜层层推责，行为监管权应当牢牢掌握在中央层面。如果放任地方政府实施行为监管权，不但不能缓解发展与监管目标不分的矛盾，而且还会演变为以"一行两会"为代表的审慎监管与30多个省市行为监管机构的冲突，进一步加剧监管割据和盲区。更有甚者，一些地方政府可能会以新兴科技或金融创新为名目，归属到所谓行为监管领域，与审慎监管特别是宏观审慎监管"分庭抗礼"，导致一些金融机构和金融活动逃避甚至博弈宏观调控，危及金融安全与稳定。

四、我国金融监管权横向配置的关键环节之三——货币政策与金融监管

货币政策和金融监管是调控和管理经济金融活动的两大手段，二者在根本目标一致的基础上紧密联系，又相互区别。本次金融危机再次引发了国际社会对于货币政策和金融监管冲突与协调问题的关注。

从央行职能发展史上，金融监管曾一度是履行最后贷款人职能的制度基础和保障。美联储在成立之初，就将加强监管与调节货币供应量和维护金融稳定并列为三大职能。本次金融危机显示，20世纪80年代末[1]开始的货币政策和金融监管相分离的割裂式体制安排，并没有带来彼此独立性和有效性的提升，反而因二者矛盾和冲突日益外化导致金融风险防范失当和金融危机全面爆发，使整个社会承受着来自货币政策和金融监管双重失败的沉重打击。从某种意义上来看，正确认识货币政策和金融监管的辩证关系是本次金融危机的重大教训之一。

一方面，货币政策和金融监管互为基础、相互促进。货币政策和金融

---

[1] 20世纪80年代末开始的金融自由化和监管放松，引发了央行淡出金融监管领域且专司货币政策职能的改革浪潮。这一轮改革隐含的假设是金融市场是有效的，央行只需要维持低通胀率就可以维护金融稳定，不需要赋予金融监管职能。

监管的根本目标是一致的①，无论货币政策还是金融监管，最终都服务于促进经济发展的基本目标，而从宏观和总量的视角出发，货币政策和宏观审慎政策框架下金融监管具有内在的一致性，这些一致性为货币政策和金融监管相协调提供了前提条件和基础。

另一方面，货币政策和金融监管存在差异，在特殊阶段如果协调不当可能会造成冲突，抑制对方作用的发挥。二者主要区别在于：第一是目标不同。货币政策的传统四大目标②，货币政策的宏观性与前瞻性要求货币当局更加关注金融机构之间的系统性风险，而不是单个金融机构的营运风险。然而金融监管的目标是防范和化解金融风险、保护公平竞争和提高金融效率，维护金融体系的安全与稳定，因此更加关注金融机构的稳健性经营风险。第二是方式不同。货币政策是中央银行运用利率、存款准备金、公开市场操作等货币政策工具实现调控目标，其执行过程受到中间传导各个环节的影响，存在时滞。然而金融监管是监管当局通过对金融机构资本充足率、市场准入及信息披露等经营活动的监管来防范金融风险，不需要通过中间传导环节，作用效果较为明显。第三是范围不同。货币政策主要通过调控货币政策中介目标，并经过货币政策传导机制间接作用于实体经济，作用范围包括金融市场在内的资本供应量的各个环节（如生产者、金融机构和消费者）与各个相关的金融市场，领域较金融监管广泛得多。

货币政策和金融监管的冲突在本次金融危机中表现得十分突出，冲突过程主要体现为三个阶段：第一，风险累积阶段。金融危机前，长期超低政策利率环境催生了次级贷款以及相关金融衍生工具（货币政策失当），长期监管宽容又进一步诱发这些金融创新产品的过度膨胀（金融监管失当）。第二，风险防范阶段。"理性人"的金融监管者关注焦点集中在微观

---

① 货币政策是中央银行或货币当局为了实现一定的经济目标而采取的各种控制和调节货币供给量或信用量的方针与措施的总称。金融监管是指一国政府为了实现宏观经济、金融目标，依据法律、条例对全国银行及其他金融机构的金融活动进行决策、计划、组织、协调和检查的约束过程。有效的货币政策能够为金融监管创造有利的政策操作环境，而成功的金融监管是货币政策顺利实施的重要保证。

② 四大目标是稳定物价、充分就业、经济增长、国际收支平衡。

监管领域，不会去主动配合央行的货币政策行为，更不会从宏观层面考虑自身监管行为对央行最后贷款人乃至整个金融体系稳定的影响（目标不同）。金融监管权的缺失导致央行无法充分掌握正确、及时的微观信息，错失前期宏观调控和抵御风险的最佳时机（方式不同）。第三，危机处置阶段。在货币政策和金融监管相冲突的背景下，央行可能会承受双层道德风险①。

本次金融危机以来，加强货币政策与金融监管的协调运行成为普遍共识②，各国都在尝试如何通过制度设计来避免和调和可能存在的冲突，使货币政策与金融监管在维护金融稳定和促进经济发展中发挥合力。国际金融监管改革显示货币政策与金融监管之间呈现出"再融合"的趋势③。

当前，我国采取的是"一行两会"金融监管模式，在实践中面临的情况，既与国际发展态势趋同，也有自身特殊国情和阶段特征。《中华人民共和国中国人民银行法》赋予了中国人民银行负责金融稳定的职能，该项职能需要借鉴国际理论与实践的新发展而进一步完善和强化。与国际社会不同的是，我国货币政策框架尚处于从数量型框架向价格型框架的转型过程中，需要从全局的角度把握改革的时机和节奏，促进货币政策框架转型、金融稳定职能的优化以及金融监管改革之间的协调配合。

---

① 危机处置时的权威性和执行力受到严重影响，央行作为"最后贷款人"承受来自金融机构和金融监管的双层道德风险（范围不同）。

② 金融危机以来，各国普遍通过调整监管机构和职能，希望能在整体上构建一个维护金融稳定的宏观审慎管理框架。各国都在尝试建立新的货币政策与金融监管协调运行机制。英国赋予英格兰银行宏观审慎管理和微观审慎监管权，分别由其董事会内部设立的金融政策委员会和其附属的审慎监管局具体实施。美联储成为"超级监管者"，除继续负责对大型复杂金融机构的监管外，还可以根据金融稳定监督委员会的授权，对具有系统重要性金融机构和非银行金融机构实施监管。欧盟应对系统性金融风险主要依靠欧洲系统性风险委员会，该委员会主要由成员国央行行长组成。德国赋予央行宏观审慎管理权，金融监管局负责微观审慎监管。俄罗斯央行成为统一监管者，对所有金融机构实施宏观审慎管理和微观审慎监管。法国、韩国赋予了央行维护金融稳定的职责，扩大了央行的职权范围。

③ 主要体现在：第一是所有系统重要性金融机构和整个金融市场都应纳入宏观审慎管理范畴，央行无论是否为监管当局，都应在其中发挥重要作用；第二是对金融体系发展和风险的监测分析，应更好地纳入货币政策框架，原有的"单一利率工具、单一价格稳定目标"的货币政策框架需要重构；第三是金融危机改变了央行的流动性管理理念，要求央行建立较传统意义上"最后贷款人"更为广泛的流动性管理和危机管理框架，应对包括来自金融机构和金融监管的道德风险。

五、我国金融监管权横向配置的关键环节之四——监管体系内外

在现代市场经济体系中，财政与金融关系的制度安排是经济运行的核心制度设计之一。采取何种财政与金融关系，不但影响着宏观经济目标的实现，而且关乎全社会资源配置的效率。然而，作为两大主渠道，财政与金融在资源配置中作用存在差异又互为补充。总体上，财政是通过政府的力量来实现财政资金乃至社会资源的优化配置，而金融是通过市场的力量来实现金融资源的优化配置。从这个角度看，财政与金融的关系本质上是政府与市场关系的一种体现。

由于各国政治制度、经济发展水平、历史文化传统、政府与市场关系等方面的不同，财政与金融的关系也存在明显差异。根据财政与金融彼此间职能划分以及信用覆盖范围，大致可分为三种类型：第一是"小财政、大金融"，如美、英等，财政职能仅限于公共产品和公共财政领域，金融在资源配置中起着主导作用；第二是二者大体平衡的关系，可分为以法制化为基础的德国模式和以行政化为基础的日本模式；第三是"大财政、小金融"，如以我国为代表的新兴市场和转轨经济国家，财政职能更为宽泛，金融市场的资金配置也带有更多的政府信用色彩。

当前，我国仍处于完善社会主义市场经济的转型期。在"大财政、小金融"模式下，尽管法律上就明确禁止财政直接或间接向中央银行透支，但现实中两者失衡①。导致我国财政与金融失衡的直接诱因主要体现在两

---

① 财政与金融关系的失衡仍然存在的具体表现为：第一，从资源配置实践看，政府信用背景的资源配置比重明显上升。无论是之前的平台贷款膨胀，还在现在 PPP 项目操作中的明股实债、政府购买服务泛滥等隐性负债行为，或是国开行发行专项债券充当财政"钱口袋"以及政府利用财政等手段干预金融资源配置等，都是政府信用泛化、借助金融途径挤占竞争性领域资源配置的表现。第二，从政策层面来看，财政政策与货币政策、金融稳定政策之间的冲突仍然较多。如央行货币政策承担的结构调整目标明显增多，未从金融功能角度考虑国债发行的期限和结构，不良贷款处置的财税政策不到位等。第三，从监管层面看，如何处理好财政作为国有金融资产所有者的财务监管与金融监管部门履行的风险监管职能之间的关系，实践中无论是中央还是地方层面都还存在一些问题。

个方面：一方面，信用双轨制下，财政信用对金融信用的侵蚀。各级政府通过显性、隐性担保，限制行业准入，补贴或垄断土地供给等多种非市场手段，为政府背景的企业或行业"增信"，导致资金大量流向财政政策偏好的基建（中央财政更为偏好）和房地产部门（地方财政更为偏好）。另一方面，收益风险不对称，金融功能的财政化。由于财政信用泛化与风险承担力收缩存在明显的不对称性，金融资源被用于原本应由财政资源投入的地方，作为最后贷款人的中国人民银行也被迫履行金融稳定"买单人"和政策性金融机构出资人的职责。

导致我国财政与金融失衡的体制根源有三：第一是未厘清政府与市场的边界。各级政府以调控为名，在资源配置中直接干预市场活动，甚至为政府背景的企业"增信"，突出表现为以房地产为代表的地方政府信用泛化。第二是未理顺中央与地方的财政事权和支出责任。现有财税体制不合理，中央与地方的财政事权和支出责任不匹配。按照事权划分三原则（外部性原则、信息处理的复杂性、激励相容），地方财政自主性本应逐渐增强，但目前是中央财政集中统一性越来越强，地方财政日益入不敷出，倒逼地方政府通过汲取金融资源来弥补财政资源的不足。第三是民生支出刚性、"花钱买稳定"的简单化倾向。各级政府存在一定的"花钱买稳定"的倾向，对社会问题大包大揽，各级财政民生支出快速增长，呈现明显刚性特征。

针对两大直接诱因和三大体制根源，本书从短期治标和中长期治本入手，提出破解当前我国财政与金融失衡的政策建议。一方面，短期改革以治标。第一，央行结构化工具应该由财政适当配合。进一步完善央行扶贫、支农、支小、棚改等结构化货币政策工具，使其与财政政策的协调配合，建立合理的风险补偿和分担机制。第二，加强财政监管，解决财政风险金融化问题。打破刚兑，严禁地方财政资金对政府背景项目后续资金接续；清理各种财政干预；修订不良贷款核销政策。第三，财政信用应当"该收的要收、该放的要放"。在房地产、地方政府融资平台等方面，应当收缩政府信用；然而在推进供给侧结构性改革的风险处置中，应当对过剩产能、僵尸企业清理等发挥更大作用。另一方面，中长期改革以治本。第一，划清政府和市场的边界，推动财政与金融双归位[①]。健全金融机构市场退出机制，打破刚性兑付，破除各种扭曲的泛政府信用形成机制，健全市场退出机制，有序释放信用风险。第二，加强财政政策与货币政策的协调。界定两者职责边界，促成相互协调共同发力的局面[②]。第三，理顺中央与地方关系，加快财税体制改革。进一步理顺中央地方的事权和支出责任；同时在硬化地方政府预算约束的基础上逐步开展，"市政债+财产税"使地方政府具备与其职责相匹配的财权与财力，逐步摆脱对土地财政的依赖。第四，厘清财政监管与金融监管的关系。财政监管重在国有金融机构的财务监督，金融监管重在金融机构的风险监管，在此职能定位基础上，解决现有监管中存在的职能交叉、重复监管和监管真空并存的问题。

关于财政与金融失衡的危害性，可以详见第三章第一节的相关分析。

第五节 我国金融监管权纵向配置的制度设计

一、我国金融监管权纵向配置的关键环节：两大分权

从国际经验来看，金融监管权纵向配置与本国政治体制和经济环境紧密相关。与其他国家不同的是，受政治大环境和财政分权等因素的影响，我国金融监管权纵向配置反复出现"一放就乱、一收就紧"的恶性循环。

---

① 推动建设财政向公共财政转型，核心是财政尽量不直接参与经济建设和市场活动，主要为维护市场稳定提供必要的公共物品和公共服务。
② 合理界定财政、货币政策各自边界，加强财政政策与货币政策的协调，形成政策合力。货币政策侧重于短期总需求调节，以保持价格稳定和经济总量平衡，为供给侧结构性改革提供适宜的货币金融环境。财政政策应更侧重于经济结构调整，发挥对定向调控的支持作用，服务于中长期经济发展战略。

在这种背景下，近年来中国金融监管权纵向配置出现了一些混合模式，各地区各类金融办的设立，打破了以往垂直派出模式，开始向分权和集权模式相混合的方向发展。实际上，这种混合式的倾向正是当前我国中央与地方政府关系，特别是中央与地方财权与事权不相匹配的写照。从我国现实情况来看，我国金融监管权纵向配置的关键环节有二，即中央与地方、政府监管部门与行业自律组织之间的监管分权。

二、我国金融监管权纵向配置的关键环节之一——中央与地方之间的监管分权

国际经验表明，金融监管纵向配置体系的形成，与各国经济金融发展水平、历史文化传统等因素有关，没有 "最理想的模式"。当前，多数国家的金融管理职能主要由中央政府履行，如英国通过英格兰银行、德国通过联邦金融管理局和德意志联邦银行、日本通过日本银行和金融监督厅实施金融管理活动。但美国的情况较为特殊，联邦政府和州政府都有金融管理权，这种体制很大程度上源于其国民银行和州银行并存的 "双重银行体系"。美国制度演变呈现 "先有地方后有中央" 的自下而上式特点。早期美国只有州注册银行，银行监管属于州政府职责。1863 年，联邦政府颁布《国民银行法》，批准设立了在联邦注册的银行即国民银行。此后，随着货币监理署、美联储等联邦金融管理部门陆续设立，最终形成了金融业由联邦和州政府共同管理的局面。

与美国不同，我国中央和地方金融管理体制演变遵循的是 "先有中央

后有地方"的自上而下式发展轨迹①，存在一系列问题②。近年来，普惠金融理念的推广催生了一大批合作金融组织、社区金融组织等区域性中小法人金融机构，与此同时各地开展区域性金融改革的积极性高涨，一些带有地方特色的各类金融机构③快速发展，完善金融监管纵向配置的重要性日益突出④。

　　然而，金融监管纵向配置问题很多时候是一个"鸡生蛋还是蛋生鸡"的逻辑循环问题。比如，近年来很多地方成立金融办，很多时候打的旗号是为了更好地处置金融风险，所以需要赋予地方更多的金融监管权，特别是牌照准入权。如果按照这样的逻辑，我们需要回答这么几个问题：

　　第一，这些金融风险是哪里来的？风险如同传染病，身体抵抗力弱，就容易得病。同理，金融监管制度设计不合理，特别是任何一个维度的金

---

① 随着从高度集中的计划经济体制和社会主义市场经济体制的转变，我国金融管理体制也从中央集中管理逐步演变为以中央集中管理为主、地方参与管理为辅的双层管理格局。自2003年农村信用社改革试点以后，中央陆续将农村信用社管理和风险处置等金融管理职责交由地方政府承担。目前，我国已形成了中央管理银行证券保险、地方管理小额贷款、融资性担保等个别业务的金融管理体制。中央金融管理部门承担了绝大部分的金融管理职能。随着经济金融形势的发展，各地方政府纷纷成立了金融办（局），承担地方政府交办的金融管理职责，主要是拟定本地金融发展规划、为地方政府融资、推动企业上市、监管小额贷款公司、处置地方金融风险等，有的还承担地方金融机构出资人职责。

② 由于我国现有法律法规并未明确中央与地方金融管理体制的事权分配问题，相关行为边界也没有合理界定。在实际运行中，我国中央和地方金融管理体制面临几个主要问题：一是金融管理事权过于集中在中央，不能很好地适应地方差异化的经济发展实际。中央金融管理部门偏重风险防控，金融市场准入门槛较高，金融供给体系不能充分满足实体经济多层次需求。二是地方政府行政干预仍然过多，影响金融机构的自主经营和金融资源的市场化配置。多数地方政府对金融机构强调其对地方经济的贡献度，缺乏长期风险和系统性风险防控安排。三是地方政府金融管理职责定位不清晰，责任落实不到位。地方金融办（局）履职缺乏法律法规的支撑，往往既管融资，又管监管，有的还行使出资人职责。从实际情况来看，多数金融办的主要精力放在为地方经济发展融资上，同时由于金融办客观上存在人手不够、专业监管能力不强的情况，造成了地方金融管理"重发展、轻监管"的工作格局，不利于防范金融风险和地方融资冲动。四是中央和地方监管协调和风险分担机制不明确。由于中央金融管理部门更加关注风险最小化，地方政府更多考虑经济发展最大化，条块之间仍然缺乏持续稳定的金融监管协调配合机制和信息共享机制。对于小额贷款公司、融资性担保公司等组织，地方政府普遍未建立明确的投资者保护制度和相关风险救助体系。

③ 如地方金融机构和小额贷款公司等具有金融功能的组织。

④ 党的十八届三中全会指出，深化金融体制改革，完善监管协调机制，界定中央和地方金融监管职责和风险处置责任。这一论述对完善中央与地方金融管理体制，充分调动中央和地方两个的积极性对推动金融改革发展和维护金融稳定具有重要意义。

融监管权配置得不够合理，都一样会导致风险。那么，就产生这样一个问题：金融监管权配置为什么不合理呢？或者说，究竟什么导致金融监管权配置的不合理？首先，需要回答的是合理的金融监管权配置目标是什么，这一点我们在本章第三节里面已经进行了阐述，换句话来说，任何与基本原则相违背的都有可能导致金融监管权配置上的不合理，进而引发金融风险。再进一步来说，金融监管权配置是否合理与金融风险是否爆发密切相关，金融监管权配置上的不合理会导致金融风险，而金融风险的产生必然会归结于金融监管权配置上的不合理问题。

第二，这些风险是否有地域限制？是否只来源于金融监管权纵向配置上的不合理？与传染病更为相似的一点是，金融风险的爆发与传播没有地域限制。任何维度上的金融监管权配置不合理都可能在任何地点爆发与传播金融风险，所以即便有些金融风险是在部分地域爆发的，并不代表这些金融风险只是来自于金融监管权纵向配置上的不合理，也有可能是来自横向或空间维度上的金融监管权配置上的不合理。

第三，即便可以确定一些风险确实来自金融监管权纵向配置上的不合理，那么解决方式是否意味着地方政府出面负责就可以解决一切问题呢？金融业天生就是一个充满竞争的行业，追求利润是金融业持续发展的动力。否认或强行扭曲金融业追求利润的天然目标，是一种不切实际的乌托邦式的幻想，最终会逆发展之大势而为历史潮流所弃。但现实情况中，如果政府与市场关系并没有理顺，金融业很难实现真正的竞争，甚至很可能会面临行政干预的局面。换言之，一个无法正常实现市场出清的金融体系，处处充满着道德风险，任何金融风险的爆发都意味着政府的买单。既然要买单，为何不一开始就归政府来管？再加上历次地方性金融风险处置时，都是由地方政府出面协调，一些处置甚至需要动用公安手段和资源，地方政府自然会有负责金融机构从生到死的一切的想法。然而，真实情况是，很多风险的产生都来源于对政府无限买单的押宝，甚至可以说是道德风险诱发了这些风险的产生和传播。因此，破解产生的道德风险是解决风险的根本之策，而不是由地方政府出面，更加剧道德风险。

第四，即便理论上地方政府可以出面负责金融机构从生到死的一切，是否意味着中央与地方在准入上的职责分好了就可以等于中央与地方在监管上的职责能够分好了？是否就可以等于中央与地方在风险处置上的职责能够分好了？长期以来，无论是横向还是纵向金融监管权配置，最常见的一个认识思维模式就是"谁的孩子谁抱走"。基于此，由谁批设机构便要由谁监管机构，出了风险便要由谁来处置，监管地盘意识便由此产生。在这种情况下，往往会出现"监管范围内的领域管得很死、监管范围外的领域谁也不管、范围不清的领域相互推诿"的局面。自 2013 年以来，我国出现一系列金融风险的根源也在于此。在金融创新客观推动以及金融监管主观规避的共同作用下，"有些孩子"可能无法分清是"谁的孩子"，甚至"有些孩子"可能从一开始就是"黑户口"。那么，原来的"准入=监管=处置"模式就失去了用武之地，而沿用这套模式的中央与地方金融监管权配置方式也自然失效。

第五，我国究竟需要怎样的金融监管纵向配置设计？既然"准入=监管=处置"这套模式不奏效，那么干脆中央与地方金融监管大一统，还要什么纵向配置呢？要回答这些问题，我们需要从退出到进入、从处置到准入，或者可以说从死到生来看待一下金融监管纵向配置设计问题。

首先，从国际经验角度，健全金融风险处置机制关键在于完善金融机构市场化退出机制。有死有生，才是一个完善的金融体系的常态。姑且不谈此前论述过的道德风险问题，一些舆论倾向于将专属于金融机构的破产法和完善金融机构市场化退出机制相挂钩，将责任推到立法机构。实际上，国际经验表明，在法律形式上是否具有一部专属于金融机构的破产法并非是处置风险和市场退出的必要条件。在相当长的历史发展阶段中，一些发达国家主要是依据普通商事企业破产法要求，同时遵循金融业的特殊性，逐步探索出符合本国实际的金融机构市场退出机制。尽管目前我国没有对此专门立法，但在今后一段时期内，专属于金融机构的破产法并非是我国金融机构市场化退出和处置金融风险的必要条件。其次，从实施基础来看，我国已基本具备在现有框架下实施一个金融机构市场成功退出案例的条件。结合我国实际情况,国务院金融稳定发展委员会的成立、中央和地方金融监管职责和风险处置责任的确定、存款保险制度的建立、最后贷款人职责的明确、金融监管体制改革的推进等都为金融机构市场退出奠定了基础。最后,从实施重点来看,还急需突破一些潜在障碍。第一是破"不死之身"的错误观念。有生老病死和能进能出的金融体系才是一个有效的金融体系,才能真正服务实体经济,从而实现经济从高速增长转向高质量发展。第二是破"主导者不清"的固有模式。探索在国务院金融稳定发展委员会的框架下,由承担主要处置成本,特别是履行存款偿付职能的机构来牵头金融机构市场退出工作,以权责相匹配为原则,明确相关部门的职责分工。避免地方政府、监管机构或法院主导模式下,因维稳责任、监管职责、专业能力等掣肘所带来的缺乏处置动力、市场化程度不高且效率低下、政策碎片化等问题。第三是破"无成本约束"的传统思维。效仿美国等做法,权衡成本与收益,以市场化、法制化、处置成本最小化为原则,根据风险程度采取相应纠正、干预和处置措施,必要时介入问题机构公司治理,以有效防范潜在的道德风险。明确损失分摊机制,损失和处置成本要按法定顺序由股东、债权人和其他投资者承担,使用的公共资金要通过事后收费、出售资产或股权等方式收回。第四是破"无问责"的机制弊端。加大责任追究力度,对于一些问题机构恶意损害存款者和投资者利益的违法行为,甚至是相关监管者失职或渎职行为,要做到"追责无禁区、问责无盲区",必要时诉诸法律手段。

三、我国金融监管权纵向配置的关键环节之二——政府监管部门与行业自律组织之间的监管分权

作为金融监管权纵向配置维度,更多代表政府方的政府监管部门和更多代表市场方的行业自律组织之间往往也存在一定的配置关系。从英国、日本、南非等国际经验来看,行业自律组织很好地起到了弥补政府监管空白和完善市场运作机制的作用,甚至一些行业自律组织充当了政府和市场

之间的中介者的角色。从我国实践来看，在一些新兴领域或者不易直接进行政府监管的领域，采用行业自律方式不失为一种方法。从这个角度来看，政府监管部门与行业自律组织之间的监管分权也自然而然地成为金融监管权纵向配置的关键环节。虽然不同领域的行业自律方式和手段有所区别，但基本原则相对明确，即以行业自律为主为先，政府监管为辅为后，一旦行业形成较大规模以至于影响金融安全与稳定时，可由行业自律组织出面，召集行业相关专业人士，共商监管措施，政府监管部门应加强与行业自律组织和行业从业者的互动，提高监管效率和专业性。

第六节　我国金融监管权空间配置的制度设计

一、我国金融监管权空间配置的关键环节：一个逆转

作为发展中国家，我国金融监管权空间维度的地域性配置与本国国际政治经济地位有关。未来我国金融监管权空间配置的一个关键环节在于如何实现破局，即正视发展中国家在金融监管领域合作观念和体制上的三大劣势，突破发达经济金融监管权空间维度配置对发展中国家造成的内向型循环困局。

二、三大劣势引发内向型循环困局

伴随着以美国为主导的国际金融监管规则变革深入，包括我国在内的发展中国家正在承受日益严苛的国际监管压力。在多方力量的"绞杀"下，包括我国在内的发展中国家在金融监管领域合作观念和体制上的三大劣势，逐渐演变为当前"人为刀俎，我为鱼肉"的政治常态。

（一）在客观条件上，发展中国家金融监管改革步伐远远滞后于发达经济体

国际上，金融监管变革形态依次上升可分为三级：第一级变革针对的是监管细节，即对规则和惯例的技术革新，但不改变监管现状，也与颠覆性创新无关；第二级变革发生在机构结构和干涉行为性质层面，与颠覆性创新有一定的关系；第三级变革是关于监管认知或规范属性的变革，比如调整监管目标、理念、模式的改变以及相应的颠覆效应。这种性质的创新变革会催生出第一级变革和第二级变革。由此可见，大部分发展中国家，包括我国金融监管改革处于第一级变革，远远滞后于欧美等发达经济体。

（二）在主观条件上，发展中国家尚不具备输出自我监管标准主张的意愿和能力

虽然发展中国家的国际影响力不断提升，但是运用国际规则为己所谋的战略思维和操作方法还处于初级阶段，离通过国内外并轨改革以维护金融核心利益的美国模式相去甚远。部分发展中国家受到国际金融环境和自身发展瓶颈的约束，经济发展正处于下行期，国内金融监管改革也受到多方掣肘无法推行。还有一些发展中国家经济体量大但金融市场不够成熟，针对复杂的金融市场产生的问题培育本土解决方案的动机有限。这些原因都造成了长期以来发展中国家对美国主导的国际金融监管规则变革主要采取的是被动跟随策略。

（三）在区域合作上，缺乏协调沟通和整体布局规划

与美、英和德、法多次联手不同，发展中国家各自为战，缺少真正意义上的金融监管合作，更没有能够代表发展中国家利益的代言平台。反观发达经济体，除了国际监管组织以外，还有国际金融协会（IIF）等代表主要发达经济体金融机构利益的各类国际组织，以及通过国际金融监管规则变革牟利的各种国际性咨询公司。这些组织相互勾结，高层管理人员彼此流动，无形之间成为一股国际暗流，暗中摄取发展中国家前期经济发展成果和国际规则改革红利。

三、逆转内向型循环困局之策

国际金融危机后，以美国为首的发达国家已拉开新一轮国际金融监管改革的序幕，发达国家和发展中国家之间的金融利益博弈也将愈演愈烈。在此背景下，我国面临两难选择，即跟随还是不跟随此轮国际监管规则变革。如果选择跟随，我国将变相承受发达国家的改革成本，延误对自身金融监管改革核心的推进，同时金融业快速发展势头可能会被遏止，像20世纪80年代日本那样错过发展黄金期；如果选择不跟随，我国将承受巨大的合规风险和声誉风险，面临来自发达国家主导的国际组织的集体制裁，国家形象受损，不利于我国长期参与国际竞争。当前正值国际金融监管规则制定和演变的关键窗口期，我们既无法回避和反对，又不能完全亦步亦趋，唯一的办法是积极参与其中，寻求破局之策，充分利用一切可用的资源和平台，通过战略联合和重塑平台等方式，逐步打造符合广大发展中国家利益的国际规则，不仅可解身处困境之危，更可以为未来我国金融业发展赢得时间和空间。

（一）突破改革阻力，奠定我国改变国际金融监管规则现有格局的战略资本

建立和完善金融监管体系，是我国参与国际竞争和应对国际挑战的基础，也是下一步突破和影响国际规则变革的前提。"攘外必先安内"，眼前我国金融监管体系的最大难题就是内部不统一，以致延误了出击时间。金融危机以来，我国有多次改革金融监管体系的机会，然而都因内部阻力太大而停滞不前。2015年下半年以来股市震荡、互联网金融公司跑路、汇市波动、大型银行不良"双升"不减等一系列金融风险问题相继爆发说明，原"一行三会"金融监管体系不但无法有效抵御风险和适应我国金融发展现状，而且严重影响了我国在国际金融监管规则变革中的战略部署。以系统重要性银行的认定为例，欧美早已陆续出台适合本国银行乃至外资银行的相关标准和监管措施，而我国主要监管机构之间却因为应当采用连

续法还是区段法争论不休，至今也无定论，影响了我国效仿美国运用系统重要性这一国际监管标准对外资银行实施调控的杠杆效应。

（二）借助亚投行等平台，输出代表发展中国家共同利益的国际金融监管新规则

历史上英、美联合和德、法联合有一定的必然性，经济发展模式、金融体系结构以及政治利益诉求相同为战略联合的成功奠定了基础。我国应当参考国际成熟案例，与印度、巴西等发展模式类似以及俄罗斯、德国等政治诉求相同的国家结成战略伙伴，借助由我国主导的亚投行等平台，联合推出符合共同国家利益的国际金融监管规则。针对金融监管领域国际协调较难的问题，可充分借鉴美国经验，即从最容易取得国际共识的地方入手进而打开整个局面。巴塞尔协议成立的基础正是资本充足率的确定，巴Ⅰ甚至被称为规定资本充足率的报告；巴Ⅱ的三大支柱，即最低资本充足率、外部监管和市场约束，当时同样被认为是可以应对危机的全新监管框架；本次危机后，美国提出建立全球金融市场法人识别码系统，也是瞄准了宏观审慎管理框架的微观数据基础这一国际关注焦点，取得了突破性进展。可尝试在亚投行等平台择机提出新的金融监管合作框架，试探其他国家的态度和意图，求同存异，打造"上传平台"，化被动跟随为主动出击，逐步打破国际金融监管格局。

（三）国家利益至上，全力回击他国制定的游戏规则

长臂管辖权的运用是新一轮国际金融监管规则变革的特色之一，美欧等发达经济体都加大了对本国经营的外资金融机构的监管压力，甚至要求其报送母国金融机构的相关信息。2015年11月，德国央行依据欧洲中央银行2015年8月27日颁布的指南ECB/2015/27修订了通用条款，要求外资金融机构提供母国金融机构的审慎监管数据。美国EPS有关适用于第四档监管的外资银行提出成立中间控股公司以及更为严苛的资本金、风险管理与流动性等监管要求。美国反洗钱法更是动辄以罚款和警告方式要求外资金融机构提供各种各样的客户信息和商业机密。近日，美联储对中国农业银行纽约分行反洗钱的调查和处罚决定就是例证。在外部环境恶化的情形下，我国应当沉着应对，从国家战略高度提早制定预案，成立国家层面的海外事务应对协调小组，统一国家司法、商务、会计、金融等领域资源，集中内外部优势，有效回击他国长臂管辖权滥用行为；要求跨境经营的金融机构对外报送信息时需经过国内监管机构认可，不可随意泄露信息；出台国家金融信息安全法，规范金融机构咨询项目外包的信息保密工作，做好大数据时代金融数据安全防范预案准备；整合监管资源，明确金融监管领域国际磋商的代表主体，为我国争取更多的国家利益。

（四）发挥关键智库的前瞻性作用，为实施我国金融战略布局谋篇

美国在此次金融危机后最具特色的改革当属在美国财政部下设金融研究办公室（OFR），作为金融稳定监管委员会（FSOC）和所有监管主体的支持机构。因此，OFR本质上可视为新的美国国家智库。自成立以来，OFR几乎参与和主导了所有与美国现行金融监管改革和国际金融监管规则变革的相关政策建议和推广实施计划。构建全球金融市场法人识别码系统的建议就是由OFR于2010年首次提出的，现如今已全面推广为国际监管规则。据统计，美国类似的智库还有很多，比如卡内基国际和平研究院、布鲁金斯学会、彼得森国际经济研究所、传统基金会、国际战略研究中心、皮尤研究中心、大西洋理事会等国际知名智库。美国智库的数量、质量和影响力都居于世界前列，被视为继立法、行政和司法之后的"第四部门"。未来，我国应当学习美国构建智库的做法，有计划地建立自己的"智囊团"，为我国取得国际金融监管规则的话语权出谋划策，为我国金融战略实施布局谋篇。

参考文献

安起雷：《浅谈构建我国金融稳定及监管协调机制若干问题》，《浙江金融》2011 年第 12 期。

巴曙松：《金融监管机构是分是合：这并不关键——谈当前监管框架下的金融监管协调机制》，《西部论丛》2006 年第 11 期。

卜永祥：《金融管理体制改革的关键问题》，《财新周刊》2016 年第 6 期。

曹凤岐：《互联网金融需要综合监管》，《北大商业评论》2015 年第 5 期。

曹军新：《金融监管协调机制建设的演进与重构：信任理论视角》，《经济社会体制比较》2011 年第 6 期。

陈恒有：《金融监管协调制度研究：现实障碍与最优路径》，《青海金融》2013 年第 6 期。

陈柯晔：《论我国金融衍生品市场中央对手方自律管理权与行政监管权的配置》，《上海金融》2017 年第 4 期。

陈立：《金融监管协调的国际做法和经验》，《金融发展评论》2010 年第 7 期。

陈雨露、马勇：《宏观审慎监管：目标、工具与相关制度安排》，《经济理论与经济管理》2012 年第 3 期。

陈雨露、马勇：《金融体系结构、金融效率与金融稳定》，《金融监管研究》2013 年第 5 期。

陈雨露、马勇：《中央银行的宏观监管职能：经济效果与影响因素分析》，《财经研究》2012 年第 5 期。

陈雨露：《当前全球中央银行研究的若干重点问题》，《金融研究》2020 年第 2 期。

程信和、张双梅：《金融监管权法理探究——由金融危机引发的思考》，《江西社会科学》2009 年第 3 期。

崔霞、云子奇：《中央与地方准金融机构的监管权限划分研究》，《管理观察》2016 年第 20 期。

戴红霞：《英国金融监管改革的历史演变及启示》，《金融与经济》2016 年第 7 期。

戴玉明：《完善我国银行监管协调机制的思考》，《新金融》2008 年第 3 期。

邓三、王晓芬：《银行业监管权若干问题的法律思考》，《甘肃行政学院学报》2005 年第 1 期。

段志国：《金融监管权的纵向配置：理论逻辑、现实基础与制度建构》，《苏州大学学报（哲学社会科学版)》2015 年第 4 期。

段志国：《论地方金融监管权的理论逻辑与配置建构》，《宁夏社会科学》2015 年第 2 期。

段志国：《我国金融监管权的纵向配置：现状、问题与重构》，《金融理论与教学》2015 年第 3 期。

桂祥：《我国金融监管纵向变迁与地方金融监管创新研究》，《西南金融》2017 年第 4 期。

郭春松：《基于分业监管格局下建立金融监管协调机制的思考》，《福建论坛（人文社会科学版)》2007 年第 6 期。

郭春松：《中国银行业监管协调与合作的成本收益和博弈分析》，《金融研究》2008 年第 7 期。

郭春松：《中国银行业监管协调与合作适度性评价指标体系的设计与应用研究》，《金融理论与实践》2007 年第 9 期。

郭建国、李欢：《后金融危机时期我国金融监管协调的现实选择》，《经济研究导刊》2010 年第 23 期。

郭六生：《统一监管视角下地方金融监管权配置的路径选择》，《金融与经济》2017 年第 11 期。

郭树清：《坚定不移打好防范化解金融风险攻坚战》，《中国银行保险报》2020

年 8 月 17 日第 1 版。

郭树清：《完善公司治理是金融企业改革的重中之重》，《经济日报》2020 年
　　7 月 3 日第 10 版。

何德旭、蒋照辉：《中国银行业逆周期监管架构优化的目标与路径分析》，
　　《金融评论》2017 年第 4 期。

何德旭、王朝阳：《中国金融业高增长：成因与风险》，《财贸经济》2017 年
　　第 7 期。

何桂基：《我国建立金融监管协调机制的思考》，《消费导刊》2007 年第 4 期。

何敏峰：《对央行基层行监管权的再思考》，《中国金融》2006 年第 23 期。

何鹏宇、王信：《美英宏观审慎政策框架比较及对中国的启示》，《第一财经
　　日报》2020 年 8 月 24 日第 6 版。

贺聪、洪昊、王紫薇、葛声等：《我国金融监管协调机制的反思与构建设
　　想》，《浙江金融》2012 年第 4 期。

胡国斌：《金融监管权及其法律控制研究》，复旦大学硕士学位论文，2008 年。

胡剑、曹雪峰：《新兴市场国家中央银行与金融监管协调》，《生产力研究》
　　2008 年第 24 期。

胡增辉、蒋仲春：《我国金融监管权的发展和完善》，《法制与社会》2009 年
　　第 28 期。

怀成立：《关于完善我国金融监管协调机制的探讨》，《商业时代》2008 年第
　　36 期。

黄建：《主监管制度：应对金融业综合经营的监管选择》，《当代经济（下半
　　月）》2008 年第 10 期。

黄亮：《论我国金融监管的协调机制建设》，南昌大学硕士学位论文，2007 年。

黄明：《建立金融监管协调机构是促进金融市场协调发展的迫切需要》，《南
　　方金融》2005 年第 11 期。

江世银：《金融创新背景下的监管协调机制改革》，《南方金融》2007 年第
　　5 期。

蒋达、刘凡璠：《危机后的金融监管协调：国际比较及经验借鉴》，《金融经

济》2013 年第 12 期。

金俐:《关于中央银行金融监管权边界的理论思考》,《金融发展研究》2010
    年第 3 期。

柯湘:《中国证券市场监管权配置——基于不同监管模式的比较》,《中南财
    经政法大学学报》2014 年第 4 期。

赖永文、陈榕、陈立:《金融业综合经营与监管协调机制研究》,《福建金融》
    2012 年第 1 期。

黎四奇、宋孝悌:《中央银行最后贷款人法律制度的演变及对我国的借鉴》,
    《湖南大学学报 (社会科学版)》2007 年第 3 期。

李安安:《金融监管与国家治理——基于监管治理的分析框架》,《经济法学
    评论》2016 年第 2 期。

李波:《以完善宏观审慎政策框架为核心——推进新一轮金融监管体制改
    革》,《新金融评论》2016 年第 1 期。

李成、马国校、李佳:《基于进化博弈论对我国金融监管协调机制的解读》,
    《金融研究》2009 年第 5 期。

李成、文苑:《我国金融监管协调的重点、机制和效应》,《金融理论与实践》
    2007 年第 10 期。

李东方:《证券监管机构及其监管权的独立性研究——兼论中国证券监管机
    构的法律变革》,《政法论坛》2017 年第 1 期。

李东荣:《共同促进互联网金融规范发展》,《中国金融》2016 年第 22 期。

李东荣:《普惠金融事业的认识问题》,《中国金融》2020 年第 1 期。

李卉:《澳大利亚金融监管权配置与协调机制研究——基于〈存款保险条例〉
    的视角》,《上海金融》2017 年第 12 期。

李明镜、齐萌:《论我国金融监管协调机制的反思和完善》,《现代管理科学》
    2012 年第 11 期。

李伟:《逆周期监管、沃尔克法则、宏观审慎监管与我国金融监管体系构
    建》,《金融发展评论》2017 年第 4 期。

李新章、王卫东、林琳:《我国货币政策与银行监管协调关系问题研究》,

《济南金融》2003 年第 2 期。

李艳华、陈恒有：《我国金融监管协调制度：现状、障碍与对策》，《兰州商学院学报》2013 年第 1 期。

李有星、柯达：《论政府竞争视角下的地方金融监管权配置》，《浙江社会科学》2018 年第 9 期。

梁家全：《欧盟银行监管协调法律机制的进展及前瞻》，《晋阳学刊》2014 年第 5 期。

梁静：《银监会监管权规制研究——以民营银行市场准入为视角》，《安徽大学法律评论》2016 年第 1 期。

梁爽：《以美国模式为视角探析我国金融监管权法治重构》，《法制与社会》2008 年第 29 期。

梁枭：《中央与地方金融监管权划分问题研究》，安徽大学硕士学位论文，2016 年。

梁颖琳：《宏观审慎监管框架下我国金融业监管协调问题研究》，《财经问题研究》2013 年第 4 期。

廖凡：《竞争、冲突与协调——金融混业监管模式的选择》，《北京大学学报（哲学社会科学版）》2008 年第 3 期。

廖凡：《我国金融混业监管的模式选择与协调机制》，《证券市场导报》2006 年第 11 期。

林燕、马海峰：《存款保险机构监管权限探讨：基于国际经验的借鉴——兼评我国〈存款保险条例〉第七条》，《上海金融》2015 年第 11 期。

刘东阳：《农村金融监管权的完善研究》，《河南农业》2016 年第 35 期。

刘来吉、张童：《国外金融监管协调合作的成功经验及启示》，《海南金融》2011 年第 7 期。

刘卫东、晏艳阳：《完善我国金融监管协调机制的思路》，《现代经济探讨》2009 年第 6 期。

刘相友、梁锐、李成：《基于博弈理论的金融监管协调机制与整体效率研究》，《统计与决策》2010 年第 1 期。

刘晓纯、王颖：《论我国金融监管协调机制的完善》，《现代财经（天津财经大学学报)》2009 年第 12 期。

刘新荣、陈波、陶钧：《对建立完善地方金融监管工作协调机制的思考》，《西南金融》2016 年第 4 期。

刘志伟：《地方金融监管分权：协同缺失与补正路径》，《上海金融》2017 年第 1 期。

刘志伟：《地方金融监管权的理性归位》，《法律科学（西北政法大学学报)》2016 年第 5 期。

刘志伟：《地方金融监管协同机制的法律构造》，《现代经济探讨》2017 年第 2 期。

龙芳：《建立金融监管协调机制的必要性和现实选择》，《财政监督》2006 年第 9 期。

卢春燕：《混业经营趋势下的金融监管协调机制——基于国际经验的比较与借鉴》，《特区经济》2006 年第 2 期。

罗嘉、李连友：《基于协同学的金融监管协同度研究》，《财贸经济》2009 年第 3 期。

马其家：《论新时期我国金融监管体制的调整——以我国证券市场行政监管权的重配与协调为视角》，《政法论丛》2016 年第 6 期。

马向荣：《公共管理视角下中央与地方金融监管权责划分》，《西南金融》2017 年第 3 期。

马勇、陈雨露：《宏观审慎政策的协调与搭配：基于中国的模拟分析》，《金融研究》2013 年第 8 期。

马玉荣、李佩珈、邓海清、郑联盛：《中国金融监管框架谋变》，《中国经济报告》2017 年第 9 期。

苗文龙：《信息约束、协调成本与金融监管模式选择》，《制度经济学研究》2016 年第 3 期。

宁子昂：《中央与地方双层金融监管体制的形成及完善》，《经济纵横》2018 年第 5 期。

潘功胜:《提高债券市场流动性》,《资本市场》2016 年第 Z4 期。

潘功胜:《完善金融监管体制 维护宏观金融稳定》,《第一财经日报》2013 年 12 月 9 日第 3 版。

潘功胜:《新常态下的中国金融改革》,《金融论坛》2015 年第 6 期。

潘林伟、吴娅玲:《混业经营条件下监管协调与金融机构的博弈模型建立及求解》,《统计与决策》2013 年第 13 期。

秦国楼:《我国中央银行与金融监管协调问题研究》,《武汉金融》2005 年第 9 期。

邱兆祥、王修华:《试论后危机时代国际金融监管协调与合作》,《教学与研究》2010 年第 11 期。

屈淑娟:《地方政府参与金融监管的制度逻辑及构建路径》,《中国管理科学》2017 年第 7 期。

石柏林、彭澎:《金融监管权控制的法学之维》,《财经理论与实践》2009 年第 5 期。

思今:《地方金融管理的国际经验及启示》,《中国财政》2010 年第 19 期。

宋明阳:《完善地方金融监管体系路径探讨》,《青海金融》2015 年第 9 期。

宋清华:《金融监管协调机制:国际经验与中国的选择》,《武汉金融》2007 年第 12 期。

宋晓萍、安莉:《从国库监管现状看央行监管权边界问题》,《吉林金融研究》2010 年第 8 期。

孙翠雯:《试论中国人民银行的金融监管权》,《金融法苑》2003 年第 8 期。

孙天琦:《英国改革案例:强化行为监管 夯实伦敦金融中心地位》,《当代金融家》2020 年第 4 期。

陶玲、刘卫江:《美国产业银行控股公司监管权之争的法律分析及其对我国的启示》,《金融法苑》2008 年第 2 期。

王璨:《从国库监管现状看央行监管权边界问题》,《金融经济》2014 年第 18 期。

王朝阳、王文汇:《中国系统性金融风险表现与防范:一个文献综述的视角》，《金融评论》2018 年第 5 期。

王朝阳：《树立金融监管的新框架、新理念与新精神》，《中国发展观察》
　　2017 年第 16 期。

王怀勇、郑若瀚：《论我国农村金融监管权的法律配置》，《经济法论坛》2013
　　年第 1 期。

王辉：《人民银行金融监管体制的脆弱性分析及改善路径》，《金融经济》
　　2017 年第 18 期。

王卉彤、何德旭：《日本统一金融监管：教训及启示》，《中国金融》2006 年
　　第 4 期。

王卉彤：《央地关系视野下我国地方金融监管体制改革》，《国家治理》2018
　　年第 12 期。

王佳佳：《我国金融监管协调机制的完善》，《理论界》2009 年第 1 期。

王来华、李乃燕：《我国金融监管协调机制存在的问题及对策分析》，《海南
　　金融》2010 年第 1 期。

王喜梅、乔培峰：《我国金融控股公司监管的协调问题》，《金融与经济》2005
　　年第 10 期。

王信、贾彦东：《货币政策和宏观审慎政策的关联及启示——基于英格兰银
　　行的经验》，《金融研究》2019 年第 12 期。

王信、王鹏：《更好发挥国有金融企业党委的领导作用》，《中国金融》2020
　　年第 15 期。

王志军、胡春华：《从美国次贷危机看金融创新与监管协调发展》，《河北金
　　融》2012 年第 9 期。

葳桂勋：《构建我国金融监管协调机制的思考》，《东方企业文化》2007 年第
　　2 期。

尉承栋：《央地关系视角下地方金融监管权规制》，《天津法学》2017 年第 2 期。

文洪武：《基于现行法律框架的中国金融监管协调合作研究》，《广东金融学
　　院学报》2011 年第 4 期。

文申：《地方政府金融办职能该如何定位》，《金融博览》2010 年第 10 期。

吴超、李西江:《宏观审慎监管框架下金融监管协调问题研究》,《华北金融》2012 年第 8 期。

吴晓灵:《中国金融的监管改革》,《商周刊》2016 年第 13 期。

吴云、史岩:《监管割据与审慎不足:中国金融监管体制的问题与改革》,《经济问题》2016 年第 5 期。

武钰、赵然:《综合经营趋势下的金融监管变革研究》,《中州学刊》2013 年第 10 期。

夏斌:《银监会成立后的监管协调制度安排》,《上海金融》2003 年第 4 期。

仙慧:《后危机时代的国际金融监管协调》,《新金融》2015 年第 11 期。

向志容:《欧美中央银行金融监管权扩大的理论分析及其启示》,《金融与经济》2010 年第 9 期。

肖畅:《金融监管协调机制的进化博弈研究》,《经济研究导刊》2015 年第 20 期。

谢平、邹传伟、刘海二:《互联网金融监管的必要性与核心原则》,《国际金融研究》2014 年第 8 期。

熊伟、张婕、杨诗宇、况璐:《金融监管权与金融行业协会自治权边界问题研究》,《金融监管研究》2014 年第 11 期。

徐忠:《金融科技发展与政策响应的思维范式——读〈金融基础设施、科技创新与政策响应〉》,《中国金融》2020 年第 2 期。

徐忠:《有效的金融监管体系探讨》,《清华金融评论》2018 年第 8 期。

许传华:《建立金融监管协调机制的相关问题探讨》,《中国农业银行武汉培训学院学报》2007 年第 1 期。

许景波:《论我国金融控股集团监管协调制度》,华东政法学院硕士学位论文,2005 年。

薛启辉:《金融创新中监管协调机制问题探究》,《经济师》2009 年第 8 期。

严从善:《混业经营条件下金融监管协调机制初探》,《江西行政学院学报》2006 年第 2 期。

杨静:《美国金融监管协调新框架对我国的启示》,《国际金融》2013 年第

12 期。

杨坤:《金融监管创新：构建新型金融监管协调机制》,《时代金融》2008 年
　　第 8 期。

杨松、魏晓东:《次贷危机后对银行监管权配置的法律思考》,《法学》2010
　　年第 5 期。

杨涛:《强化金融监管协调仍需制度创新》,《金融博览 (财富)》2013 年第
　　9 期。

杨同宇:《金融权力配置的法治化——以我国中央和地方金融监管权配置为
　　中心的考察》,《财政监督》2015 年第 19 期。

杨曦:《美国金融监管权配置模式及其对我国的启示研究》,《法制与社会》
　　2009 年第 3 期。

杨雪:《金融监管权程序法律控制研究》,《怀化学院学报》2010 年第 7 期。

易纲:《次贷危机的经验教训》,《资本市场》2016 年第 Z3 期。

易纲:《中国金融改革的几条主线》,《中国发展观察》2014 年第 4 期。

易宪容:《金融监管机构来了新的协调员》,《中国报道》2017 年第 8 期。

尹哲、张晓艳:《次贷危机后美国、英国和欧盟金融监管体制改革研究》,
　　《南方金融》2014 年第 6 期。

于永宁:《"一行三会"监管协调机制的有效性问题》,《山东大学学报 (哲学
　　社会科学版)》2012 年第 4 期。

余万里:《我国金融监管协调机制存在的问题及完善措施》,《时代金融》
　　2015 年第 35 期。

俞燕:《关于准金融机构监管体制的若干思考》,《财经论丛》2014 年第 12 期。

翟晓燕、石会娟:《日本新旧金融监管制度的概述》,《日本问题研究》2006
　　年第 3 期。

詹浩勇、郭定选:《我国金融控股公司经营模式的法律规制探析》,《西南金
　　融》2011 年第 11 期。

张锋:《关于完善中国宏观审慎层面金融监管协调机制的探讨》,《经济研究
　　导刊》2013 年第 33 期。

张健华、张雪春：《美国次贷危机与金融制度重构》，《金融研究》2008 年第 12 期。

张龄方：《论地方金融办监管职能的定位及其实现》，《研究生法学》2017 年第 4 期。

张润林：《金融监管协调的国际经验及启示》，《经济师》2005 年第 7 期。

张双梅：《金融监管权比较研究——以综合经营为视角》，《法学杂志》2011 年第 3 期。

张双梅：《金融监管权实施机制研究》，《江西社会科学》2011 年第 5 期。

张思颖：《金融创新与金融监管的互动关系：基于博弈论视角》，《江苏商论》2012 年第 30 期。

张晓慧：《宏观审慎政策在中国的探索》，《中国金融》2017 年第 11 期。

张晓慧：《强化股东在金融企业公司治理中的地位》，《中国金融》2020 年第 15 期。

张雪春、钟震：《从公司治理的源头入手解决中小银行的风险》，《清华金融评论》2020 年第 2 期。

张忠军：《金融监管权的监督问题研究》，《首都师范大学学报（社会科学版）》2007 年第 1 期。

赵劲松：《试论建设有中国特色的金融监管协调机制》，《上海金融》2005 年第 5 期。

赵静梅、吴风云：《大部委制下金融监管的独立性与制衡机制》，《宏观经济研究》2009 年第 10 期。

赵小梅：《美国次贷危机对我国金融监管协调的启示》，《现代商贸工业》2009 年第 16 期。

赵洋：《整治金融乱象需要协调监管"重拳"》，《中国金融家》2017 年第 8 期。

赵毅：《金融监管权的渊源、法理依据和学理分析》，《法制与社会》2014 年第 30 期。

赵梓轩：《美日英存款保险制度比较及对中国的启示》，《金融经济》2017 年第 16 期。

郑联盛、范云朋:《"穿透性"金融监管,发力点在哪?》,《金融博览》2017
　　年第 16 期。

郑睿:《澳大利亚金融监管协调机制研究》,《吉林工程技术师范学院学报》
　　2013 年第 11 期。

郑少华:《论金融监管权的边界》,《法学》2003 年第 7 期。

中国人民银行许昌市中心支行课题组、钮明:《当前形势下加强区域金融监
　　管协调路径探析——以许昌市为例》,《金融与经济》2017 年第 10 期。

钟震:《金融监管协调:通道理论的提出及应用》,《财贸经济》2018 年第
　　9 期。

周诚君:《对我国银行间货币市场的分析》,《城市金融论坛》1999 年第 9 期。

周诚君:《更好发挥商业银行监事会作用》,《中国金融》2020 年第 15 期。

周春喜、黄星澍:《地方金融的监管逻辑及规范路径》,《浙江工商大学学
　　报》2014 年第 5 期。

周逢民:《加强金融监管协调机制建设》,《中国金融》2011 年第 6 期。

周伟:《金融监管的协调论:理论分析框架及中国的现状》,《财经科学》
　　2003 年第 5 期。

周小川:《公司治理与金融稳定》,《中国金融》2020 年第 15 期。

周学东:《中小银行金融风险主要源于公司治理失灵——从接管包商银行看
　　中小银行公司治理的关键》,《中国金融》2020 年第 15 期。

朱大旗、李慈强:《论存款保险立法中银行监管权的分配与协调》,《北京行
　　政学院学报》2013 年第 3 期。

Abrams R. and Taylor M., "Issues in the unification of financial sector supervi-
　　sion", *IMF Working Papers*, No.213, 2000.

Abrams R.K. and Taylor M.W., "Assessing the case for unified sector supervi-
　　sion", FMG Special Papers, No.134, LSE, London: Financial Markets
　　Group, 2002.

Agur Itai and Demertzis Maria, "Will macroprudential policy counteract mone-
　　tary policy's effects on financial stability?", *North American Journal of*

Economics & Finance, Vol. 48, No. 4, 2019, pp.65–75.

Alexander K., et al, "*Global governance of financial system: The international regulation of systemic risk*", Oxford: Oxford University Press, 2006.

Arner D.W. and Taylor M., "The global financial crisis and the financial stability board: Hardening the soft law of international financial regulation?" *University of New South Wales Law Journal*, Vol. 32, No. 2, 2009, pp. 488–513.

Bach D. and Newman A., "Domestic drivers of transgovernmental regulatory cooperation", *Regulation & Governance*, Vol. 8, No. 4, 2014, pp.395–417.

Bailliu Jeannine, Meh Cesaire and Zhang Yahong, "Macroprudential rules and monetary policy when financial frictions matter", *Economic Modelling*, Vol. 50, No. 50, 2015, pp.148–161.

Blanchard Olivier, "Rethinking macroeconomic policy", *Journal of Money Credit & Banking*, Vol. 42, No. s1, 2010, pp.199–215.

Blinder A., "How central should the central bank be?" *Journal of Economic Literature*, Vol. 48, No. 1, 2010, pp.123–133.

Brummer C., "How international financial law works (and how it doesn't)", *Georgetown Law Journal*, Vol. 99, No. 2, 2010, pp.257–327.

Edelman Spero Joan, *The failure of the franklin national bank: Challenge to the international banking system*, London: Columbia University Press, 1980.

Eichengreen, et al., *What G20 leaders must do to stabilise our economy and fix the financial system*, London: A VoxEU. org Publication, 2010.

Goodhart C. A. E., "The regulatory response to the financial crisis", *Journal of Financial Stability*, Vol. 4, No. 4, 2008, pp.351–358.

Just S. N., "The negotiation of basel Ⅲ", *Journal of Cultural Economy*, Vol. 8, No. 1, 2014, pp.1–17.

Kim Hong-Bum, "Cooperation and coordination between the financial authorities: A review of the experiences of the United Kingdom, Norway, Sweden, and Korea", *Seoul Journal of Economics*, Vol. 22, No. 3, 2009, pp.409–444.

Lall Ranjit, "From failure to failure: The politics of international banking regulation", *Review of International Political Economy*, Vol. 19, No. 4, 2012, pp.609–638.

Levinson M., "Faulty Basel: Why more diplomacy won't keep the financial system safe", *Foreign Affairs*, Vol. 89, No. 3, 2010, pp.76–88.

Masciandaro D. and Romelli D., "Central bankers as supervisors: Do crises matter?" *European Journal of Political Economy*, Vol. 63, No. 1, 2017, pp.21–38.

Masciandaro D., et al., "The economic crisis: Did supervision architecture and governance matter?" *Journal of Financial Stability*, Vol. 9, No. 4, 2013, pp.578–596.

Quintyn M., Masciandan D. and Nieto M., "Financial supervision in the EU: Is there convergence in the national architectures?" *Journal of Financial Regulation & Compliance*, Vol. 17, No.2, 2009, pp.86–95.

Underhill G. R. D., "The emerging post-crisis financial architecture: The path-dependency of ideational adverse selection", *British Journal of Politics & International Relations*, Vol. 17, No. 3, 2015, pp.461–493.

索 引

专家推荐表

第九批《中国社会科学博士后文库》专家推荐表 1

《中国社会科学博士后文库》由中国社会科学院与全国博士后管理委员会共同设立，旨在集中推出选题立意高、成果质量高、真正反映当前我国哲学社会科学领域博士后研究最高学术水准的创新成果，充分发挥哲学社会科学优秀博士后科研成果和优秀博士后人才的引领示范作用，让《文库》著作真正成为时代的符号、学术的标杆、人才的导向。

推荐专家姓名	徐 忠	电 话	
专业技术职务	研究员	研究专长	宏观经济与政策
工作单位	中国银行间市场交易商协会	行政职务	副秘书长
推荐成果名称	金融监管权"三维配置"体系研究		
成果作者姓名	钟 震		

(对书稿的学术创新、理论价值、现实意义、政治理论倾向及是否具有出版价值等方面做出全面评价，并指出其不足之处)

该书稿选题新颖，既紧密联系历次全球金融监管变革大趋势，又切中当前我国金融监管理论和实践的关键所在。回顾国际金融监管演进史，历次重大变革都伴随着金融监管权的重新界定和配置过程，甚至可以说金融监管的变革史就是一部金融监管权力配置变革史。好的权力配置能够结合国情实际和未来发展需要，对于金融体系的完善、经济体系的转型起到积极作用，反之亦然。中国金融监管体制演进历程亦是如此，每一次改革都伴随着我们对相关主体权力配置的思考和重构，同时也是对国际改革经验与教训的借鉴和汲取。近年来，金融委的成立、银监会和保监会的合并、人民银行被赋予宏观审慎职能、中央与地方金融管理权责划分等，这些都是中国金融监管权力配置发展道路上的里程碑式事件。党的十九大四中全会指出，"坚持和完善中国特色社会主义法治体系"，金融监管作为中国特色社会主义法治体系重要组成部分，作为核心内容的权力配置体系设计至关重要，这些都需要从理论研究和实践反思中寻求答案。欣喜的是，本书稿适时而出，对于这一领域的理论和实践的贡献不言而喻。期待该书稿能够选入文库并得以付梓，借以推荐给关注这一领域的广大读者。

签字：徐忠

2018 年 12 月 18 日

说明：该推荐表须由具有正高级专业技术职务的同行专家填写，并由推荐人亲自签字，一旦推荐，须承担个人信誉责任。如推荐书稿入选《文库》，推荐专家姓名及推荐意见将印入著作。

第九批《中国社会科学博士后文库》专家推荐表2

《中国社会科学博士后文库》由中国社会科学院与全国博士后管理委员会共同设立，旨在集中推出选题立意高、成果质量高、真正反映当前我国哲学社会科学领域博士后研究最高学术水准的创新成果，充分发挥哲学社会科学优秀博士后科研成果和优秀博士后人才的引领示范作用，让《文库》著作真正成为时代的符号、学术的标杆、人才的导向。

推荐专家姓名	董小君	电　话	
专业技术职务	教　授	研究专长	金融风险
工作单位	中共中央党校（国家行政学院）	行政职务	副主任
推荐成果名称	金融监管权"三维配置"体系研究		
成果作者姓名	钟　震		

（对书稿的学术创新、理论价值、现实意义、政治理论倾向及是否具有出版价值等方面做出全面评价，并指出其不足之处）

　　本书稿在学术价值和应用价值两个方面都有一定的突破。在学术上，该书稿充分借鉴国内外现有理论成果，首次追溯探讨了金融监管权力配置的概念起源，并沿着历史发展历程，分析在危机各阶段中，国际组织、国内外研究者以及实践界的理解和深入过程。同时，针对国内学术界对于该领域的研究较为零散且不够系统的问题，该书稿批判性地吸收和借鉴了国内外理论和实践成果，进行了探索性的研究。在应用上，该书稿作者钟震同志曾在中国银行总行、银监会、中国人民银行工作，利用自身工作优势，结合银行工作和监管实践，广泛收集大量文献资料，包括国际会议、工作论文、调研报告等国内外第一手资料，注重结合危机后各国金融监管改革方案的侧重点，结合我国国情，提出具有可操作性的我国金融监管权"三维配置"体系，为下一步我国金融监管改革实践提供了参考。此外，本书稿的作者曾在中国银行、原银监会监管一部工作，现供职于我国宏观审慎管理的牵头部门——中国人民银行，具备丰富的一线实践经验。同时，该作者以主持人身份承担多项国家社科基金和博士后基金，并多次以课题第二负责人的身份参与国家社科基金、国家自然科学基金、国家软科学基金、发改委等国家级课题研究工作，在国内外核心期刊上发表三十余篇文章，理论功底扎实。鉴于此，特推荐本书稿入选博士后文库。

签字：董小君

2018 年 12 月 9 日

说明：该推荐表须由具有正高级专业技术职务的同行专家填写，并由推荐人亲自签字，一旦推荐，须承担个人信誉责任。如推荐书稿入选《文库》，推荐专家姓名及推荐意见将印入著作。

经济管理出版社
《中国社会科学博士后文库》
成果目录

第二批《中国社会科学博士后文库》（2013 年出版）

序号	书　名	作　者
1	《国有大型企业制度改造的理论与实践》	董仕军
2	《后福特制生产方式下的流通组织理论研究》	宋宪萍
3	《基于场景理论的我国城市择居行为及房价空间差异问题研究》	吴　迪
4	《基于能力方法的福利经济学》	汪毅霖
5	《金融发展与企业家创业》	张龙耀
6	《金融危机、影子银行与中国银行业发展研究》	郭春松
7	《经济周期、经济转型与商业银行系统性风险管理》	李关政
8	《境内企业境外上市监管问题研究》	刘　轶
9	《生态维度下土地规划管理及其法制考量》	胡耘通
10	《市场预期、利率期限结构与间接货币政策转型》	李宏瑾
11	《直线幕僚体系、异常管理决策与企业动态能力》	杜长征
12	《中国产业转移的区域福利效应研究》	孙浩进
13	《中国低碳经济发展与低碳金融机制研究》	乔海曙
14	《中国地方政府绩效管理研究》	朱衍强
15	《中国工业经济运行效益分析与评价》	张航燕
16	《中国经济增长：一个"破坏性创造"的内生增长模型》	韩忠亮
17	《中国老年收入保障体系研究》	梅　哲
18	《中国农民工的住房问题研究》	董　昕
19	《中美高管薪酬制度比较研究》	胡　玲
20	《转型与整合：跨国物流集团业务升级战略研究》	杜培枫

第三批《中国社会科学博士后文库》（2014年出版）

序号	书　名	作　者
1	《程序正义与人的存在》	朱　丹
2	《高技术服务业外商直接投资对东道国制造业效率影响的研究》	华广敏
3	《国际货币体系多元化与人民币汇率动态研究》	林　楠
4	《基于经常项目失衡的金融危机研究》	匡可可
5	《金融创新与监管及其宏观效应研究》	薛昊旸
6	《金融服务县域经济发展研究》	郭兴平
7	《军事供应链集成》	曾　勇
8	《科技型中小企业金融服务研究》	刘　飞
9	《农村基层医疗卫生机构运行机制研究》	张奎力
10	《农村信贷风险研究》	高雄伟
11	《评级与监管》	武　钰
12	《企业吸收能力与技术创新关系实证研究》	孙　婧
13	《统筹城乡发展背景下的农民工返乡创业研究》	唐　杰
14	《我国购买美国国债策略研究》	王　立
15	《我国行业反垄断和公共行政改革研究》	谢国旺
16	《我国农村剩余劳动力向城镇转移的制度约束研究》	王海全
17	《我国吸引和有效发挥高端人才作用的对策研究》	张　瑾
18	《系统重要性金融机构的识别与监管研究》	钟　震
19	《中国地区经济发展差距与地区生产率差距研究》	李晓萍
20	《中国国有企业对外直接投资的微观效应研究》	常玉春
21	《中国可再生能源决策支持系统中的数据、方法与模型研究》	代春艳
22	《中国劳动力素质提升对产业升级的促进作用分析》	梁泳梅
23	《中国少数民族犯罪及其对策研究》	吴大华
24	《中国西部地区优势产业发展与促进政策》	赵果庆
25	《主权财富基金监管研究》	李　虹
26	《专家对第三人责任论》	周友军

第四批《中国社会科学博士后文库》（2015 年出版）

序号	书　名	作　者
1	《地方政府行为与中国经济波动研究》	李　猛
2	《东亚区域生产网络与全球经济失衡》	刘德伟
3	《互联网金融竞争力研究》	李继尊
4	《开放经济视角下中国环境污染的影响因素分析研究》	谢　锐
5	《矿业权政策性整合法律问题研究》	郗伟明
6	《老年长期照护：制度选择与国际比较》	张盈华
7	《农地征用冲突：形成机理与调适化解机制研究》	孟宏斌
8	《品牌原产地虚假对消费者购买意愿的影响研究》	南剑飞
9	《清朝旗民法律关系研究》	高中华
10	《人口结构与经济增长》	巩勋洲
11	《食用农产品战略供应关系治理研究》	陈　梅
12	《我国低碳发展的激励问题研究》	宋　蕾
13	《我国战略性海洋新兴产业发展政策研究》	仲雯雯
14	《银行集团并表管理与监管问题研究》	毛竹青
15	《中国村镇银行可持续发展研究》	常　戈
16	《中国地方政府规模与结构优化：理论、模型与实证研究》	罗　植
17	《中国服务外包发展战略及政策选择》	霍景东
18	《转变中的美联储》	黄胤英

第五批《中国社会科学博士后文库》（2016年出版）

序号	书　名	作　者
1	《财务灵活性对上市公司财务政策的影响机制研究》	张玮婷
2	《财政分权、地方政府行为与经济发展》	杨志宏
3	《城市化进程中的劳动力流动与犯罪：实证研究与公共政策》	陈春良
4	《公司债券融资需求、工具选择和机制设计》	李　湛
5	《互补营销研究》	周　沛
6	《基于拍卖与金融契约的地方政府自行发债机制设计研究》	王治国
7	《经济学能够成为硬科学吗？》	汪毅霖
8	《科学知识网络理论与实践》	吕鹏辉
9	《欧盟社会养老保险开放性协调机制研究》	王美桃
10	《司法体制改革进程中的控权机制研究》	武晓慧
11	《我国商业银行资产管理业务的发展趋势与生态环境研究》	姚　良
12	《异质性企业国际化路径选择研究》	李春顶
13	《中国大学技术转移与知识产权制度关系演进的案例研究》	张　寒
14	《中国垄断性行业的政府管制体系研究》	陈　林

第六批《中国社会科学博士后文库》（2017 年出版）

序号	书　名	作　者
1	《城市化进程中土地资源配置的效率与平等》	戴媛媛
2	《高技术服务业进口对制造业效率影响研究》	华广敏
3	《环境监管中的"数字减排"困局及其成因机理研究》	董　阳
4	《基于竞争情报的战略联盟关系风险管理研究》	张　超
5	《基于劳动力迁移的城市规模增长研究》	王　宁
6	《金融支持战略性新兴产业发展研究》	余　剑
7	《粮食流通与市场整合——以乾隆时期长江中游为中心的考察》	赵伟洪
8	《文物保护绩效管理研究》	满　莉
9	《我国开放式基金绩效研究》	苏　辛
10	《医疗市场、医疗组织与激励动机研究》	方　燕
11	《中国的影子银行与股票市场：内在关联与作用机理》	李锦成
12	《中国应急预算管理与改革》	陈建华
13	《资本账户开放的金融风险及管理研究》	陈创练
14	《组织超越——企业如何克服组织惰性与实现持续成长》	白景坤

第七批《中国社会科学博士后文库》（2018年出版）

序号	书　名	作　者
1	《行为金融视角下的人民币汇率形成机理及最优波动区间研究》	陈　华
2	《设计、制造与互联网"三业"融合创新与制造业转型升级研究》	赖红波
3	《复杂投资行为与资本市场异象——计算实验金融研究》	隆云滔
4	《长期经济增长的趋势与动力研究：国际比较与中国实证》	楠　玉
5	《流动性过剩与宏观资产负债表研究：基于流量存量一致性框架》	邵　宇
6	《绩效视角下我国政府执行力提升研究》	王福波
7	《互联网消费信贷：模式、风险与证券化》	王晋之
8	《农业低碳生产综合评价与技术采用研究——以施肥和保护性耕作为例》	王珊珊
9	《数字金融产业创新发展、传导效应与风险监管研究》	姚　博
10	《"互联网+"时代互联网产业相关市场界定研究》	占　佳
11	《我国面向西南开放的图书馆联盟战略研究》	赵益民
12	《全球价值链背景下中国服务外包产业竞争力测算及溢出效应研究》	朱福林
13	《债务、风险与监管——实体经济债务变化与金融系统性风险监管研究》	朱太辉

第八批《中国社会科学博士后文库》（2019 年出版）

序号	书　名	作　者
1	《分配正义的实证之维——实证社会选择的中国应用》	汪毅霖
2	《金融网络视角下的系统风险与宏观审慎政策》	贾彦东
3	《基于大数据的人口流动流量、流向新变化研究》	周晓津
4	《我国电力产业成本监管的机制设计——防范规制合谋视角》	杨菲菲
5	《货币政策、债务期限结构与企业投资行为研究》	钟　凯
6	《基层政区改革视野下的社区治理优化路径研究：以上海为例》	熊　竞
7	《大国版图：中国工业化 70 年空间格局演变》	胡　伟
8	《国家审计与预算绩效研究——基于服务国家治理的视角》	谢柳芳
9	《包容型领导对下属创造力的影响机制研究》	古银华
10	《国际传播范式的中国探索与策略重构——基于会展国际传播的研究》	郭　立
11	《唐代东都职官制度研究》	王　苗

第九批《中国社会科学博士后文库》（2020 年出版）

序号	书　名	作　者
1	《中度偏离单位根过程前沿理论研究》	郭刚正
2	《金融监管权"三维配置"体系研究》	钟　震
3	《大股东违规减持及其治理机制研究》	吴先聪
4	《阶段性技术进步细分与技术创新效率随机变动研究》	王必好
5	《养老金融发展及政策支持研究》	娄飞鹏
6	《中等收入转型特征与路径：基于新结构经济学的理论与实证分析》	朱　兰
7	《空间视角下产业平衡充分发展：理论探索与经验分析》	董亚宁
8	《中国城市住房金融化论》	李　嘉
9	《实验宏观经济学的理论框架与政策应用研究》	付婷婷

《中国社会科学博士后文库》
征稿通知

为繁荣发展我国哲学社会科学领域博士后事业，打造集中展示哲学社会科学领域博士后优秀研究成果的学术平台，全国博士后管理委员会和中国社会科学院共同设立了《中国社会科学博士后文库》（以下简称《文库》），计划每年在全国范围内择优出版博士后成果。凡入选成果，将由《文库》设立单位予以资助出版，入选者同时将获得全国博士后管理委员会（省部级）颁发的"优秀博士后学术成果"证书。

《文库》现面向全国哲学社会科学领域的博士后科研流动站、工作站及广大博士后，征集代表博士后人员最高学术研究水平的相关学术著作。征稿长期有效，随时投稿，每年集中评选。征稿范围及具体要求参见《文库》征稿函。

联系人：宋　娜
电子邮箱：epostdoctoral@126.com
通讯地址：北京市海淀区北蜂窝 8 号中雅大厦 A 座 11 层经济管理出版社掌尚文化分社
邮编：100038

经济管理出版社